热言时代

[第四辑]

南方都市报／出品

邓志新／主编

南方日报出版社
NANFANG DAILY PRESS
中国·广州

图书在版编目（CIP）数据

热言时代·第4辑：南方都市报2009年度名家评论精选 / 邓志新主编. —广州：南方日报出版社，2010.5
ISBN 978-7-80652-981-2

Ⅰ.①热… Ⅱ.①邓… Ⅲ.时事评论－中国 Ⅳ.D609.9

中国版本图书馆CIP数据核字(2010)第039007号

热言时代·第4辑：南方都市报2009年度名家评论精选　　邓志新　主编

出版发行：南方日报出版社
地　　址：广州市广州大道中289号
电　　话：（020）87373998-8502
经　　销：全国新华书店
印　　刷：广州市怡升印刷有限公司
开　　本：787mm×1092mm　1/16
印　　张：15.75
字　　数：310千字
版　　次：2010年5月第1版
印　　次：2010年5月第1次印刷
定　　价：29.80元

投稿热线：（020）87373998-8503　读者热线：（020）87373998-8502

网址：http://nf.nfdaily.cn/press/

目录

安替

全球反恐战争在言语上的结束 / 1

长平

勿以语录评判经济学家 / 3
警察不能与记者“躲猫猫” / 5
番禺经验：“不被代表” / 7

陈季冰

“文怀沙事件”为传统国学唱挽 / 9
新医改的意义多年后会更真切 / 11
舆论依法监督与依法监督舆论 / 13

程亚文

民族主义的逆转 / 15

党国英

腐败是转型社会润滑剂？ / 17
深化体制改革　广开农民就业门路 / 20

丁东

弱智是不是电视文化的宿命？ / 22

葛剑雄

真的解决不了春运难题？ / 24

郭巍青

打碎官僚制，大学生才愿进社区 / 26
迈克尔·杰克逊之死为何震动网络 / 28
垃圾处理问题必须有公民参与决策 / 30

何三畏

“最雷官语”的评选标准和局限 / 32

和菜头

“真假胡斌”案，各位导演歇歇吧 / 34

胡泳

呼吸也是上瘾的 / 36
“别有用心的一小撮”可以休矣 / 38
立法者怎样面对人肉搜索 / 40

贾西津

信息公开是一种执政习惯 / 43

景凯旋

从成龙的言论所想到的 / 45

黎明

评论官员“雷语”的积极意义 / 47

李方

人道主义的细节崇拜 / 49

李华芳

“百富榜”并非经济风向标 / 51
改革需要山西模式还是温州模式？ / 53

梁文道

正常的社会与不正常的上访者 / **55**

讨厌一个人的方法 / **57**

林达

经国走出了一个时代 / **59**

令狐补充

赵本山击中了春晚的软肋 / **61**

刘洪波

反腐关“天价烟”什么事 / **63**

勿让公民以孤立的个体面对不公 / **65**

化解重庆高考事件的一个程序性想象 / **67**

刘柠

“东亚共同体”突然升温的背后 / **69**

刘煜辉

不要让 CPI 沦为掩盖泡沫的工具 / **71**

马光远

将救助中小企业上升为基本国策 / **73**

房地产新政如何消除民众的信任危机 / **75**

马红漫

减税也是积极财政政策 / **77**

新股发行制度应能公平分配财富 / **79**

毛向辉

我们需要对话的圆桌 / **81**

莫之许

任志强惊人语录是怎样炼成的 / 83
年轻人就该不买房 / 85

南桥

美国“官二代”的多元选择 / 87
与美国同行探讨教育改革与创新 / 89

钱钢

克朗凯特——黄金标准 / 91

秋风

打破官员身份终身制 / 93
用公款培训“富二代”是在制造不公平（上篇） / 95
“富二代”接不上班并不可怕（下篇） / 97
学习孔子的独立办学精神 / 99

邵建

信任危机中的吏治问题 / 101
“教授治校”的前世今生 / 103

沈洪溥

我国的城市化“奇迹”亟须辩证看待 / 105
对房价定性模糊可能带来恶劣后果 / 107

沈旭晖

日本大选中的“幸福实现党” / 109
哪些华人不喜欢奥巴马 / 111

十年砍柴

医患纠纷因何陷入恶性循环 / 113

宋志远

不平等的疾病 / 115

苏振华

公共财政体制改革有待全方位推进 / 117

唐昊

美国如何保护孩子的心灵 / 119
预算公开之后怎么办？ / 121
没有就业机会的经济复苏 / 123

唐钧

事业单位养老金改革须三思而行谋定而动 / 126
统计数据“打架”其实很正常 / 128
避免对两代农民工造成“统计性歧视” / 130

陶短房

“善人”金大中 / 132
诺贝尔文学奖的“跨文化另类癖” / 134

汪庆华

官员财产申报无关隐私 / 136

汪永晨

大雾、大旱之时的信息公开 / 138

王琳

“王帅们”的诽谤罪根源何在？ / 140
新《统计法》如何防范统计为官员说话 / 142

王晓渔

喜看大侠成主席 / 144

网络监督为何要以“谣言”的方式出现？ / 146
公民韩寒和“小偷”郭敬明 / 148

王则楚

潜规则太多，财政预算有何意义 / 150

王则柯

长江救人的经济学模型思考 / 152

王志安

律师在场，方能避免候审室里的罗生门 / 154

温克坚

王石“不行贿”的企业社会责任 / 156

吴向宏

改善就业须对中小企业“法”开一面 / 158
中国的电视购物为什么这么乱 / 160
“小天使基金”之困与医疗的公益性 / 162

吴重庆

希望所有人有尊严地活着 / 164

五岳散人

我们要看到“钓鱼事件”的恶人被惩罚 / 166

肖雪慧

被打的不只是记者 / 168
“倒钩事件”背后的权力失控 / 170

笑蜀

成都拆迁事件必须有人负责 / 172

熊丙奇

权势侵蚀教育，改革刻不容缓 / 174
大学去行政化改革，需要政府面对四道难题 / 176

熊培云

有权者如何“与百姓接轨” / 178
说说我为什么不高兴 / 180
你怎好意思对“身体维权者”道谢？ / 183

徐贲

奥巴马就任总统宣的是什么誓 / 185
“不高兴”先生要学会说理 / 187

鄢烈山

何不重启人大质询权 / 189
民主的分谤功能 / 191
2009的警醒：谁能超然于现实之外？ / 193

叶檀

正确理解物业税，房地产才能健康发展 / 195
吴英被判极刑，民间金融何时停止血祭 / 197
养老基金沉淀上万亿元是最大的浪费和不公 / 199

于建嵘

如何破除山西省长们的宿命 / 201
没有理由剥夺购房者获得当地户口的权利 / 203
精神病学专家孙教授的拍脑袋学术 / 205

岳经纶

中国需要清晰的社会政策理念 / 207
针对流动人口的地方立法原则 / 209

展江

无案由传唤记者乃法治社会大忌 / 211

张鸣

周森锋市长变成了难解的题 / 213

张千帆

续期有偿无偿都得给个说法 / 215
假如换一种方式“钓鱼” / 217
以“更高的法”去衡量法规 / 219

赵勇

纪念海子须先澄清误读 / 221
上海楼房倒塌与狂欢话语分析 / 223

周俊生

“钓鱼查黑车”事件频发是谁之耻 / 225
“倒钩”案的教训能否真正纠错 / 227

朱健刚

如何避免开胸验肺式的双输 / 229
NGO 变法将引发社会组织发展的浪潮 / 231

庄礼伟

亨廷顿眼中的世界变迁 / 233
肯尼迪家族对“美国梦”的诠释 / 236

全球反恐战争在言语上的结束

□安替

奥巴马的国土安全和反恐顾问约翰·布伦南（John Brennan）8月6日表示，奥巴马政府将不再采用“全球反恐战争”（Global War on Terror）这个词语，美国及其盟国发动的、应对“9·11”恐怖袭击而产生的八年“战争”，至少在言语上结束了。

中西方哲学都很强调概念对现实的重要性，国人忌“无名之师”，基督教“太初有道”、希腊哲学认为概念定义是辩论之本。2001年9月20日，布什在国会发表电视讲话时，郑重表示：“我们的反恐战争因‘基地’组织而起，但不会限于此。它会不断持续下去，直到全球各处的每一个恐怖组织都被发现、被阻止和被击溃。”自此，“全球反恐战争”声名鹊起，导致了至今尚未结束的阿富汗战争和伊拉克战争，以及全球范围的国际关系重新站队、排序。

八年后的今天，我们平心静气地检视布什当时的雄心壮语，就会觉得有点不可思议：难道只要有任何恐怖组织哪怕是很小的存在，美国就一直会打这场战争吗？这种几乎把战争结束期设置为一万年后的提法，当初为什么能在参众两院议员、全美媒体评论者的集体鼓掌欢呼中成为国家政策？震惊于“9·11”袭击的美国人，在强烈的安全需求驱动下，作出了一个根本不可能完成的诺言。

不过实际上，英文的“全球反恐战争”（Global War on Terror）的四个单词，几乎每个都名不副实。第一，这不应该是场“战争”（war），战争有始有终，需要动员、招募、阶段目标、战果，反对恐怖主义的措施，却会随着人类社会的存在而一直存在下去，只要有贫穷、异议和不满，恐怖主义这种成本很小、效果极大的社会癌症，就有可能存在。而这场是战争又不是战争的战争，才会导致“基地”组织被囚者，不是刑事犯又不是战犯，被关在不是美国领土又被美国控制的关塔那摩这样的怪事件产生。

第二，“恐怖主义（Terrorism）”是现象，无法真正成为战争的目标，因此在现实操作上，“恐怖主义”必然要转化成某个国家政权或者某些个人。例如八年全球反恐战争，其实打击的是阿富汗塔利班政权和伊拉克萨达姆政权；在国内，《爱国法案》高票通过，也缩减了美国公民的自由和人权，这本身对建立在纯粹理想上的美国，是深深的伤害。

第三，战争无法有效解决（on）恐怖主义。以伊拉克战争为例，如果说是战争帮助伊拉克建立了民主，这很有道理，但要说战争解决了在伊拉克和因伊拉克而起的恐怖主义，这就与事实相反。先不说伊拉克政权和“基地”组织没什么联系，单凭伊战这八年伊拉克国内本身的历次恐怖袭击，以及极端塔利班组织依然活跃在阿富汗，就可以知道伊战是一场目的多么不诚实的战争。

第四，美国的这场全球（Global）号召，八年后不但盟友逐步退却、美国陷入孤独，而且本国国力过度消散，使得各地区潜在敌手不断崛起，到头来，美国人突然发现，自己已经不堪承受。伊拉克的战乱和分裂，让伊朗徒然获得历史性崛起机会。“不是朋友就是对手”的黑白宣战，让很多友好国家不得不保持沉默和中立，事实上也帮助了“基地”组织的宣传和招募。

奥巴马明确表示不会继续布什的这种牛仔式战略，并且国防部已经在今年3月把所有涉及“全球反恐战争”的文件用词，改成了奇怪的“海外偶发行动”。不过这位被称为“白宫反恐沙皇”的布伦南承认，“基地”等恐怖组织对美国是“持续和发展中的威胁”，美国会继续采取一切反恐措施。而奥巴马政府也会通过和国际盟友合作、对组织发源地经济援助、帮助其实现政治民主等方式，多途径铲除“基地”组织、消减全球恐怖主义的影响。

不过，是“刚柔并济”还是“软弱绥靖”，往往从效果上看才最清楚。奥巴马上任半年，在南美、非洲、中东、伊朗、朝鲜，均采取了和上任截然不同的“接触”政策，会不会反而助长某些国家的强硬政策还有待观察。美国历史上，民主党重外交接触、共和党重战略遏制，其实有得有失。“接触”政策最大的缺点就是会“奖励恶行”以及导致全球战略模糊、敌我不分。当然，一个处于经济危机中的美国，也的确需要温和行事几年以休养生息了。

［2009年8月13日］

勿以语录评判经济学家

□长平

近日网上盛传一文，名为“中国经济学家骇人语录大全”，辑录了厉以宁、张曙光、张维迎等17位经济学家的语录。这些经济学家都很著名，这些语录听起来都很“雷”人，引发了网民对经济学家的又一轮冷嘲热讽。不过我认为，以语录来臧否经济学家，可以表达一种情绪，却并非是一个严肃的评判。

丁学良教授曾经问，中国有几个合格的经济学家？如果以理论建树为标准，他自己给出的不超过五个的答案，的确不算冤枉。不过，如果经济学家指是干着某一类活——分析经济现象，研究经济规律，提供决策参考——的人，那就不计其数了。对这一类人的成就该怎么评判，从来就有很多争议，但是在所有的争议中，语录都不足取。

语录是一个很有意思的语言形式，它的好处是言简意赅，提纲挈领，好记好用，铿锵有力，便于发挥，利于动员，所以自古以来就广受欢迎，比如《论语》就是一本语录，《圣经》里也有不少语录。人类历史上语录最风光的时代，大概要算中国的“文革”了：人人都有“红宝书”，个个语录不离口，可谓一本语录治天下。语录的坏处也是显而易见的，那就是断章取义，夸大其词，只见树木不见森林，只见结论不见证明。语录可能适用于很多人，比如政治家、军事家、教育家，最不适用的就是经济学家。

“为什么上帝创造了经济学家？为了让天气预报显得很准确。”像这种对经济学家的讽刺，从来就没有断过。有些聪明自知的经济学家还讲一些故事来自嘲。比如，哈佛大学经济学教授格里高利·曼昆，前不久在一个研讨会上介绍了一篇文章。这篇文章调查了哈佛大学和耶鲁大学的顶尖经济学家，让他们假设自己生活在上世纪30年代，以当时的经济数据，能否预测经济大萧条。调查结果是他们都不能预测。然后，文章作者又让他们以当时的数据，使用现有最先进的经济理论、计算方法和工具，能否预测大萧条。结果还是不能。曼昆自嘲说：“即使读了这篇文章，你问我现在会不会有经济大萧条呢？我的回答是：不会，我预计不会有经济大萧条。”

网络上流传的一些讽刺经济学家的笑话，多半来自普通民众，他们更多地表达了一种不满情绪。有些笑话极尽刻薄之能事，比如其中一个讲到，两个经济学家打赌，甲对乙说，你把这堆狗屎吃了，我给你100万。乙吃了，得100万。过一阵，乙觉得屈辱，以同样的话对甲说，甲照办，拿回了100万。甲说，你看我们两个人各吃了一堆狗屎，最终却什么都没有得到。乙说，非也，我们为国家创造了200万的GDP！从经济学原理看，这个笑话并没有挖苦到经济学家，因为GDP的确就是那样算的，而且这并不能否定GDP的价值。但是，一般民众认为这是一个绝妙的讽刺，因为他们深受地方政府唯GDP论之苦，这就是“经济学家语录”产生的社会背景。

从学术背景看，改革开放以来，经济学家流光溢彩，占据了主要的学术讲台。他们不仅解释经济，也解释政治、历史、社会、伦理，把所有问题都还原成经济问题，具有令人耳目一新甚至振聋发聩的作用；另一方面，却是其他领域学术空间的萎缩。这种经济学家的自大和学术发展的不平衡，导致有些经济学家变成了政治家、军事家和教育家，喜欢制造语录，追求轰动效应，不仅越界妄言，而且只给惊人结论而不加以论证。同时，他们面对的又是从来都习惯于语录思维的听众，彼此一拍即合，结果是经济学家搬起石头砸自己的脚。

那么网上盛传的这些语录到底“雷”人不“雷”人，经济学家说得对还是不对呢？我并不想回答这个问题，因为我觉得扔语录并不是经济学家该干的活，背语录也不是我们该从经济学家那里得到的教诲。曼昆教授讲的那个故事，是不是说明经济学家根本没用呢？我相信他在自嘲之后还要继续去分析和研究，因为他知道经济学家不是算命先生，预测不准确也不能否认其价值。在我看来，经济学家最重要的作用是提供经济学的思维和方法，这个研究过程的重要性远甚于结论。而这，恰恰是我们整个社会最缺乏的东西，包括讽刺经济学家的人在内。

［2009年1月13日］

警察不能与记者“躲猫猫”

□长平

年初开始的“躲猫猫”游戏，到年末还没有玩完。在昆明警方严密监管的场所，又一个生命神秘地消失了，他的名字叫邢鲲。鉴于这里并不是传说中的百慕大三角，公众希望警方给出解释。大家没有想到的是，这个解释如此离奇。

警方宣布涉嫌盗窃犯罪的邢鲲在候问室里自缢身亡，但是拿不出录像资料，因为碰巧他在自缢时完全把自己置于“视线死角”，录像机鞭长莫及。问到用什么工具自缢时，警方竟然称“还在调查中”。过了两天，调查结论出来了：他用纸币捅开手铐，用两根鞋带自缢身亡。记者问，鞋带能承受得起他的重量吗？得到的回答是，要“研究后才能给出答复”。

警方把邢鲲描绘成了一个“高人”，既会用纸币开锁，还会用鞋带上吊，而且能够准确地躲避摄像头，只是不知道他为什么要把这些本事用于自杀。而警方的作为也颇为反常——他们一下子就调查清楚了，邢鲲十多年来四番入狱；但是对于他用什么工具自杀，用那样的工具能不能自杀，这种在现场都一看便知的事情，却要反复“调查研究”。

很显然，这个好听的故事，记者和公众都没有相信。这让我想起来，同样是在昆明五华公安分局的辖区内，半年前发生过“处女卖淫案”的媒体风波——警方认为媒体乱说，只有自己才知道真相，但是真相是什么呢，警方又不详述，只给出一个疑点重重的结论。在当时的一次讨论中，有记者问我：这种情况下，媒体该怎么办？他还特地问：你知道美国记者会怎么办？

作为答复，我抄了美国《信息自由法》和《政府阳光法》的相关规定给他。根据这些规定，政府正在做和已经做过的事情，都应该向公众公开，但必须基于一些前提条件，比如“不影响正在调查的案件”，“不侵犯隐私、妨碍公正审判和危及生命”。此外，美国联邦司法部还专门颁布过《处理媒体关系指南》，也是在司法独立、个人权利和新闻自由之间进行平衡。这听起来和中国的《政府信息公开条例》差不多，甚至后者还没有这么具体的限制规定。后来我又和几位美国资深记者或媒体研究者聊起这个话题，他们似乎没有觉得有什么问题，差不多都轻描淡写地说，我们有法律规定啊，该公开的都要公开的。问题是警方不遵守法律怎么办呢？回答是：那你可以去告他啊。

中国的记者之所以要问美国的情况，是因为新闻自由和司法独立这两个观念在美国都被奉为立国之本，冲突是在情理之中。但是，那里的冲突似乎都发生在理论上，具体案件中的矛盾并没有我们这里这样突出。这个问题还可以进一步研究，但是“你可以去告他”这个回答意味深长——正是司法的独立保证了新闻自由。

也许美国并不是最好的例子，因为它的判例法传统是“摸着石头过河”。关于媒体与司法的关系，国际社会有一个著名的《马德里准则》，说得更加清楚。这是 1994 年 1 月，一个叫做国际法学家委员会的非政府组织，召集了来自 23 个国家的 39 位法律专家和媒体代表在马德里商讨后达成的共识。该条约确立的第一条准则是：言论自由（包括媒体自由）是任何一个民主社会的核心基础，在不违背罪刑法定的基础上，媒体有权利也有责任向公众传递包括审判前、审判过程中和判决后的案件信息，并对司法管理给予评价。同时也认为这个准则并不排除法律规定在刑事侦查阶段进行保密——但是，这个保密的目的应该是为了被告人、犯罪嫌疑人的利益，或者是为了无罪推定原则。

有学者认为，这意味着在媒体代表的公众利益和警察代表的国家权力之间，前者应该处于优先地位。其实，中国的法律也认为，后者是为前者服务的。那么，发生冲突的时候，自然应该让位于前者。

看起来，昆明警方“流年不利”，总是处于媒体的拷问之下。事实上，这个问题普遍存在于全国甚至全世界的记者和警察（或法官）之间。在中国，记者往往被警方（或法官）一句“案件正在调查（或审理）之中”就打发了。如今，网络舆论的加盟，使得媒体有了喋喋不休的机会，也可以认真思考一下其中的问题了。

［2009 年 12 月 18 日］

番禺经验："不被代表"

□长平

番禺居民在接访日抗议垃圾焚烧项目的时候，梁文道先生撰文称："我一向对广州的市民文化喜爱有加，相信，广州会是下一个'可爱的厦门'。"有媒体在年终盘点时，要求我评论此文，我说："首先要向文道报喜，如他所期待的，广州成了'下一个厦门'，甚至比厦门更令人欣慰——不仅番禺居民反对的垃圾焚烧项目已经停止，番禺区及广州市领导还把民众的对话要求看作是公民社会的成长。"

上周日，我在丽江花园对话现场门外，听到番禺区委书记谭应华宣布垃圾焚烧发电厂项目已经停止的消息，真的有一些情难自禁。我意识到这是一个了不起的进步。我拦住几位对话者询问，他们都表示非常满意。一位亲历对话的记者在开心网上写道："我看见了这美好记忆的成果，也看见了历史。这个冬天非常美丽。……番禺事件，让我看见，那更好的生活在路上。"有些煽情，甚至可能有些天真，但是相信，这是很多亲历者的真实感受。

番禺经验值得总结。如果我们可以掐头去尾地认为它已经告一段落的话，根据我的判断，这是近年来抗议时间最短、冲突最少、政府官员最主动、参与者最轻松的一次公共事件。它改写了群体性事件的定义，使其不再是面目狰狞的负面概念，而是一个官民互动的民主通道。

从媒体集中报道的9月底算起，此次事件的持续时间不到三个月。其中的大多数日子，居民们都在寻找材料，分析现状，理性探讨，从而找出了切实可行的对策。他们极具创意地提出了非常有本地特色的口号"不被代表"。在当下的语境中，这个口号充分体现了公民个体权利意识的自觉。只有"不被代表"，政府官员才能听到真正的民意；只有"不被代表"，才能产生真正的代表。

承认并接纳公民的抗议权利行使，官员的执政能力才会在与民众的互动中成长。广州市常务副市长苏泽群的每一次讲话都留有余地，没有把不同意见逼到死角。番禺区区长楼旭逵在接受央视记者采访时，诚实地说出项目运作中不够尊重民意的事实，而且迅速响应民众提出的垃圾分类主张。番禺区委书记谭应华不仅答应居民对话的邀请，而且把时间提前，变被动为主动。从这些官员的表现中，我们看得见民主的绿芽。与此同时，以为靠强硬就能压制民意的广州市政府副秘书长吕志毅，大概正在闭门思过。番禺居民在捍卫自身权益的同时，对他与该项目的利益关联提出质疑，公众也在等着进一步的解释。

在向另一家媒体推荐年度人物的时候，我把广州媒体（记者）列入其中。在此事件中，记者和评论员的敬业精神有目共睹，而几家媒体也用行动阐释了良好的竞争与合作关系。在服务于公众利益方面，所有媒体都承担着共同的道义。

前天，广州市政府常务会议通过了一项新的规定，要求今后环保、物价、拆迁等领域与群众利益密切相关的重大决策，都要经过重大民生决策的拟制、审核、公示、审定四个阶段，广泛听取民意，充分调查论证。虽然没有明说跟反对垃圾焚烧项目的关系，但是番禺居民仍然可以为此骄傲，因为从此以后政府在尊重民意方面的每一个进步，都有你们的功劳。

尽管可以喜滋滋地进行经验总结，但是民主并不是一个等待收获的果实，而是一个融入日常生活的过程。番禺事件还远远没有结束，而且永远也不会结束，它跟生活一样漫长——只要生活还在继续，垃圾处理和民意表达就永远是一个问题。一旦不再坚持“代表自己”，你就随时可能“被代表”。

梁文道先生在那篇文章中，以香港的历史为镜鉴，从事实和逻辑上为公民的抗议权利正名——越是尊重这项权利的社会，越能保持稳定与祥和。其中最值得注意的一句话是：“并不是回归后的香港反而变得更西化，学到了更多美式示威的神髓，而是香港政府和市民都变得更成熟，更能摸到一种现代社会的政治生活之道。”番禺居民已经深切地感受到了，这是我们自己的生活。

［2009年12月25日］

“文怀沙事件”为传统国学唱挽

□ 陈季冰

“文怀沙事件”近来能够在社会上激起如此强烈的反响，实在有点出人意料。一来文怀沙老人在社会上尽管也属大名鼎鼎，但他毕竟不是新闻媒体上正当红或学术界首屈一指的超级明星，如季羡林或饶宗颐；再则，他那些遭到质疑的丑闻，像“虚报年龄”、“因猥亵、强奸妇女入狱”等都已是陈年旧账，按理说事隔几十年后再翻出来，不至于让喜新厌旧的现代读者那么津津乐道。

我对文怀沙的人品学问——即“国学”话语中的所谓“道德文章”——几乎一无所知，没有资格、当然也不想加入事件本身是非黑白的争论。我更想从此事引发的轰动引申出去，探讨一下近年来日益升温的“国学热”或“儒学复兴”的前景。

许多人也许还记得，3 年多前，“新儒学大师”郑家栋涉嫌重婚、伪造文书和协助偷渡的新闻一经曝光，曾经引起过比今天的“文怀沙事件”更加强烈的舆论地震。让我们先作一个假设，如果郑家栋和文怀沙不是凭借“国学”或“儒学”赢得名望，而是两个从事西方哲学研究的著名教授或研究员——比方说北京大学教康德哲学的老师，上述丑闻同样发生在他们身上，会招来普通民众这么大的关切吗？答案多半是否定的。这其中的道理并不十分复杂：“国学”在中国人心目中从来就不是一种专业化的学术，它寄托了“修身、齐家、治国、平天下”的一整套理想化社会规范。所有人（包括我）都坚定地认为，一个真正的“儒学大师”就应该是孔孟学说的卫道士和中国文化传统的继承者。所谓“知行合一”，是中国古代学术有别于西方现代知识体系的最大特色。

我认为，这才是一般国人不能原谅郑家栋和文怀沙的深层原因，因为他们是表里不一的“伪君子”。不过，正是从这一个基本落脚点出发，我却得出了一个十分令人沮丧的结论：传统意义上的那种“国学”和“儒学”已经死亡，并且在可预见的未来，它也没有起死回生的可能。

这必须从构成中国古代文化传统主流的儒学的性质说起。余英时先生在《现代儒学的回顾与展望》一书中精辟地指出，儒学不是一种单纯的哲学或宗教，而是一套全面安排人间秩序的思想系统，从一个人自生至死的整个历程，到家国天下的构成，都在儒学的范围之内。过去 2000 多年中，通过政治、社会、经济、教育种种制度的建立，儒学一步步渗透进国人日常生活的每一个角落。虽然传统儒学不能与传统制度画等号，但它确实托身于后者。因此，随着辛亥革命以后大一统皇权政治制度的崩溃，儒学也就失去了其安身立命的依托，变成一个游离于现代建制之外的“游魂”。“游魂”的意思是说，儒学的许多精神元素至今依然在中国社会生活的方方面面发挥着显性或隐秘的功能作用，但作为一个整体性的架构，它已经不复存在，无力再像过去那样为整个社会生活提供一个稳固的思想基础。

如同社会政治一样，现代中国的学术在形式上也是以西方模式组织起来的。要成为一门“科学”，就必须符合学术的规范。儒学的生命恰恰从来就不在于抽象的理论思辨，而在于丰沛的人生实践。因此，如果我们把现在学院中奉行的学术规范强行套在儒学身上，那无异于把它制作成木乃伊。一个具有科学精神的严肃的大学校长会告诉我们，大学里既无必要、也难以容纳下一个“儒学”专业，因为它的学术内容已经被吸收整合进哲学、政治学、伦理学、历史学乃至文学等许多专业学科，而它那套“修身、齐家、治国、平天下”的实践内容又不是大学和研究机构应该承担的任务。

这就是儒学或国学在现代中国面临的根本性困境。不管多么热爱中国传统文化，我们都不得不承认，那种传统意义上的纯正的儒学已经无可挽回地走向死亡。

［2009年2月23日］

新医改的意义多年后会更真切

□ 陈季冰

中共中央和国务院前天公布的一纸《意见》不仅掀开了新一轮医疗卫生体制改革的大幕，也迈出了建立覆盖城乡的全民社会保障体系的第一步。也许要等到许多年以后，人们才会真正认识到这项决策的意义。

现在就匆忙地评价新医改方案的得失，显然是操之过急的。况且《意见》也只是一个原则，具体操作层面的技术性规定还有待一系列实施细则的制定，许多地方，如政府投入的金额也不是不能随实际情况变通和更改的。但就《意见》所呈现的“政府主导”、“公益主体”、“覆盖全民”和“福利均等”的指导思想来看，其方向无疑是正确并值得期许的。

新医改方案也许会令一些反改革的人士欢欣鼓舞，但从我的角度看，这与其说是走回头路，是对市场化改革的否定，毋宁说是对真正的市场经济的认识的加深。传统的计划经济取消了市场和竞争，把人和社会的一切事务纳入国家这台超级机器中；而在现行的半吊子市场经济中，政府一方面并没有从应该退出的领域中退出来，另一方面又把自己理应承担的责任交给了市场。这也可能正是越来越多国人对市场导向的改革萌生怀疑和对立情绪的根源。如果说当初为了打破难以维系的“大锅饭”和“铁饭碗”，不得已把“效率”提到至高无上的地位的话，现在，经过30年的实践和反思，是到了对这种混杂了许多不合理成分的“伪市场化”进行二度拨乱反正的时候了。事实上，在现阶段的中国，社会公平问题已经严重制约了效率和创造力的进一步释放。

也正因为如此，近年来国家财政的投向开始越来越明显地由过去主要为经济增长服务的基础设施项目转向各类社会事业。这是因为，只有解除民众对读书、看病、养老等后顾之忧，我们的内需市场才有可能真正启动，中国严重依赖出口的失衡的经济结构才能得到扭转和改善。这些都确是真知灼见，但尚不足以说明社会保障的决定性意义。

面对当前触目惊心的社会矛盾以及大多是由权力不受制约而滋生的贪污腐败和社会不公，许多人将改进的希望寄托于毕其功于一役的政治体制改革上。这种想法是值得同情也完全可以理解的，然而他们忽视了至关重要的一点：政治变革要成功，不仅需要有政治层面本身的推动力，还必须要有一个最起码的社会基础，否则就难免陷入失控和混乱状态。而且在大多数情况下，推动力的形成很可能是十分偶然因而也是不可知的，但一个能够顺利承接上层政治变迁的下层社会基础却是实实在在不可或缺的。

我一直呼吁，趁现在政府财政收入相对宽裕，尽早建立一个覆盖全国城乡所有公民的社会保障体系。因为在我看来，就当前的中国而言，如果想要从社会的层面着手，为未来更加根本性的变革做一些有益的铺垫和准备工作的话，舍此绝无其他捷径可循。我很想对那些批评西方福利制度的学者说，中国的社保体系注定要承担比西方发达国家艰巨得多的使命——在他们那里，这仅仅是一个调节收入分配差距的安全阀或缓冲器；在我们这里，它还应该能够承受未来制度变迁所造成的额外冲击。在中国，当你谈论成本和收益之间的关系时，你不能仅仅从经济的角度看问题，政治和社会的成本才是最大的成本。

当然，这并不是说，我们应当建立一个像西方福利国家那样的普遍高水准的社会保障体系。任何一个头脑不糊涂的人都明白，即便花再多的钱下去，政府提供的服务也不可能做到令大多数人满意，它只能是一些最基本的底线保障，能做到不让大多数人失望就已是万幸了。这是政府这种排他性的权力机构的性质所决定的，世界各国皆然，在中国的现行体制下，我们尤其不能抱有过高的奢望。

但不管千难万难，只有硬着头皮往前闯一条路。不仅是狭义的社保，在医疗、教育、传媒等关涉现代文明国家中公民基本公共权利的领域（大多属于我们这里所谓的“事业单位”）进行的改革，可以被视为中国经济体制改革中突破计划经济体制堡垒的最后冲刺。

假如到 2020 年，也就是再花 10 年多一点时间，我们能够从医疗卫生出发，基本建立起一套涵盖失业和养老的全民社保网络（基础义务教育的普及目前已近基本实现），那么古老的中国将有史以来第一次真正实现“老吾老以及人之老，幼吾幼以及人之幼”的先贤理想。当我们看到社会上不再有失学的适龄儿童，不再有身无分文的失业者，不再有得不到基本治疗而等死的病人，不再有无人赡养的孤寡老人……到那时，中国的现代化就算有了真正坚实的社会基础，穿越“历史三峡”的百年变革的“最后一跃”也就水到渠成了，将来的制度变迁就将被一劳永逸地纳入和平与可控的轨道。

只有如此，中国社会才能走出千百年来一再上演的历史循环。等到危机真的爆发时再着手修筑社保这块“泄洪区”，一方面政府财力可能已捉襟见肘；另一方面为时也已晚。

［2009 年 4 月 8 日］

舆论依法监督与依法监督舆论

□陈季冰

最高人民法院日前下发《关于人民法院接受新闻媒体舆论监督的若干规定》，要求人民法院应当主动接受新闻媒体的舆论监督。同时，新闻媒体如果对正在审理的案件报道严重失实或者恶意进行倾向性报道，损害司法权威，违反法律规定的，依法追究相应责任。

几天来很多舆论担忧，这将为空间已经十分逼仄的舆论监督念新的紧箍咒。这种担心当然不是完全没有道理的，但考虑到中国当下的现实状况，我还是认为这些论者实在是有些过虑了，以前根本没有或只有十分模糊地涉及法院接受媒体采访和舆论监督的许多规章、制度和程序，这个《若干规定》中有了清晰的说明，不能不说是一个进步。批评人士可能还有意无意地忽略了一个细节：这个《关于人民法院接受新闻媒体舆论监督的若干规定》是与最高人民法院《关于司法公开的六项规定》同一天印发的。因此，我愿意相信，发布这个《若干规定》的初衷并非为了打压媒体监督，而的确是为了更好地推进司法公开。同时，这可能也暗含着试图用法治化的手段来规范媒体行为的尝试。

但更重要的问题并不在于有关部门出台一个规范的初衷是什么，而在于它在社会生活中可能产生的实际后果会是怎样。我个人乐观地预计，假如以后果真发生了法院与媒体针对一桩司法新闻报道发生严重纠纷，各级人民法院果真打算对"违反法律规定的"媒体"依法追究相应责任"（起诉与审判），而不仅仅是"向新闻主管部门、新闻记者自律组织或者新闻单位等通报情况并提出建议"（告状与施压）的话，那么就很有希望为新闻规范本身的法治化打开一扇意想不到的后门。

为什么这么说呢？让我举个假想的例子来说明——

有一家媒体报道了一件正在审理中的案子，比方说"邓玉娇案"吧。当事法院认为报纸歪曲了事实，片面炒作了某一方面的情绪，损害了主审法官的名誉，造成社会舆论激愤，并最终驱使汹汹民意干扰了正常的审判，"严重损害"了司法权威，影响了司法公正……于是它决定"依法追究"该媒体的"相应责任"。众所周知，要"依法"而不是通过行政手段追究媒体或其相关责任人的责任，就必然会触发起诉和审判行为。

推理到这个阶段，必定会有评论家义正词严地指出，法院自己就是诉讼一方又自己审判（既是运动员又是裁判员），结果怎么可能公正？且慢质疑！先继续推理下去——同样众所周知的是，要起诉和审判，就必须有某个规则（某条法律条文）可供依据。

其实我也知道，罪名总是可以找得到，惩处也总是“依法”可循，不管它们是否合乎法理。但围绕这个罪名和惩处的辩论必然会展开。虽然不指望作为被告方的媒体负责人（或其代表及律师）会在法庭上作出什么有质量的自我辩护，而且也不能指望行业组织会为它提供什么支持。因为一般来说，人的个体理性决定了他的行为总是被现行制度的逻辑有力地限制着。

我所期待的辩论是在法庭外的广场辩论，尤其是互联网上的辩论。在当前中国的特殊语境之下，一件涉及舆论监督对新闻媒体的审判案子，不用说一定会牵动社会上无数双激动的眼球。社会真正关心的不是这件具体的新闻侵权官司，而是舆论监督的制度性公正，如同我们在“邓玉娇案”中已经感受到的那样。而这种“社会民意”的强大力量又会反过来对法庭造成巨大的压力，使得我们想象中的那个主审法官左右为难。接下来，除非有办法让全国所有的媒体和网站一起变成哑巴，否则激烈的辩论就不会停止。而辩论的重点最后会渐渐朝向同一个问题聚焦：必须为新闻规范立法。从这个意义上看，真应该热切期盼早日出现这样一场“舆论非法监督”的官司。

或许正由于缺乏一个均衡宽松的舆论环境，今日我们社会已经进入了这样一种诡谲的境地：任何一桩有争议的事件以及对它的处理，其结果本身公正与否未必是第一位的，重要的是它是不是能够广为人知。只要它能够吸引到足够的眼球并激起全社会的辩论，那么，它过去曾试图包裹和掩盖的细节就会被层层剥开，最终很可能促成系统性的重大改进。“孙志刚”、“邓玉娇”、“唐福珍”……这些名字正是这条艰辛的法治进步之路上的一座座血染的里程碑。当然，也正是广义的舆论监督使他们的血没有白流。同样，舆论监督的法律权利需要舆论自己来争取和捍卫。

因此，就新闻行使舆论监督本身的法治化而言，切实可行的路径应该是寻找一切机会首先使这个问题本身成为媒体（包括越来越不可忽视的网络）报道的头条和讨论的热点，使之不再可能通过简单的红头文件在行政渠道内部“被”轻易打发。

［2009 年 12 月 29 日］

民族主义的逆转

□程亚文

全球金融危机发生以来，对其原因的分析铺天盖地。普遍看法是自上世纪80年代以来虚拟资本主义迅速发展、金融技术和机制上的创新过度，美国则有不少人把它归之于发达国家与发展中国家，特别是中美之间经济结构失衡。去年以来召开的几次G20峰会及中美战略与经济对话，讨论议题和解决方案因此大都围绕世界金融体制变革或中美经济结构调整而展开。对金融危机的这种纯经济理解和应对，并没有抓住问题核心所在。

实际上，金融创新过度与中美经济失衡只是表象，在其背后乃是金融权势操纵主权国家的政治运作，使金融成为少数利益群体的圈钱套利工具，加速了财富向少数人的集中，而大众的权益在此过程中日益被肢解或边缘化。在去年下半年美国作出经济刺激计划后，华尔街金融机构不顾美国民众强烈反对仍继续为其高管发放巨额奖金，就是明证。今年3月，接受美国政府高达千亿美元注资援助的国际集团（AIG），便曾因向公司高层和员工发放1.65亿美元的巨额奖金，一时在美国上下众怒如潮。而在近日伦敦召开的G20财长会议上，美英两国顶住法德等国的压力，依旧拒绝限制金融从业者的薪酬，目前奥巴马政府在与华尔街金融权势的斗争中已被认为处于下风。

金融权势以“金融创新”改变世界财富分配格局、颠覆近世以来的主权国家概念，背后更深层的原因，乃是当代世界正面临民族主义的逆转。一般来说，发轫于英法等国、后来远播于世界各地的现代民族主义思想，有两个基本内涵：一是国族关系间的主权诉求，二是着眼内部关系的公民权利普及。在通过民族主义动员民族独立和建立国家后，民族主义的前一项使命便告完成，其变体乃是爱国主义。但是，国家建立不一定等于均等的公民权利马上就能落实，而只要公民权利不均等，就不可称作为成熟的民族国家。

现代民族国家不仅要捍卫人们在法律上平等、在机会上均等的权利，同时又要保证每一个体在实践自身权利上不至于面临资源匮乏，否则现代公民（民族）国家便与传统君主制臣民国家没有区别。就此而言，虽然19世纪下半叶以来在民族主义旗号下世界已出现近200个“民族国家”，但真正称得上健全成熟的，却又为数寥寥。美国演变成较为成熟的民族国家，就经历了复杂的历史过程。在

19 世纪中期南北战争之前，美国人的国家认同始终不很牢固，在南北战争后国家内部仍然冲突斗争不已，后来通过平民主义和进步主义运动，特别是在罗斯福新政和第二次世界大战后，各种社会保障制度大量建立，使公民的经济、政治、文化权利得到有效保障，使少数人控制国家的局面得到瓦解、“镀金时代”消失，现代民族国家形态才于 20 世纪中叶在美国清晰形成。

在进入工业化时代后，想继续维护经济上的少数人“通吃”、政治上的专制主义将付出极其高昂的成本代价。1929 年以及历次世界经济危机，其重要原因之一就在于贫富分化和权利差别。权利差别产生贫富分化，贫富分化又使少数人有购买能力而多数人仅为温饱而奔忙，于是便产生“生产过剩”或“消费不足”，其后继结果不仅是严重的经济危机，也是社会阶级、阶层和族群间的激烈对立和冲突。在 1929 年经济危机之前是美国的“镀金时代”，当年美国一如今天的中国，财富高度向少数人集中，社会冲突层出不穷。欧洲当时的情况与美国略同。最后是通过战争解决问题。实际上，战争解决的不仅仅是国家间的霸权与反霸权、法西斯主义与反法西斯主义问题，更多的是各个国家内部的贫富分化和权利差别问题。

总结近世以来世界各地重建“国家”的经历，不难体会到，现代民族国家既要反对“多数人的暴政”、捍卫“少数者的权利”，也要反对少数人的独占、维护“沉默的大多数”不陷于权利匮乏，所达成的乃是宪政治理与民粹主义之间的平衡。否则所形成的，不是寡头政治就是暴民政治。这种平衡经过 19 世纪以来的民众抗议和 20 世纪的两次世界大战才在当今世界的那些发达国家逐渐建立，而在进入 21 世纪后有瓦解之虞。

20 世纪里比较严重的几次经济危机的最后解决或缓解，都离不开相关国家由一味刺激经济增长转向关注民生呵护社会，大张旗鼓地去“均财富”、“均权利”，各种社会保障措施的建立完善，改变了财富和权利由少数人享有的格局。由此不仅增强了民族认同感，保证了社会稳定，也促进了经济发展。今天要解决金融危机，把精力放在消除中美经济结构失衡或控制金融创新虽不能说不无必要，但其要领仍在于直面全球范围内不分东西、南北的普遍性财富和权利分配失衡。这种政治经济学的视野，是理解和克服金融危机的关键。

［2009 年 9 月 11 日］

腐败是转型社会润滑剂？

□党国英

亨廷顿在《变化社会中的政治秩序》肯定了一种颇有影响的观点：在现代化进程中，某种情况下的腐败有利于社会稳定和经济发展。他认为，如果官僚系统向上升迁的大门敞开着，高层腐败就可能与政治稳定相容，此其一。其二，如果上层官僚是清廉的，下层官僚的腐败则会"直接加强政治体系的稳定性"，因为下层官僚通过捞取钱财获得满足，不再嫉妒上层官僚。第三，如果官员为政党的利益而腐败，例如，以加官进爵来奖赏那些为自己政党捐款的人士，那么，这种腐败则有利于政治发展。美国和英国都经历了这样一个过程。第四，腐败"也许是克服阻碍经济扩张的那些传统法律和官府规定的一种办法"有美国的证据。在19世纪70～80年代，铁路、水电煤气等公共事业和工业公司对州立法机构以及城市委员会的贿赂，被认为加速了美国的经济增长。相应地，反腐败却有可能产生消极后果。新派人士"对现代思想的初步接触往往造成不合情理的清教式的标准，这种标准甚至会像在真正的清教徒中间一样严厉。……反腐败走向极端便会采取狂热的、激烈的清教徒的形式……最终会带来和腐败本身类似的效果"、"有人甚至认为，在像埃及这样的国家里，政府整肃腐败的一个结果就是给经济发展制造更多的障碍"。亨廷顿的这些论点在中国学术界颇有影响，我们经常听到有人在不同场合发挥这些论点。但笔者对亨廷顿的论点实在不敢恭维。

第一，如果高层官员中间腐败盛行，官僚系统的大门就不会是敞开的，按照亨廷顿的逻辑，政治体系的稳定性也就谈不上了。腐败集团因其利益所系，为了安全，总是倾向于封锁信息；他们彼此之间更易认同复杂的、较为隐蔽的身份信息，如世交、同窗或同乡等，这种身份信息易博得相互之间的信任；同时，认同这种信息的成本也较高，排斥其他阶层的作用很强。在一个腐败社会，能力、学历的身份符号已经很难将一个人引入上流社会。这种政治上的封闭性，必然引起受过教育的下层社会子女的不满，甚至会引起军队中下层军官的不满，从而潜伏不稳定因素。

第二，按照亨廷顿的意见，上层官员的清廉与下层官员的腐败可以同时并存，这在逻辑上很难成立。清廉的上层官员总会受到来自人民的压力而反腐败，那种腐败的正面作用也就不存在了。下层官员的腐败往往以直接剥夺人民为特征，在信息方面缺乏隐蔽性，更易引起人民的不满，它的“稳定”作用也就大打折扣了。亨廷顿的这个意见也不适用于当今世界的大多数不发达国家。这些国家的政治领袖要么出自某种原始共同体的酋长家族，要么是通过武装行动取得政权的军人，没有什么贵族传统，当然也没有从家族继承下来的贵族风范，他们当政以后以攫取财富为己任，在政治上或者建立专制统治，或者陷于不同派别的无休止的相互争斗，置人民于水深火热之中。例外的是一些共产党国家（也有个别非共产党国家），在强有力的意识形态的约束之下，像前苏联、中国和古巴这样一些国家的高层官员在较长时期内就保持了廉洁。但即使是这些国家，也需要适时进行全面变革，才能继续维持政治清明廉洁，否则也会陷于不稳定之中。

第三，为党派利益而给一些提供政治捐款的人士加官进爵，这在现代西方发达国家也比较普遍，并为大众所接受，事实上已很难说是一种腐败行为。但是，这种做法能否代表政治成熟，或能否促进政治发展，要考虑其他条件，特别是社会对政治家和党派活动的监督程度。一般而论，如果党派之间存在竞争，舆论对政治家和党派活动的监督力度比较强，党派利益与政治发展才可以并行不悖。

最后，所谓腐败促进经济增长，反腐败抑制经济增长，只是一种假象。这种肯定腐败正面作用的观点忽视了一个重要变量，即政府对经济的控制程度。上世纪 90 年代之前，不发达国家一般对经济活动有较强的控制，在这种经济体制之下，具体可以看到这样几种情形：一是革命意识形态对官员的约束力比较强，且社会贫富差别不大，则官员腐败程度较轻，经济在一定时期也能快速增长。中国上世纪 50～60 年代的某些时期就属于这种情形。二是社会贫富差距已经增大，但革命意识形态对官员的约束力已经下降，这个时候官员的腐败便难以避免，官商勾结将成为普遍现象。这种情况下，一些资本密集型产业在政府支持下短期内可以有较快增长。韩国是这方面的一个例子。但韩国为此付出了沉重的代价，近几年为了维持经济的持续增长不得不展开反腐败运动。三是中国台湾的例子。台湾有一个较为廉洁的政府，经济发展在总体上不比韩国逊色。这些例证都不能用来支持亨廷顿的论点。进一步分析，只要是国家垄断经济，就为官员的腐败创造了条件；这种情况下反腐败的成本也比较高，并容易显示出一种经济运行的僵化状态；此时反腐败产生的所谓经济停滞，实质上是在反腐败的同时没有铲除腐败发生的土壤，即没有变革官僚垄断经济而产生的结果。

亨廷顿注意到 L. R. 埃尔福德等人的一个研究结论：“阶级分化越严重的国家，似乎政治腐败就越少。”这是很有意义的、值得讨论的结论。在阶级分化明显的国家，进入高层政治机构的大多是富有阶级，因其富有，其消费偏好与效用函数已不同于穷人，他们有较大的兴趣来通过维护公共利益换取自己的声誉；这一批人在社会地位上的一致性，易使他们形成较统一的价值观念，并使之转化为某种政治理想，努力去建立一种相应的政治制度。这是一种理论分析。历史与现实似乎也提供了支持这一结论的证据。英国和澳大利亚这两个国家在现代化进程中，传统贵族阶级没有受到大的打击，阶级分野比较清楚，政治活动中有一种根深蒂固的上层阶级的伦理道德和贵族风范。一般认为，英国和澳大利亚政治中的腐败程度要比北美国家为轻。近几年观察意大利政坛的情况似乎也可以说明问题。意大利天民党是以富人为主的党，而工党成员的家庭出身一般比较卑微。近几年意大利的政坛腐败案件频频曝光，而两个政党相比较，工党的腐败情形更为严重。但是，笔者认为，埃尔福德的这个结论不具有普遍意义。阶级分野程度与政治清明之间呈正相关必须有这样的条件：阶级分野既有稳定性，又有有序的开放性。如果阶级分野没有稳定性，经常如国人所说的"三十年河东，三十年河西"，政治舞台成为冒险家的乐园，政治家就会奉行短期行为，政治清明也就谈不上了。另一方面，如果阶级分野缺乏有序的开放性，那便会出现寡头垄断政治，虽然政治家个人不腐败，也会是一种集团腐败。从中国历史看，封建社会的阶级分化不可谓不严重，但政治腐败却同样严重。虽然中国的科举制度似乎给下层社会的百姓提供了一种向上走的渠道，但这远不是一种有效的制度。中国封建社会的阶级分野既不具有稳定性，也不具有有序的开放性。

［2009年1月12日］

深化体制改革 广开农民就业门路

□党国英

据悉，目前返乡农民工总数已经高达 2000 万。要想为农民找到就业门路，就得在推动农村经济市场化和农村社会的金融深化方面有大思路，要立足于通过观念和体制的调整创造一种就业扩张机制。

首先，要让农民在哪里挣钱就在哪里花钱、哪里生活，加快乡村社会的金融深化步伐。在这里，要深刻领会“萨伊定律”（供给会为自己创造需求）的含义。反过来说，需求也会为自己创造供给。沟通供给和需求的中介是市场的货币交换。但“萨伊定律”在自然经济条件下不起作用。在孤立的乡村社会，农民倾向于自给自足，以至于在同一时间段货币支出的乘数作用大大小于分工经济体中的货币乘数作用。要懂得，在我们的二元经济体中，农民在城市花钱能创造就业机会，而他们如果把钱带回农村，创造就业机会的可能性就大大降低了。所以，要坚定不移地加快城市化的步伐，不可搞逆向操作。

其次，要通过合作社的发展帮助农民向食品生产的加工销售领域进军。以 2007 年的数据为例，可以把城乡居民的食品消费总额 3.16 万亿元看作广义农业产业链的总值，而农民出售食品或食品原料的总值仅仅为 1.36 万亿元。这就是说，农业产业链的延伸环节有 1.8 万亿元的收入存在，其中，利用统计资料估算出农民大约获得了 0.2 万亿元。其他收入被城市劳动者或经营者获取了，也就是说，在农业的全部产业链中，城市居民获得了大约 51％的收入。如果这个收入由农民获得，农民在农业产业链上可增加收入 117.6％。当然，这个收入量要农民获得并不容易。过去农民没有拿到这个收入或没有在相关领域就业，自然有其“道理”。一是农民缺乏技术、资本，影响他们向产业链的深度和广度进军，二是农民进入以后会“挤”掉城市居民的就业岗位。关于第一个问题，按照发达国家的经验，可以通过国家支持农民专业合作社的发展来解决，这里不再多说。关于第二个问题，我们需要用就业公正的观念来看待。城市的失业率大大小于农村的实际失业率，如果通过农民专业合作社实现了就业机会的均等化，尽管城市失业率有所增加，社会的总体福利水平还是提高了。再说，失业发生在城市有“反周期”的作用，而发生在农村几乎没有这种作用。

再次，要通过认真贯彻《劳动法》和《劳动合同法》来加快城市化进程。我们估算，如果能严格执行《劳动法》，下决心解决劳动者加班报酬问题、城市居民兼业问题和童工问题，全国就业岗位有可能增加4000万左右。如果再能够加强居民收入调节和监管，适当提高个人收入所得税的累进率，努力打破就业的部门垄断，就业岗位还可以增加。从宏观经济数据看，我国GDP连年高速增长，远远超过了就业增长的速度。这种差距不可能用技术进步因素来完全解释。基本情况是，一方面已就业的劳动者超时超负荷工作，另一方面却有大量农村隐蔽失业人口存在。我们不赞成用农民素质低来解释农民失业人口大量存在的原因。事实上，在一些城市现代经济部门，农民工能够从事很多工作。电脑装配流水线上，经过短期培训的农民工完全可以胜任工作，这已经有事实可以证明。劳动市场的不完全性，才是农民工就业难的主要制约因素。此外，收入户籍政策、调节政策和地方管理体制也不利于城市化，这方面做好改革，城市化的速度还会加快。

再看一些简单的数字就可以明白我们结构上的问题。前不久我在浙江某地了解到，那里的农民工每天平均要劳动14小时，工资单价已经低于农业临时工。不难理解，如果全国在业职工平均每人每天多劳动1小时，那意味着10%左右的工作岗位没有了。如果大家双休日不休息，又意味着30%的岗位没有了。在业者越是“勤劳”，劳动市场的竞争就越是激烈，在业者的工资也就越低。于是，就有了宏观经济领域的一种现象：在我们GDP总量中，属于劳动报酬的并由劳动者最终支配的数量在9万亿元左右（2007年），占比约36%；扣除税收，加上其他一些收入，形成的最终消费支出占到GDP总量的35%左右。国民收入分配向政府和资本倾斜的畸形经济结构，已经成了一个危害国家安全的东西。

只要上面提到的观念变革和体制改革有所推进，城乡就业公正的制度就可以有实质性进步。此外，也要其他改革措施配套进行，如户籍制度、教育培训制度和农村土地制度等，都需要深化改革。

[2009年2月20日]

弱智是不是电视文化的宿命?

□丁东

最近，中央电视台改版，《实话实说》因为收视率大不如前，将彻底告别荧屏。

据说是话题性和关注度越来越不尽如人意。其实，电视上不是没有话题可说，而是失去了讨论真问题的空间。《实话实说》刚出台时，杨东平、郑也夫等学者参与策划，把一些社会关注的热点话题拿到节目里讨论。中国社会已经走向多元，人们对现实的社会问题也会产生多种多样的看法。让不同的观点各自表达，形成碰撞，思考的乐趣就在其间。一时间，《实话实说》收视率飙升，主持人崔永元也因此火了一把。后来，那些能够引发激烈争议的选题受到限制，节目变成一碗温吞水，争辩没有了，思考的乐趣也没有了，收视率当然谈不上了。所以，《实话实说》不是寿终正寝，只是抑郁而终。

当然，电视节目品质的下滑，不能归咎于电视节目的编导，关键在背后还有更强大的支配性力量。自由是智慧的土壤。没有自由，一切文化都如同无源之水，无本之木。电视文化自不例外。

早就有人把所有的电视文化一概归结为弱智文化。原来我并不赞成这种说法。因为，电视本来只是一种诞生于20世纪的信息传播方式。早于电视的传播方式——报纸，引进中国大体上是清末的事，史家公认办报的意义是开启民智，而不是把国民导向弱智。晚于电视引进中国的传播方式是网络，网络在上世纪末进入中国人的生活。人们多认为国际互联网有益于公民社会的发育，虽然网瘾问题困扰了一部分青少年，但还没有人指责网络使人弱智。唯有电视，背上了弱智文化的恶名。问题并不是出现在电视技术本身，而是出在权力对电视功能的定位。

央视还有个栏目叫《百家讲坛》，凤凰卫视也有个栏目叫《世纪大讲堂》，两档节目都是请学者上电视讲学问。《百家讲坛》曾经一度很火。《世纪大讲堂》没有大红大紫过，但一直保持着相对清醒的定位，所选的话题，不少都是关系国计民生、国家前途的重大政治、经济、社会问题，所请的学者，也以有独立思考精神者居多，节目还安排网友、听众当场提问、质疑。它展示了电视的一种可能性：学者可以把电视当作思考的平台、表达的通道，来关怀社会，影响现实。就是讲历史，也可以选择那些与当代生活有联系的话题，努力挖掘历史对现实的启示。而《百家讲坛》的选题虽有一定的学术性，但给人的感觉不是讲学，而是说书。说书是一种曲艺形式，宗旨是娱乐观众，不要求讨论问题，而讲学不能没有问题意识，不提出问题，讨论问题，就不叫讲学了。“百家”讲坛本来出自先秦时代的“百家争鸣”，含有“自由表达”的意思。《百家讲坛》的选题多为中国古代的历史文化，但缺少自由探讨的精神，要么是刻意与现实保持距离，以历史话题为主，有意追求娱乐性、趣味性，回避历史与现实的关联；要么是曲意迎合，与学者追求真理的精神相违。即使是平素有思想、有见解的学者，到了这个讲坛上也只好自废武功，无以发挥。

权力对电视的功能有明确的定位，第一是宣传，第二是娱乐。宣传就是让观众接受政府发布的主张。娱乐就是让观众获得感官的陶醉。那些安排在黄金时间的栏目，不是服务于第一个宗旨，就是服务于第二个宗旨。有的节目同时服务于两个宗旨，比如每年收视率最高的春节晚会。在贯彻两个宗旨的背后，电视台、节目制作商和广告商实现了第三个宗旨——分享巨大的经济收益。这场游戏表面看似三方共赢，其实公众不是赢家而是输家。在不知不觉中，就成被催眠的对象。

哲人笛卡儿有言：我思，故我在。形成思考的风气，一个民族的智慧才能得到发育。电视本来有可能让观众享受思考的乐趣。但在我们的电视节目中，享受这种乐趣却成了奢望。

[2009 年 9 月 26 日]

真的解决不了春运难题？

□ 葛剑雄

连续几年都会写有关春运的文章。有一年我曾写道：何时春运不再成问题，让我们在新年以后、春节之前能写点轻松的话题？今年尽管我已就春运接受过电视和电话采访，但一直不想动笔。可惜事与愿违，现在还是不得不说几句话，因为我认为光靠铁路部门解决不了春运难题。

铁道部表示，春运之难在于运力不足。所以寄希望于铁路建设，待运输能力提高到能满足客流需要时，春运就不成问题。在铁道部方面，或许并没有算错，因为到 2012 年能铺好多少公里新铁路，建成多少新车站，改造多少旧铁路，最终能达到多少运力，不会有什么误差，多大的运力可以输送多少旅客也不难计算。而且确定这样的目标后，国家必然会有这些投资。

但我不知道铁道部怎样估计 2012 年的春运客流量，是根据目前的数字，还是按照多大的增长率计算的？可这是一道谁也没有把握的难题。比如今年的客流量和提前量，就明显受到国际和国内经济形势的影响，事先有几个人估计到了？那么从现在到 2012 年之间又会发生什么呢？春运的主力“农民工”会增加还是减少（尽管可能性不大）？如果增加的量超出了铁路部门目前的预计，岂非又是开了一张空头支票？

我一直认为，要从根本上解决铁路春运之难，应该从两方面入手，一是扫清农村人口城市化的障碍，让一部分“农民工”及时“摘帽”；一是从根本上消除利用火车票牟利的行为。

谁都明白，相当大部分每年往返于工作地与故乡之间的“农民工”，实际上早已是城市或城镇的产业工人了，甚至已跻身管理人员，可是却无法在工作地入籍，更不能接家属子女来定居，或者虽然家属子女同在却不能享受与当地人同样的待遇。为了适应这样的特色，或者说是为了保持这样对自己有利的特色，雇主方也留出长长的停产期，有的甚至要到年底才发当年的工资，到次年立春后才重新开工，经常保持一大批临时性质的“农民工”。要是“农民工”不受身份和户籍的限制，那么他们中的大部分早已过了“临时工”的阶段，应该转为正式工，或者签了长期劳动合同，成为工会会员和城市居民。他们完全可以留在城市过年，或者将父母亲人接来过年，或者享受探亲假在春节以外的时段回乡探亲。如果这样，春运的客流固然会高于平时，但不会出现现在那样越来越高、高不可攀的盛况。从19世纪末至20世纪50年代，上海等沿海大城市也每年有大批“农民工”迁入，但他们很快就成为产业工人、职员及城市的主人，并不需要每年奔波在春运路上。如果从今以后，随着“农民工”在城市定居而使春运客流减少，铁道部的目标就能提前实现。

当然，这不符合某些“民俗学家”的愿望，他们希望春运潮越高越好，不是有人赞扬广州火车站的盛况，建议要以此“申遗”吗？我不知道这位“民俗学家”的祖籍何处，总不至于世世代代都在广州吧！他为什么不身体力行，每年回原籍祭祖团聚呢？为什么不到火车站站上一天，或者随返乡民工挤上火车享受一番呢？

至于第二方面，每年春运前有关部门都信誓旦旦，保证如何采取措施打击票贩子，杜绝以票谋私，但只要春运一开始，没有哪一个车站没有票贩子，买不到高价票。就是对运力不足说，我也百思不得其解，因为无论事先如何积压，到了除夕、初一，该走的还是都走了，甚至还会出现几天冷清。我想没有哪一个是步行回家的，无非是最终不得不买高价票，或者改乘汽车或飞机了。如果是前者，岂不还是购票难，而不是运力不足？如果是后者，那为什么不能提前协调，铁路、公路、民航还不都是国务院管的？

多年前我就主张春运期间买票采用实名制，有关部门至今强调“中国国情”，斥为不现实，但有没有进行过认真研究呢？例如有关负责人以首都机场的面积旅客比与北京西客站的面积旅客比来说明实名制之不可行，似乎理由十足。但火车站有机场那样的候机条件吗？铁路一直24小时通行，航空只偶然开放红眼航班；机场的面积中跑道与停机坪占大部分，而车站的面积主要是候车部分。再说，实名制购票不一定逐人检核，像印度等国对实名制所购车票只进行抽查，进站与登车时根本无人检票，并不费多少人力。如果采用实名制售票，进出站和在车上抽查一部分，难道也不可行？全部不行，在几条最紧张的线路上或硬卧票实行总可以吧！即使真是运力不足，只要售票过程公正透明，高价票绝迹，预先没有买到票的人就会通过改变时间或交通工具的办法返乡，不必像现在那样无谓地耗费时间、精力和钱财。

针对民众提出的24小时售票的要求，某市铁路局在媒体公开声明“是不现实的”。可是第二天就宣布实行，因为胡锦涛总书记的批示下达了。所以我建议国务院下达一个研究课题，在下一次春运前提出合理的解决方案，包括能否实行实名制售票。

改革开放初期，听一位技术型的领导干部质疑：中国能生产原子弹、氢弹，难道就解决不了抽水马桶漏水（问题）？那么今天我要质疑：中国能将飞船送上太空，难道就解决不了春运难题？

[2009年1月19日]

打碎官僚制，大学生才愿进社区

□ 郭巍青

大学毕业生就业困难，非自今日始。今年赶上了危机，当然会特别严重。政府、社会各界、家长、学校等等，都为解决这个困难操碎了心。但是我担心，大家都来操心，看起来很热闹，却不一定是忙在点子上。主要表现是，对就业困难的成因以及出路的分析，还习惯性地停留在一些陈旧思维套路上。

陈旧思维主要是"三论"："观念论"、"扩招论"以及"教育论"。这"三论"提供了就业困难的三种解释，分别是大学生就业观念不对，大学扩招过快，以及学校里的专业设置不符合社会需求。有了三种解释，就很容易提出一一对应的改革思路。不过，要大学不扩招或者大学改专业，都很难。相对容易的，就是要求学生改变就业观念或心态。

全国政协委员倪萍说，大学生找不到工作，是因为心态太高了。一出来就想当经理怎么行？你先说自己要当服务员，看看找到找不到？倪萍这个说法，就是"观念论"的名人名言版。

前几天央视播过一则新闻，大意是说，鞍山市一位女大学生到社区去工作，她很用心地将小区里一家小卖店重新设计成活动室，添加电脑、健身器具等设备，提高了居民文体休闲活动的质量，自己也从中找到了工作的成就感。接下来就是有关人员热情地寄语大学生，社区有大量的工作，但是缺乏人才。大学生应该改变观念，到基层和社区寻找就业的机会。很明显，这是"观念论"的视频版。

对于正在苦苦寻求一份工作的毕业生来说，我赞成要观念改变，身段灵活。广州以2000多元月薪加社会福利招聘交通协管员，应者云集，其中据说有研究生，我认为很好。天上飞的不如手上抓的，先挺过危机，还有时间，再做长远打算。

不过话说回来，要大学生改变观念，作为危机时期的应急对策可以，作为可持续的就业政策则不可以。大学生眼光向高，不能算错，起码不是全错。这么多年了，我们如果还没有想出别的办法，来来去去就是要改变观念这一招，只能说明整个社会已经变成了老太太吃柿子，专挑软的捏。

在"观念论"、"扩招论"、"教育论"之外，我认为，更根本的原因是制度约束导致了行业扭曲，也导致了就业困境。我管这个解释叫做“制度论”。由此出发，相应的改革就是必须有制度转变。这当然不是应急对策，但是，它应当成为中长期就业政策的重要环节。

所谓制度约束，最鲜明的特征就是“官本位”，以及由此形成的社会等级和观念等级。在这个等级体系中，资源、权力、信息、地位、待遇、福利、声望等等，都往高端集中。人要有出息，一定要进大城市、大机关、大国企，这是铁律与王道。还要看到，高等教育，是配合这个体系而存在的。证据是，当官做领导，要有明确的学历和学位要求。反过来，教书做学问，也要有行政级别。看科研水平高低和资源多寡，主要指标就是看大学与教授的级别。

这个体系忽略了两样东西。一个是“官本位”必然忽略农村、基层、社区的建设，一个是各级政府的“GDP 主义为中心”必然忽略社会公共服务事业的发展。凡是被体系忽略的东西，就是最低级最边缘的东西。但是这个体系又盛产一样东西，就是大量精力充沛的青年学生，他们不一定好好学习，却一定希望天天向上。结果就是，社区承担了大量的公共服务事项而无力开展，但是，低微的行政级别无法吸纳资源，无法吸引人才。这是体制带来的结构性矛盾，在这里，仅仅批评大学生的观念不仅无济于事，而且也不公平。

有一个办法，可以突破这个困境，这就是大力发展公共服务行业（即福利国家中的“社会服务”）。这个行业有三大特征吸引人：第一是“非政府”性质，也就是与“官本位”概念切割开来。公共服务是依托社区、服务社区的，但是从业者是一种专业人员身份，不是“基层干部”。他们为老人、儿童、残疾人等等提供服务，就像医生对病人、律师对委托人一样。因此不存在下基层、低人一等、级别太低这一类的“思想问题”。第二个特征是“专业性”。特定的服务需要有专业，例如“问题少年的社区矫正”需要心理学方面的专业人员。不仅如此，公共服务事业，还需要筹资、财政、金融、项目设计、团队管理、媒体关系、公众动员等等类型的专业技能。第三个特征是“混合型”。公共服务的有效提供与配送，要求特定类型的政府管理、充足的公共财政资源支持，还要求市场私营部门以多种方式介入和参与。更重要的是，这个领域还大量依赖于多种类型的 NGO（非政府组织）以及广泛而常规的志愿服务。因此，公共服务是一个大行业、大部门概念，它通过多层次、多元化的协调运作，为基层社区与公众提供混合多样的福利。

公共服务行业提供大量工作岗位，而且不需要大学生转变就业观念，何乐不为呢？但是它需要政策与法规支持，需要公共财政投入。此外最重要的是，需要政府改变观念。

[2009 年 3 月 10 日]

迈克尔·杰克逊之死为何震动网络

□郭巍青

6月26日，美国的CNN网站（cnn.com）上有一篇报道，标题是“杰克逊去世，几乎将互联网随身带走”(Jackson dies，almost takes internet with him)。报道的开篇第一句也很有意思，大意是，到底需要多少人才能够阻挡互联网呢?记者终于发现，一个人便已足够，只要这个人是迈克尔·杰克逊。

这位记者所要报道的，是一次突然爆发的网络奇观。美国“流行音乐之王”杰克逊的死讯传出后，引发了网络世界有史以来最严重的一次交通堵塞。无数人同时在电脑上搜索杰克逊，短短一个小时之内，搜索请求爆炸式增长，导致Google、Twitter、“脸谱”、“纽约时报网站”等的搜索功能瘫痪，持续时间从25分钟至几个小时不等。高度密集的点击全部冲着杰克逊的最新消息、生前轶事以及音乐视频等而来；各大网站不胜负荷，功能紊乱，网速严重下降乃至停顿。报纸上，评论员大量使用“火山爆发”、“汹涌海浪”、“百万吨当量级大爆炸”等形容词，惊讶之情溢于言表。

总部位于美国波士顿的一家网络分析公司（Compete）在其网页上提供了这样一组分析数据和图表。截至6月27日，美国排名前25位的搜索引擎、新闻网站以及社会媒体网站总共记录了998万次搜索请求。这相当于一次地动山摇的“猛烈攻击”，若以图形显示，情形就像平地突然拔起极为陡峭而近乎笔直的山峰，刺破青天。著名搜索引擎Google单独承担和消化了这次“攻击”总量的61%。雅虎网站在率先贴出杰克逊的新闻之后，头10分钟内，便引来80万次点击量。在杰克逊的音乐视频浏览方面，“雅虎音乐”独占鳌头，处理了45%的搜索请求总量。排第二位的是YouTube，处理了总量中的23%。

于是，杰克逊不仅是“流行音乐之王”，而且成了即时搜索之王。他在生时已经拥有数不完、打不破的世界纪录，谁也想不到，他以猝死方式，又一举创造虚拟空间中的超级世界纪录。在这当中，有一个数字不能不提。两个星期前，全球网民对于伊朗事件的搜索创下纪录，并使Twitter大出风头，一时无两。但是这个纪录已经被远远超越。以“迈克尔+杰克逊”为关键词的搜索总量，24倍于以“伊朗+选举”为组合的搜索总量！这个对比非常震撼，足以让分析家们眼镜大跌，失去分析能力。

另外还有一个对比，则令人哭笑不得。杰克逊死讯传来时，美国众议院正在讨论《清洁能源法案》。据美国的一些博客作者说，议员们大都被杰克逊所吸引，无心讨论。结果，似乎连程序都没有走对，法案便以 7 票的微弱优势获得通过。许多坚决反对这项法案的共和党人因此痛心疾首，大为光火。推动法案的通过，原是奥巴马总统的重大战略之一。但是法案通过如此之勉强，奥巴马未必脸上有光。然而麻烦还来自另一边，据说有黑人选民指责他没有抓住工作重点，杰克逊去世这么大件事，他竟然不作一次公开演讲。奥巴马不得不为自己大声辩解，说他认识无数黑人朋友，并没有人这样批评他。

杰克逊去世为什么成了大件事？他到底拥有什么，能够“发动”一次史上最大规模的网民集体行动？暂时我们也许还只能是观察与描述，更深入的分析还要假以时日。但是以下两点，值得再三玩味。

首先，网络技术与搜索技术的日新月异，正在创造出新的学习方式，同时也创造了新的表达方式。关键词与搜索量，因此成为含义丰富的指标。从中可以看出人们在关心什么信息，在寻找什么信息。也就是说，它反映了“信息需求”的目标、路径与平台，反映了这种需求的强度、广度与深度。这样的需求累积成为百万次千万次的点击量，它就成了一种社会表达与社会诉求；同时也是“信息经济”意义上的客户资源。这是一幅“后工业社会”的新图景：新技术、新媒体与新的社会需求相互结合，相互强化，扩展而成全球现象。还必须看到，“杰克逊搜索”带来的风暴潮，使新媒体和新技术经历了一次“磨合”，它们因此获得了经验与灵感，明显跃上了新的台阶，进入了新境界。

其次，杰克逊去世引发哀思如潮，证明了存在着一种“共享的文化经验”。这种经验与新媒体（例如音乐视频）不可分，并且具有跨国性质。不同肤色、种族、国籍以及不同的年龄和社会地位的人，同时使用电脑搜索杰克逊，只能说，这是共同的记忆之窗突然开启，共同的体验被瞬间触动。千万人忽然记起，杰克逊那神乎其技的太空步如何使自己成了“战栗者”（Thriller）；千万人在社交网站上交相传递同一首歌：“你不孤独”（You are not alone）。搜索者当中，当然也会有讨厌杰克逊的人。不过，倘若爱恨双方都无法放下他，那么还是证明，杰克逊的音乐及其蕴含，确实成了“共享”的文化经验与文化符号。

简而言之，全球化不仅仅是资本的跨国流动。跨国媒体与跨国传播、跨国共享的文化经验与符号，以及由此形成的跨国认同与跨国力量，是全球化更为深刻的另一面。

［2009 年 7 月 6 日］

垃圾处理问题必须有公民参与决策

□郭巍青

围绕垃圾处理问题所发生的社会辩论和理性博弈，是地方政府治理转型进程中的一件大事，是公民社会发育成长中的一件大事，也是环境运动中的一件大事。广州市领导和番禺区领导在听取公众意见之后表示，对于拟议中位于番禺的垃圾焚烧项目，如果项目环评不通过，绝不开工。如果大多数群众反对，也绝不开工。这个表态令人振奋，尤其是明确将民意即公众反对与否作为重大项目决策的前提条件之一。因为它符合胡锦涛总书记关于科学决策与民主决策的一系列指示精神，也符合广州在垃圾处理问题上的客观实际。

为什么说符合客观实际？因为垃圾处理问题，从政策制定和政策执行的角度来看，必然要分解成三个层面上的问题，即技术方案问题、经济运营问题，以及空间选址问题。三个问题同样重要，三个问题都解决得好，才是真的好。而要解决得好，必须实现三个开放。分别是，解决技术问题要向知识开放，解决经济问题要向市场开放，解决选址问题要向公众开放。向知识开放，意味着专家集团的力量和意见进入决策；向市场开放，意味着企业家集团的力量和意见进入决策。同样道理，向公众开放，意味着公民社会的力量和意见要进入决策。

所以，公众意见是重大项目决策的前提条件之一，这在理论上有充分扎实的基础；它就像必须听取专家意见和企业家意见一样，毫无疑义。按照这样的决策理论来指导决策实践，就必须坚定不移地推进公众广泛参与。

具体到垃圾处理问题上，公众参与具有特别重要的意义。这是因为，无论多么先进的技术，无论多么有利的经济运营方式，都必然要有具体的空间落点，都必然会对特定地方的自然生态和社区生态产生影响。因此，"被选定"的那个区域，所有居民应当有天然的权利，决定接受不接受特定的垃圾处理项目，或者在什么条件下接受，在什么条件下不接受。

这就要求政府的决策思维和决策过程必须与时俱进，改革和打破陈旧的模式。陈旧模式有两个，一个是"技术决定一切"，以为只要花钱买好技术，一切问题都可以解决，因此完全不考虑在具体时空条件下对具体的个人生活所带来的风险，这叫做"目中无人"的决策方式。第二个是简单套用整体利益与个人利益的关系，把自己看作天然的"整体利益"的代表，把反对意见都看作是"个人利益”。这同样会在“整体利益”的名义下，忽略真实的个人风险和个人感受，同样是“目中无人”。

广州市番禺区已经决定，将对垃圾焚烧项目开展为期半年的“全民大讨论”。如果这样的讨论能够促进政府与公民双方的共同学习与共同合作，那将是广州之福。而政府应当在更加尊重民意的基础上，进一步发掘公民智慧，并鼓励公民担当。

在技术决定一切的眼光下，持不同意见的公众被看作是政策的障碍。但是只要换一种眼光，所有公民都可能是政策智囊和政策资源。只要公民行动起来，垃圾分类和减量就具备了最好的基础。东湖社区的经验证明了，只要人人参与，那么垃圾减量幅度之大，完全超出常规想象。这是一个良好范例，它说明，只要政府将资源投入到相应的配套措施上，由焚烧带来的矛盾将会极大缓解。

当番禺的居民抗议并且反对焚烧项目时，一扇新的政策窗口同时打开：有多少人有时间抗议，就应该有多少人愿意支持并且有时间进行垃圾分类。这就是新的民间资源在出现，新的社会资本在形成。能不能够将这些资源集中起来，超越焚烧技术，找到更加绿色的垃圾处理模式，关键在于政府愿意不愿意和能够不能够转变官僚作风和转变官僚思维了。

在垃圾处理问题上，番禺的居民表现出了极高的智慧、理性与创新精神，并与政府形成良性互动，赢得了国内外的关注与赞誉。公民的活跃与行动能力，提升了广州的美誉度。这使我们有了新的基础，有可能为垃圾问题的处理开创更好的前景。

[2009年11月27日]

“最雷官语”的评选标准和局限

□何三畏

2009年的“舆情”现象之一，就是一直有人在网上搜集评选“最雷官语”。这个工作注定是没有止境的。事实证明，“没有最雷只有更雷”。到了年底，多种版本的“十大最雷官语”排行榜出现了。也有人打破“十大”的陈规，做无限制的“官腔接龙”，其中一个排到了第68。这是一个由一些领导干部提供表演，一些热心网民参与打分的官民互动游戏。而报纸、电视，包括央视都对此予以正面报道，说明这已经是一个正经的游戏。

在这个游戏中立首功的，是一名被记者隐去了姓名的退休高级干部。此公一句“官员为什么要公布财产，为什么不要老百姓公布财产”令举世惊愕，稳占了好几个月榜首。要让我来排序，即便到了年底，这一句以其“官盲”的程度，仍然应该排在首位。但实际上，多个版本是把“你是准备为党说话，还是准备为老百姓说话”排在首位的。我个人觉得后者要次一等。我甚至觉得，这句话至少在官场上是正确的，因为无论是正式文件，还是领导题词，一直是说“新闻媒体是党的喉舌”。

在现代政治观念方面的无知和“反叛”，是多数网友评选“雷人官腔”的标准之一。另外，以挑战人性为尺度，某镇党委书记给当面烦他的老乡提出“一楼二楼别去啊，要去就去跳五楼”的建议，有望靠前。而从无视民生艰难的角度，“在中国看病最不贵”，以其跟“老百姓没有饭吃为什么不吃肉”典故相比肩的性质，可以入选。但需要注意的是，某些进入前十的，其实是崔永元先生说剩下的，真正实话实说的内容，显得特别可爱。前面举的那句“为谁说话”应属此列。还有“没有利益驱动，我为什么会帮你”，“房地产商来我市投资，赚了算他们的，亏了算我们的”，“全部按法不如没法”，等等，都应作如是观。

只有在官腔的背景下，实话实说才会雷人。这是因为官场本身有一套运行逻辑，而官场大话又是另一套逻辑。这两种逻辑长期分离，居然相安无事。官场绝不在官腔的表面所指的模板上运行，公众也就没有必要拿官文去找官员对账。这样一来，官文就成了官员小和尚念经有口无心的道具。这不可谓不是人类语言的奇观。这也就使得某些官员一不小心脱离官腔说出了官场实际运作方式的秘密，那就要雷人了。

千万不要以为被评选的就是现实官场中的“最雷官语”。媒体的发现能力是有限的，媒体还常常装聋作哑，所以，媒体不可能发现真正的“最雷官语”。我的看法是，某个层面的官员们真实的日常会话，应该是雷得我们的媒体不敢问津。想想看，某些官员整天耳边响起的，是对“老大”或“老板”的声声呼唤，是前呼后拥的随从的侍候的方式。要是把他们的现实版“雷语”直播到公众面前，恐怕会雷得我们连评选的耐心都没有了。

还有必要把“官腔”和官员偶尔脱离官腔说出来的“猛话”区别一下。而官腔是从官场文化中直接派生出来，官文就是用官腔写成的文件，官腔就是符合官文的会话。官话是一个话语体系，具有完备的叙事功能。所以，你要在“官腔”中评选“十大”，在技术上还可行，但要循章摘句做“官腔接龙”，最后势必牵涉到一整套话语系统，实在是愚公移山，工作浩繁得没有止境。

［2009 年 12 月 31 日］

“真假胡斌”案，各位导演歇歇吧

□和菜头

生活远比大片精彩，杭州胡斌撞人一案历经“70码之谜”，再到“百万赔偿”，现在又演化出“真假胡斌”，当真是扑朔迷离至极。这几天围绕法庭上的被告人究竟是胡斌还是张礼礤，网友们对照片、视频进行了非常细致的分析，从耳廓的形状、手指的长短以及身上的疤痕，论证是否存在顶包的可能。一桩交通肇事案，眼见就要成为一部悬疑大片，人人都从观众升格为导演。不由得从观众席上站起来，对着漫山遍野的导演们喊一声“Cut”。

所有这一系列推定，都建筑在一个相同的基础上：胡斌以及胡斌的一家都是为富不仁的坏人，他们会想出一切可能的阴谋诡计来摆脱法律的制裁。所以，如果没有那么多足够的阴谋诡计，我们就得制造一些出来好供给大家消费。这也就不难理解，当胡斌家赔偿113万元人民币的时候，各位导演就在猜测法院最后会宣布无罪或者缓刑。当庭审录像发布之后，各位导演也就立即发现了存在狸猫换太子的可能。我想，大家可能太过沉溺于想象中的剧情，以至于错失了事实本身，因此忙于隔着数千公里遥控破案，而不是利用舆论的力量获得公众的知情权。

胡斌案之所以成为人声鼎沸的热门事件，是因为胡斌开了一辆日本三菱跑车，撞死了人行横道线上的浙大毕业生谭卓。双方的身份地位行为，无一不构成了鲜明的对比，给人以强烈的刺激。青年谭卓作为杭州一代移民，依靠双手打拼明天，却因为富家子弟的一个小嗜好而梦碎杭城，横死斑马线上。网络上一次次转述相同的内容，最后也就变成了媒体所采用的标题：阔少闹市飙车，青年惨死街头。胡斌变成了一个依仗金钱为所欲为的恶魔，以别人的生命作为自己的娱乐。这更像是一个软性杂志上的故事，而不是在陈述一个事实。

法庭上的胡斌是否被顶包，这是一个事实判断，不过，这是一个富有娱乐性的事实判断。在这个判断之外，还有些事实因为不那么曲折离奇，因此被忽略掉了。然而，这些事实才是重新拼凑整个事件全面的关键因素：

1. 胡斌当晚是否在飙车？此前路口的监控录像上显示的情况是怎样的？

2. 胡斌撞人前，是否如网帖所言，是三辆车并行飙车，并且都不减速？

3. 胡斌撞人后，现场目击者称他躲在车子里打电话，他打了几个电话，电话都打给了谁？

4. 胡斌撞人后，网上发布了一张他和朋友们勾肩搭背、嬉笑打闹的照片。这张照片拍摄地点在事发现场，还是别处？上面的人是否真是胡斌的朋友？

5. 胡斌被称作富家阔少，三菱跑车算是一种什么级别的跑车？多少钱一辆？胡斌家的财富有多少？在杭州算得上是怎样的富户？

如果我告诉你，当晚胡斌在事发前根本没有飙车，车速在正常范围之内；如果我告诉你，胡斌在杭州文二西路为了抢变灯加速通过，此时谭卓被大车车灯晃得睁不开眼；如果我告诉你，胡斌撞人后打了 3 个电话，第一个电话给 120，第二个电话给 110，第三个电话催促 120；如果我告诉你根本不存在三车同飙，那群恶少模样的青年根本就不在事发现场，两地之间有相当距离——那么，你是否依然认定胡斌是个十恶不赦的恶魔阔少？发生在文二西路上的事件你是否依然还觉得是一件让人咬牙切齿的恶行？

我并不知道这些事情是不是真实的。但是，和大家纷纷做刑侦专家，在各自的电脑上扮演事件的导演相比，要求杭州交管当局公布这些事实，应该更容易一些。了解那一晚究竟发生了什么，对于我们判断这件事情可能更有帮助。满足于给胡斌画一张恶魔的脸谱，写好一个剧本，然后吊死他，那么我们人人都不能免于这种可能的命运。

如果我们对导演头脑中既定剧本的热爱，远甚于了解事件真相的渴望，那么，我们可以自行导演出所有可能的剧目。在纷纷扰扰的顶包分析之外，谁还记得为什么胡斌曾在沪杭高速公路严重超速却没有被吊销执照？谁还记得为什么胡斌事发后被判定车速只有 70 码，又是为什么整个杭州城的媒体在其后的几天里集体失语？

真正应该被探寻被追问的，已经被错过了。一件严肃的事情变成一出热热闹闹但是毫无价值的肥皂剧，所有的喧嚣中唯有质疑还具备价值，而这种宝贵的质疑却又全然用错了地方。各位导演们，都歇歇吧！

〔2009 年 8 月 1 日〕

呼吸也是上瘾的

□ 胡泳

《中国青年报》的率先大规模曝光，把山东临沂杨永信网络成瘾戒治中心拉到了聚光灯下。这名自称“快乐使者”的“全国戒网专家”，将绝大部分都是被骗来并强迫接受治疗的孩子的太阳穴或手指接通电极，以纠正他们的“走偏”行为（在网戒中心是专用语，指走上邪路、染上网瘾等），把他们再造为“精品”（另一个专用语，意指改造成功的孩子）。

所谓“网瘾”，全名叫做网络成瘾，据称是指个体反复过度使用网络导致的一种精神行为障碍，表现为对网络的再度使用产生强烈的欲望，停止或减少网络使用时出现戒断反应，同时可伴有精神及躯体症状。有专家给出过惊人的数字：有网瘾的和有网瘾倾向的青少年加起来差不多达到2000万人。如此吓人的数字，使得杨永信在他的博客上称，如果不能很好地控制网瘾的蔓延，会造成“亡党亡国”的后果，会让整个中华民族“断子绝孙”，会让美国人在上世纪70年代叫嚣的“不战而胜”变成现实，会让中国文化在网络帝国主义的文化侵略中消失！

事情到了这样的高度，全党全国不能不高度重视了。遗憾的是，这些专家至今连什么是网瘾都说不清。2008年11月8日，全球第一部《网络成瘾临床诊断标准》在我国通过专家论证，网瘾正式纳入精神病诊断范畴。其界定中一项量化的指标是每天连续使用网络达到或超过6小时，且这种症状达到或超过3个月。我们很容易估算，现在上网时间能达到一天6小时的，基本都是“80后”和“90后”，也就是30岁以下的人群。专家们又说了，因为工作关系每天面对电脑10小时以上的不算，再减去20岁以上有工作的——结论出来了：这个所谓的“诊断标准”主要针对的是还在读书的学生。

这样的国家标准是不是有点可笑？由于标准缺乏权威，各种网瘾治疗中心普遍存在为了招徕客户而把判定网瘾标准降低的利益驱动现象，这必将导致界定的滥用。据报道，目前的操作是只要家长认定孩子有网瘾，就可以得到网瘾治疗中心的认可，而家长本身是很容易被说服的。

杨永信网戒中心曾在其网站上推出自己的标准测试题，题目非常不规范，即使都选择最低程度，最后计算出来的结果竟然是44分，结论极为荒唐：“由于因特网的存在，你正越来越频繁地遇到各种各样的问题，你应该认真考虑它们对你生活的全部影响。”

但就是这样不专业的网瘾界定，却一点也不妨碍媒体连篇累牍地描绘成瘾孩子令人担忧的场景，以及那些破碎的家庭、破碎的生活、破碎的工作……一切都是因为那个魔鬼般的电脑网络。它也不妨碍全国各地如蘑菇涌现的网戒中心，每月向家长收取少则数千、多则上万的住院治疗费治疗所谓网瘾孩子，甚至还有成为一种新兴行业的趋势。有的地方人大代表还建言政府拨专款设立网瘾戒除中心。

可是，不知我们的社会是否思考过这样的问题：在网瘾的界定和治疗都缺乏标准的情况下，某些戒治手段可能带走了网瘾，但却为孩子们带来了更为可怕的心魔。把各种精神疾病的治疗手段用在所谓的“网瘾少年”身上，可能会对孩子的身心造成极大的伤害，而且，我们要问，又是谁给予某些成年人以权力，让他们可以限制孩子的人身自由呢？

更为重要的是，我们的社会正在日益变为一个网络化的社会，确立网瘾标准的人，无论是医生、家长还是人大代表和官员，他们有能力认知社会将要经历的令人困惑的变化吗？网络势将成为我们生活中穿透一切、同时不再引人注目的力量。试图把获得更多联机时间的行为界定为一种精神疾病，将与现实严重脱节。因为，网络将停留在我们身边，它将成为我们同他人联系、看电视、读报纸、检查交通和气象、准备工作报告、打电话和买东西的手段。它将变得无处不在，也许会像呼吸一样自然，而呼吸也是上瘾的。

从中国和美国网民的年龄构成对比中可以发现，两国在16～24岁这个年龄段上网人群比例差别并不大，但是在35～44岁以及55～64岁这两个年龄段，美国是中国的两到三倍。这可以解释，在中国，成年人对孩子使用网络感到不安的部分原因，是源于他们对孩子手中所握有的新工具感到不安，尤其是源于他们自己根本不了解新科技。许多负面的媒体报道，更扩大了这种焦虑紧张，即使网络上仅有0.5%的内容属于暴力或性，也无法让成年人释怀。很多情况下长辈夸大了网瘾效应，出现反科技的偏见情结，归根结底是因为新科技通常是父母无法完全了解或管理的。

必须指出，大肆夸大所谓网络成瘾，特别是臆造所谓“网魔”的罪恶形象，是对互联网的诬蔑，是在压抑这个可以给中国社会带来活力的空间，是为着自身利益而在有计划地谋杀互联网，从而也谋杀我们的未来。

［2009年5月13日］

“别有用心的一小撮”可以休矣

□胡泳

在吉林通钢集团发生群体性事件之后，7月28日，《新华时评》栏目转发了新华社记者黄冠撰写的《群体性事件中少用“不明真相”》，这是一篇值得大声喝彩的好文章。文章挑战了“不明真相的群众被少数坏人煽动”这样一个群体性事件的发生公式，从三个方面驳斥了所谓“不明真相”的陈词滥调。作者有力地问道：为什么在事件发生之前不能让群众知道“真相”？为什么不能够相信群众的眼睛是雪亮的？地方政府喜欢这样说是不是有推卸自己责任的嫌疑？

黄冠的文章把群体性事件公式的一个维度——不明真相的群众——分析得十分透彻，然则，要想彻底击碎黄文所说的有关群体性事件的“传统思维模式”，我们还必须解剖上述公式中的另外一个维度，即所谓少数“别有用心”的人蛊惑和挑动。“不明真相的群众”和“别有用心的少数坏人”共同构成了一整套解释群体性事件的“义正词严”的话语，这套话语已被有关部门沿用多年：凡是出现群体性事件就必然有“一小撮别有用心的人”怀着“不可告人的目的”煽风点火，而“不明真相”的群众则受其“蒙蔽”。

所谓“别有用心”实际上是一种“动机论”，这种“动机论”在传统文化中源远流长。由春秋曲笔生出的“诛心之论”，就是在批评对方之时，不针对对方的行为、语言谈问题，而是绕过行为、语言去指责对方此一行为、语言的目的和动机。这种重动机判断（其后紧跟的是价值判断、道德判断）的思维方式长期成为桎梏言论自由和理性讨论的障碍。尤其在极“左”时期，“动机论”曾经是一根万能的棍子。

把“动机论”应用在群体行动上，极其容易将公民争取自身权益的努力涂抹上政治色彩，把本是经济、民生利益诉求的事件看作作对行为，认为只要群众上了街，就是和政府作对，进而产生一系列可见的恶果：

一是一些事发地的政府常以此为标签，“妖魔化”群众的权益诉求，抹杀反对和质疑的正当性；二是在定性过激的情况下，动辄动用公权力，强力打压群众，导致事态扩大、矛盾激化，甚至引发暴力抗争；三是事情闹大时慌不择路，事情平息后却又秋后算账，直接导致政治信任感大量流失。

仔细分析，“别有用心”、“不可告人”这些词语和句式成为执政者处理公共危机时必不可少的话语策略，不是没有理由的。首先，从执政思维上看，一些地方政府还不习惯于成千上万的民众直接向其提出诉求的局面，没有意识到这其实是一个复杂社会的正常景观，因而容易把“阶级斗争为纲”时代的思维定式延续下来，以为“服从＝人民内部矛盾，反对＝敌我矛盾”。问题是如果反对者实在太多，把成千上万的群众归结为“一小撮”就难以服人，这时，“动机论”就可以派上用场了。在这套话语策略之下，任何对政府的抗议，都会被用一种敌对的思维作出解读。而这样的解读，容易扩大打击面，制造出大量假想敌，把自己推到群众的对立面。

对于某些地方官员来说，这套话语则是官员追求利益最大化的一种必然结果。最近若干年里，中央实行重大责任事故负责制，一旦出现公共事故，当地领导人就很可能被撤职。其结果一方面促进当地领导人去防止公共事故的发生，但另一方面也促使他们在发生公共事故时，第一反应就是如何封锁事故的传播，争取时间和空间去自己处理、自我消化。然而，这种老一套的封锁消息的做法，在互联网时代越来越不敷使用。一旦瞒不住了，内部无法消化了，地方政府就会转而把群体行动说成是有计划、有组织的行动，这样政治上的“上纲上线”在构陷群众的同时，可以把上级党委、政府也绑架进来，从而掩盖地方吏治的严重失职。

在一个民主而可治理的国家中，群体行动乃是社会的正常现象，它传达平常不受重视的弱势者的声音，就如同生病传达了人体某些器官出现问题的信息：当身有异状时必须尽早就医，不仅如此，还要常做全身的健康检查。若要等到病人膏肓再来医治，则一切为时已晚矣。因此，各级政府对于群体行动不应再存“少数别有用心的坏人在捣乱”的心态，而应积极探寻社会问题的成因，并寻求根本的解决之道。

［2009 年 7 月 31 日］

立法者怎样面对人肉搜索

□胡泳

关于人肉搜索，最常见的一种评论是，它是一把“双刃剑”。例如，湖北省全国人大代表吕忠梅在今年两会上表示，“人肉搜索具有双面性，用之得法可促进社会公开透明，用之不当容易侵犯公民个人隐私”。论者指出，一味杜绝人肉搜索将会使社会丧失一条有效的公众监督的途径，但非理性的人肉搜索行为，又存在随意侵犯公民隐私权、侮辱诽谤他人等风险。为了防范后者，有必要加大对人肉搜索的管理力度。

在主张加大管理力度的人中，最激进者提出要对人肉搜索者用《刑法》“伺候”。2008 年 8 月，全国人大常委会原委员朱志刚提出，“网上通缉”、“人肉搜索”泄露公民姓名、家庭住址、个人电话等基本信息，是严重侵犯公民基本权益的行为，其造成的危害甚至比出售公民个人信息更为严重，因此建议将人肉搜索行为在《刑法》中予以规范。广东省人大代表朱列玉表示赞同，认为应该对造成严重社会后果的人肉搜索行为追究刑事责任。

人肉搜索的罪名有多大，连《民法》规范都不够，还要施以《刑法》的大棒？究其原因，在有些人眼里，人肉搜索不是别的，乃是一种侵犯个人隐私、危害社会的技术工具。实际上，人肉搜索是一种以互联网为媒介，意在查找人物或事件真相的群众活动，一部分是借助人工方式对搜索引擎所提供的信息逐一甄别真伪，一部分是通过知情人匿名或公开“爆料”的方式搜集信息。“人肉”一词表明人工的介入在搜索过程中扮演重要角色，区别于基于算法的机器搜索。

从狭义上看，人肉搜索的功能在于在网络社区集合广大网民的力量，追查某些事情或者人物的真相，并将相关细节曝光。而从广义上看，人肉搜索指利用现代信息技术及经由这些技术而形成的网络社区，变传统的机器信息搜索为一人提问、八方回应的人性化搜索体验。这种人肉搜索的好处是——“群众力量大”。如果想查找一个人的下落或是一件事的始末，通过人肉搜索很快就会有千百万个网友提供线索。

百度知道、新浪爱问、雅虎知识堂、天涯问答等从本质上说都是人肉搜索引擎。人肉搜索机制绝大部分时候是网民的好帮手，网民有问题可以通过求助、发问的方式获得其他人的帮助和回答，不论他们彼此是否相识。这种广义的人肉搜索是最为主要的应用，通常我们提到社会层面的寻找具体的人和线索，在人肉搜索的应用当中占非常小的一部分，而经常遭到侵犯隐私指责的也是这一小部分人肉搜索行为。

对人肉搜索的内涵作更仔细的辨别，方可解释人肉搜索何以面临目前的情境。看不惯人肉搜索的人，目光很多都集中在“寻人”这个热点问题上，而对于人肉搜索的公益性质——资料共享和问题解答，以及作为一种特殊的舆论监督手段——却很少给予关注和正确评价，以偏概全的结果就是对人肉搜索的无限妖魔化。

对于“闹妖”的事物，当然要毫不留情地予以治理，于是，近年来以修改《治安法》和《刑法》，甚至使用地方立法来规范天然超地域的人肉搜索的声音和做法有愈演愈烈之势。人肉搜索在今年的两会期间，再一次成为人们关注的焦点。十一届全国人大代表秦希燕提出议案，修改《治安处罚法》第42条，追究违法人肉搜索的法律责任。此前，十一届全国人大常委会第七次会议表决通过了《刑法》修正案，增加了严打泄露或非法获取公民个人信息行为的相关规定。但争议很大的人肉搜索，并未在《刑法》修正案中入罪。

2009年1月，江苏省十一届人大常委会第七次会议通过《徐州市计算机信息系统安全保护条例》，根据这一条例，未经允许，擅自散布他人隐私，或在网上提供或公开他人的信息资料，对发布者、传播者等违法行为人，最多可罚款5000元。7月，宁夏发布《宁夏回族自治区计算机信息系统安全保护条例》，11种行为被明令禁止，其中包括禁止擅自公开他人的信息资料等。最近，深圳市公安局明确表态，准备建议在深圳目前实施的《深圳经济特区计算机信息系统公共安全管理规定》中，增加有关人肉搜索的管理内容。

对个人信息泄露的担忧并非不正常，但立法者剑指人肉搜索是打错了靶子，应该做的是，尽快推动出台《个人信息保护法》。在今天的中国社会，个人信息成了利益筹码被随意倒卖，滥用个人信息达到触目惊心的程度，滥用者包括形形色色的机构，银行、保险公司、汽车销售商、医院、学校和各种各样的服务代理商都卷入其中。中国社会科学院发布的2009年《法治蓝皮书》指出，随着信息处理和存储技术的不断发展，我国个人信息滥用问题日趋严重，社会对个人信息保护立法的需求越来越迫切。但据调查，仅有4%左右的人对个人信息被滥用进行过投诉或提起过诉讼。究其根源，在于目前个人信息保护尚缺乏专门性规定。社科院认为，通过设定刑事责任来加大对滥用个人信息的打击力度固然重要，但如果不能建立个人信息保护的基本制度以对个人信息处理行为进行有效的管制，则很难从根本上遏制滥用个人信息的问题。

个人隐私保护从来就非单纯的技术问题，而是事关利益的博弈。《个人信息保护法》迟迟不能出台，本身就与信息滥用业已形成巨大产业链、有关各方难以“忍痛割爱”相关。由此，一个问题是，不分青红皂白地打击人肉搜索，又符合谁的利益呢？蓬勃发展的网络和随着网络而崛起的自由表达新途径，已经动了一部分人的蛋糕。正像陕西绥德县某位宣传部长的感叹：“以前没有网络的时候多好啊，想让他们怎么说就怎么说。”对于既得利益受损的人来说，人肉搜索不啻眼中钉、肉中刺。朱志刚不会喜欢人肉搜索，是因为他自己就有说不清道不明的资产；在率先立法惩罚人肉搜索的徐州，泉山原区委书记董锋也不会喜欢它，因为他一夫数妻，卖官鬻爵，有见不得天日的丑恶。

抛开极少数抵制网络监督、视网民为敌的人，在现实中，更容易形成市场的情形是：在官员的思维里，对于人肉搜索的憎恶远远大于对言论自由权侵犯的警惕。常言说，屁股决定脑袋，立场不同，所看到的世界便不同。是否有人想过，为什么人肉搜索之弊和侵犯言论自由之害两类可能性同时并存的时候，有人总要把焦点对准前者，而不惜冒将众多具有正义感的网民引向社会对立的风险？这是各地立法者和管理者面对人肉搜索时，值得再三思考的事情。

“走群众路线”是执政党长期经验的总结，而人肉搜索堪称网络时代“群众路线”的表现之一。我们应该善用之，慎管之。

［2009 年 9 月 5 日］

信息公开是一种执政习惯

□贾西津

最近媒体报道一则有关信息公开的新闻，南阳市一青年王清向地方181个政府部门申请信息公开不利，甚至一度被作为间谍怀疑。自2008年5月1日起《政府信息公开条例》实施以来，社会认知的程度并未如此前《条例》备受关注之预期，申请信息公开受阻的案例也时有发生。王清向地方政府各部门全面申请信息公开的行为，再次引发人们热议：为什么要求政府公开信息成为少数人的“壮举”？

政府信息公开，现在已经成为一种国际趋势，“让政务公开在阳光之下”越来越成为现代治理中的共识。世界上第一部专门的《信息自由法》产生于1966年的美国，明确了政府信息的公开，不仅限于对利益相关的当事人，不得以“公共利益”“正当理由”等模糊理由拒绝公开，并对拒绝公开的情况规定了司法救济。该法其后又多次修改，加强对信息公开的要求，目前在英国、美国等国家，除例外情况，政府信息公开需要实现互联网公开。

信息公开看似简单的举措，实际意义重大，它从本质上体现了一个问题：法是由谁来实现的？

政府与人民的关系大体上有两种理念，一种是治者和被治者是两类相区别的人，治者是负责决策、制定规则的，被治者应当服从决策、按照规则行事；另一种则是群体成员共同的治理，每个人都是规则的制定者，同时是规则的遵循者，故而称为自我治理或曰自治。例如当一国的宪法写下“我们人民”，其实它的原意隐含了另一个表达——“我们政府”。换言之，该句表达的是，每个人是有自由意志的、应受尊重的人，我们在一起，彼此商定规则，每个人按照议定的规则自觉行事，从而我们成为一个共同体。我们就是人民，我们就是政府。

“我们人民、我们政府”，这个理念是现代公共治理的基本出发点，也是政府信息公开的本源依据。在治者与被治者分离的关系中，统治的信息主要是在统治者内部传输的，依据不同层次、不同级别，可能还有应获信息的远近多少之分。被治者只要遵从统治者的意志即可，他不需要进行自己的判断，从而也不需要获得相关决策的信息。只有在公民共同治理的情况下，信息共享才成为彼此沟通的重要条件，是形成共同决策、共同治理的前提。

对于一个自我治理的社会而言，不公开的信息，一般性地不能作为执法依据。因为公民不知道规则，不能为其行为承担责任。公民要能为自己的决策和行为负责，必须知道相应的规则；政府是公共事务的代理人，相应的信息必须向委托人开放。这样运作的社会，其优势是：公民负有自我责任，社会秩序稳定，需要保密的负担小。

中国在政府信息公开中体现出的问题，显示出从统治到治理转型的特征。虽然《政府信息公开条例》于2008年5月1日起实施，但思维习惯和执政理念并非在一夜之间转变，长期以来“民可使由之，不可使知之”的观念在潜移默化地作用着。如果我们追问自己，会发现无论在执政者还是公民的潜移默化的观念中，一个好的社会成员的形象是对执政信息不闻不问、坚决服从的“顺民”、“良民”，反之，问责政府、质疑问题的是“刁民”、“闹事”的人。如此观念引导下，问责政府、要求公民信息权等做法，均带有负面的道德压力，无论赞其“勇者”所为，还是疑其“别有企图”，都隐含了一种观念——此种做法是“异类”。

将公民信息权、问责政府作为负面观念，是对信息公开条例反应冷淡怪异的心因渊源。从此不难理解将对其积极诉求者作为“间谍”的怀疑。进一步分析，为什么公民权利、问责政府会被视为负面观念呢？说明“官”与“民”的统治和被统治关系仍然深植我们脑海。“民”仍然被作为被管制被控制的对象来看待，而不是为自己负责任、作为共同治理者一员的“公民”。

政府信息公开，实际上是公民社会的自然需求，是“我们政府、我们人民”执政理念的体现。仅有法律条文存在是不够的，信息公开还需要相应的公民意识和治理观念。当政府不再把自己视为公民之外的统治者，而是公民自我治理的代理人，政府信息公开就成了一种执政习惯。

［2009年8月8日］

从成龙的言论所想到的

□景凯旋

香港艺人成龙近日在博鳌亚洲论坛接受采访时，声称台湾、香港都太自由了，所以变得很混乱，认为“我们中国人还是需要被管的”。

我发现，成龙大哥这番话在逻辑上很值得一议。首先，这里的中国人当然不是指全体中国人，否则就是在主张中国人需要被外国人来管了；其次，这里的意思显然是指一部分中国人需要被另一部分中国人“管”起来。至于哪些人属于管别人的，哪些人属于被别人管的，成龙大哥没有进一步论证，他大概也觉得不需要论证。在他的电影里，那些角色从来都是靠高超的武力来得出结论的。

这番话许多台湾人不满意。因为今天的台湾政治生态至少比过去的专制威权更好一些；许多香港人不满意，因为一国两制的庄严承诺是五十年不变。许多大陆人也不满意，因为你可以用全称判断去设想中国人爱自由，但你不可以用全称判断去设想中国人不爱自由。你只能说，有部分中国人爱自由，有部分中国人不爱自由。细究起来，不爱自由的那部分人还可再分，有一种人是不喜欢自己享有自由，渴望像弗罗姆说的那样逃避自由；还有一种人是不喜欢别人自由，他自己却要更大的自由，并将自己的自由建立在别人的不自由上。所以我们才会常常看到，那些越是不受任何限制的权力者，越是讨厌别人获得自由。

我很好奇的是，演员成龙不知把自己算作哪一类人，他希望被“管”起来的中国人包不包括他在内?

在人类所欲的各种正面价值中，自由只是其中的一种，并且往往与其他价值相冲突，但如果得出结论，将自由与混乱绝对地联系在一起，进而将自由与法治对立起来，这不仅轻侮了近百年来无数志士仁人为自由而牺牲的生命，而且也是不符合历史事实的。远的不说，就拿“文革”的大混乱来讲，就不是通常人们所认为的，是因为自由太多而造成的，而恰恰是因为毫无自由的结果，是举国上下没有人敢反对个人迷信、反对“和尚打伞，无法无天”思维的结果。

有人喜欢用自由的社会成本太高来反对自由，对此可以反推一下。改革开放30年，中国社会尽管问题重重，但人们的生活比过去好得多，这是有目共睹的。与前几十年政治运动相比，近三十年取得的进步不会是因为更不自由造成的吧。农民不再束缚在土地上，可以进城打工了；城市居民不再坐吃祖产，可以选择自由职业了。公民的意识在增长，人们有了更多维权的热情。公民批评政府虽然仍有风险，但也开始有官员公开向揭发贪腐监督权力的网民表示感谢。因此，有自由未必有社会和谐，没有自由就一定没有社会和谐。

当然，这里的自由并不意味着想做什么就做什么，而是公民争取自己的正当权利。一个现代社会需要管理，但不需要管治。管治的对象是臣民，不是公民；管理的手段是法治，不是人治。法治的基本精神就是防止权力或强力（power）侵犯权利（right）。从权力来源于公民的授权看，似乎应当被管起来的也不是权利，而是权力。但按照成龙的意思，却是要把人民关进笼子里。无怪此番言论甫出，两岸三地的许多中国人都立即表示了义愤。

也许有人会说，对于一个娱乐明星侈谈政治，实在不必当真。但最近以来，我们常听到有的官员将普通公民称作“屁民”，有的学者将上访者称作“偏执型精神障碍症”，有的地方将网络上批评当地政策的网民判作“诽谤政府”，表明在一些人心中，目前社会秩序不好都是由于普通民众没有被“管”起来的原因，也就是说，具有成龙一样的想法而又掌握权力的人并不在少数。成龙的言论不过是证明了，在我们这个缺乏民主传统的社会里，要让每一个人都具有真正的平等意识和权利意识，还有很长的路要走。

［2009 年 4 月 25 日］

评论官员“雷语”的积极意义

□黎明

近来，“雷人官腔小品”迅速走红网络，CCTV和不少地方媒体也关注了这一现象。

官员发布雷语的时候，预料不到他的话雷人；然而就是他们以为最正常不过的话，民众听起来却属于极不正常之列。此现象揭示某些官员与民众之间深刻的断裂，以及所形成两个难以沟通的话语场。

你是哪个单位的？你是不是党员？你是替党说话，还是替老百姓说话？官员在面对质疑、征询相关官方问题时说出这等话语，其当时临场的作用是抢占政治制高点，以居高临下的姿态起恐吓、阻止作用，在其背后，支点却是这样的“文化”或心理：你这种人竟然过问这事？而另一方干涉他们“内政”的人呢，也为同一事项生发超乎意料的震撼感：你这种人竟然不许我们过问这事？

“我拉屎要不要通知你啊？”“你们这些人算个屁啊！”此话虽粗鲁，但表现的心态、观念和上述那些不带脏字的官话是一致的，只是更直接地表达了对质疑者、反对者的不可理喻感。

断裂带是怎么形成的，答案也能从“两个话场”中找到。官员话场发出的狠话是“你们无权过问”。民间话场激荡的强音为“过问公务、公事是我们天经地义的权利”。可见，民众的民主意识、权利意识觉醒了，而相当一部分官员还固守着特权与特权意识，或者是根本没有察觉到民间思潮那势不可当的气势与力量。

过去不雷人的官话，现在“巨雷”了；以往可以阻吓人、感动人、瞒骗人的话，而今不灵了。民众因觉醒和进步与官员、官场拉远了距离，或者说官员、官场因固守既得而放任群众脱队而去，因滞留原地而遭遇“意外冲击”。

有论者为防治官员昏话或雷语开出一些药方，如“提高素质”、“强化党性”、“学习讲话艺术”云云。说句公道话，这些发出雷人话语的官员，并不是素质特别低的一群。根据一言半语全面评价他们的素质肯定不客观，要找他们的相似素质或者共同点的话，只有一个“比较坦率”的特点可以确认——在资讯发达的网络时代偶然遭遇不幸。

而在官场同事中，和他们抱相同心态、持同样观念的人比比皆是。这是他们身处官场而不至于被同僚视为异己的前提条件。这种状况，决定了官员雷语必然层出不穷，同时，由于体制内人员趋同性、统一性的特点较为明显，对官员雷语的批评也能引起官场的普遍关注，并引发趋同的共鸣。

民众结伙“踩雷”，声声巨响雷晕官员。官员雷语到底雷了谁，官员雷语现象对谁更震撼？应该说主要是雷了官。网上坊间的每一场官员雷语批判会，都是正本清源、开启民智、助长民权的社会实践；对不乏起码理智的官员而言，也是一次思想、文化学习的绝好机会。

官员雷语在很大程度上表现官员对官场体会与把握社情民意的水平，从官场视角看“民众踩雷”，无疑可发现官方思维和社情民意的差异。近年来，民间通过互联网无数次对官员示警，部分官员由此知道了某些不该说、不该做的人间常规，高层鉴于民间对某些政策、弊象的强烈反响，也曾多次对执政行为作出调整。这都是民众雷官、官员被雷的正面效应，对其积极意义不可轻估。

某一天，人们兴许会恍然大悟：原来，一场人文启蒙运动曾经悄然进行；如果没有以往对“官员雷语阵”的不断发现和一次次心灵相应的“集体踩雷”壮举，我们就不可能逃离那让人日夜惊悚的雷阵生态。

［2009 年 11 月 12 日］

人道主义的细节崇拜

□李方

各媒体对于中国远征军老兵返乡的系列报道，每篇我都是酸着鼻子读完的。酸酸的鼻子屏蔽了我习惯性的职业嗅觉：炒作？我仔细咀嚼着文章的每个细节：清晨5时30分就起来整理衣服和勋章，盼望返乡班车赶快启程；60年来第一次吃到家乡的回锅肉；儿时玩伴一把就摸到老兵脑后的疤痕……即便是炒作又如何？

但是我突然发现自己很难从宏观角度去进行评论。它就是一个人道主义的主题，你也可以讲人民不会忘记、祖国不会忘记，可以讲落叶归根月是故乡明，无非老生常谈。那么，它真正的力量在哪里？在于细节。这组报道里边我没看见什么大话套话，它就是一个细节接一个细节。

撒谎的最高境界是什么？最容易被拆穿的是什么？都是细节。曾经春晚最遭人诟病的是什么？是主持人煽动观众跟他们一起哭喊抹泪，因为缺乏真实可信的细节，只能声嘶力竭地把自己降到街头把式的档次。细节决定成败，这本是企业管理的一句名言，其实对新闻报道对任何事情都是一样。

我们曾经感叹日本电器的每一个细节都做得那么完美，我们因此讨论日本人的民族性，总之都是很宏大的话题。其实，更关键的是职业化，那不仅是一种技能，也是一种态度。一个职业化或者说具有职业精神的社会，它做出来的东西就是不一样的。而职业化，集中体现在对细节的关注，不论是每一个产品，还是管理中的每一步流程。在企业里边做事的朋友，相信对这些都不陌生。

应该说，写远征军返乡这组报道的记者，他们的职业化程度很高。

但是也有这么一种观点，认为职业化与人性化之间存在很大矛盾，因为职业化关注的是产品、是物，而在这方面走得太远往往禁锢了人性的闪亮——如果我们认为这种闪亮是人生最值得追求的境界的话。拿这组报道来说，读者在感动之余可能并没意识到本质上它就是一件新闻产品，但在报社老总或者从业者眼里，首先它当然就是一件产品，至于它还能让你感动让你觉得有很多话想说，那只是因为它做得好，因为它在细节上取得了成功——依然是细节决定成败那个范畴。

写到这里，提出一个问题：我们精神上得到满足的途径是什么？具体到这件事，我们能够被老兵报道弄得鼻子酸酸的，觉得有一肚子话想说（当然仔细想想其实都是老生常谈），是因为我们内心都有着随时可能被激发的崇高情感，还是因为这组报道从选题到策划到实施做得好？我不否认前者，但所谓高山流水觅知音，总还要对方弹得高明，否则就是煽情和滥情。这种事我们经历太多了，谁知道以后还会不会经历。

我们都是从那个习惯于虚张声势、宏大叙事的年代走过来的人，我想现在我们应该知道了，真正能够避免重蹈覆辙的，并不是换上另一种虚张声势或者宏大叙事，而恰恰是一种职业精神，是一种对细节的关注，更直白地说就是对细节的崇拜。甚至人性的满足与人性的解放，也需要从这里寻找途径。

知识分子可能会反感我的结论，认为这是人的异化。但是今天的社会，的确正在经历职业化与职业精神的深刻洗礼。换句话说，我们必须首先拿出更好的产品、更好的细节，才谈得上能够有一个更坚实的解放人性的基础。除非圣贤的天资，没谁是能够被凭空解放的——如果你觉得从春晚煽情换成另一种煽情也叫解放的话，如果你觉得继续享用劣质产品劣质服务却能够令精神世界的满足得到飞升的话。

［2009 年 6 月 4 日］

“百富榜”并非经济风向标

□ 李华芳

胡润百富榜最近公布，进入新能源汽车领域的比亚迪创始人王传福以拥有350亿元的财富成为新首富，房地产和金融（股市）领域的富豪也有增长。前十位富豪中，有八位都拥有上市公司。而首富王传福的财富一年时间增加290亿元，这也得益于巴菲特对其上市公司的投资，导致比亚迪股价飞涨，其财富水涨船高。

于是有观点指出，可以从百富榜中窥见中国经济的复苏态势，尤其是房地产行业与资本市场的回暖，表明已经可以对中国经济持乐观态度。胡润在接受各类采访时也表示，从上榜富豪从事的行业来分析，房地产、制造业（尤其是矿业、钢铁和汽车）、金融业（股市）占了前三名。但从榜单中得出经济前景看好的观点，恐怕是不严谨的。

谨慎是必要的。因为富豪的成长可能有很多因素，行业发展固然是其中之一，但实际情况非常特殊，富豪有可能是通过关系资源获得发展，并不是因为行业振兴。例如前首富黄光裕的例子表明致富有可能是通过“搞关系”得来的。而胡润百富榜并未揭示的是，在前1000名富豪中，约有15%是各级代表或政协委员，他们当中，如有富豪通过寻租的手段获得原本政府垄断的资源，从中分一杯羹，也不无可能。这与依靠人力资本提升、技术革新和拓展市场获得的份额全然不同。前者是在总量既定的情况下进行分配，而后者是将饼做大之后进行分享。而长期的经济增长，依靠的是后者。

另一个需要谨慎的理由是，房地产、制造业和金融业占三甲，与中国在危机之后实行的经济刺激计划有莫大的关联。大规模的信贷以及企业活期存款的迅速增长，为这三个行业提供了大量可用的短期资金。这可以从资本市场的几个拐点变化均在企业活期存款数据上有所体现中得到印证。而政府倾向性的支持政策，也使得制造业获得了不少补贴。也就是说，尽管这些富豪有从市场中打拼获得的收益，但也从危机之后的经济刺激政策中获益，享受到了制度红利。而这同样无法给中国经济未来的发展指明方向，更不能从中得出经济的结构性调整已经完成的结论。

总之，从“百富榜”来看经济走势是不太可取的，而且容易陷入盲目的乐观，结果可能带来更大的悲剧。因为“百富榜”统计的是富豪，自然容易强调从中国市场上获得成功的人，但也可能会忽视更广大的底层。

实际上，有一个信息倒是可以从“百富榜”中看出来，那就是贫富差距正在不断拉大。根据胡润的榜单，2008 年中国身家超过 10 亿美元的富翁人数从 101 名增至 130 名，这个人数名列全球第二，仅次于美国。而前 1000 名最富裕人士的财富总和从 4390 亿美元增至 5710 亿美元。

与此同时，根据世界银行 2009 年一份名为“从贫困地区到贫困人群：中国扶贫议程的演进”的报告，中国减贫的“成就”很大程度上要归功于采用比国际标准更低的标准线。按国际标准人均每日 1.25 美元的贫困线推算，中国贫困人口共 3 亿人一年全部的财富不足 1370 亿元，而前 1000 名最富裕的中国人一年增加的财富就是 1320 亿元。大体上，前 1000 名富豪的年收入与后 3 亿人的年收入差不多。

无疑，这样的富豪榜也表明中国贫富差距的问题应该得到正视。邹至庄在最近的一篇文章中提出用非营利组织的大力发展来缓解贫富差距问题，并且为了改善非营利组织的减贫效率，可以考虑采用市场机制来挑选非营利组织。也就是说，建立一个非营利组织的相关市场，让它们通过这一市场来竞争资源去减贫。这是非常有创意的设想。

但同时应该注意到，造成收入分配极大扭曲的根源是政府垄断了“再分配权”。而邹至庄教授之设想要实现，在极大程度上也需要依靠政府在税收政策上进行调整，减税并且为非营利组织的发展提供税收政策上的优惠，就相当于要求政府让出部分“再分配权”，交给社会自己来运行。实际上，减贫的道路并不复杂，中国之前的历史经验也表明经济增长对减贫有正面的作用，但前提是政府退出企业和非营利组织可以发挥其作用的领域，这样在提高效率将饼做大的同时，也能缩减贫富差距，落实更加公平的分配。这不仅需要政治智慧，更需要政治勇气。

[2009 年 10 月 15 日]

改革需要山西模式还是温州模式？

□李华芳

围绕山西煤改的主要争论，其实就是要国有还是要民营。这也是中国自1978年改革开放以来在经济领域反复出现的争论，而30多年的改革历史对于这个问题的回答异常清晰，“在中国特色的国情下”，民营化和市场化是出路所在。从乡镇企业的有限度尊重产权，到国有企业的民营化进程，是一个产权界定逐渐清晰的过程。也许有人质疑说，国有企业也可以是产权清晰的。但通过张维迎和周其仁等人的研究，我们发现，这不过是另外一个看起来很美的故事，因为此前的国有企业找不到最终负责人。当然，国有企业的股份制改革有限度地明晰了部分产权，其结果是促进了企业绩效的快速增长，尽管这可能得益于其垄断地位和整体经济的发展，但依旧表明产权的重要性。

在改革开放30年之际，浙江模式或者更精确的“温州模式”是被反复提到的概念。浙江大学的史晋川教授和金祥荣教授等对“温州模式”作出了一系列开创性的研究，其大致的结论是：在一个资源稀缺、环境恶劣、制度不全、道德水平较低的区域，如果政府对市场活动并不进行严格管制，相反还有所鼓励的话，其中最重要的就是尊重民间的产权，那么民间的企业家精神就会通过各种形式动员资本和劳动力，把生意做得红红火火。

温州商人的故事多种多样，但归根结底有一条是尊重民间自己的产权，尽管在法律和道德基础都不完善的情况下，尊重产权是通过其他一系列令人啧啧称奇的制度来保证的。例如说，温州人使用其独特的方言来维系信用，由此促成了庞大的民间金融体系，借此温州商人在山西投资了大量的煤矿。中国人民银行杭州中心支行则对山西煤改政策对浙江和温州民间资本的影响进行一项调研，其相关报告显示：投资山西煤矿的温州民间资本大部分为矿老板及股东成员的自有资金，约占总投入的70%，其余30%的资金来源为民间集资和民间借贷等两种形式。

不需要重复诸如“产权清晰、企业家精神、经济增长”等相互关联的改革经验，我们能看出此次山西煤改过程中“国进民退”的不合理之处。正如研究企业的学者反复强调的，大未必强。山西煤改的逻辑似乎就是做大就是做强，因此国有化之后就能提高效率、减少污染、降低事故率，得益于安监总局片言只语全无统计的网站信息。我们只能说，尽管目前披露的所有消息中，的确能表明国有重点煤矿的万吨煤死亡率最低，但没有证据表明地方煤矿和民营煤矿的万吨煤死亡率有何差别，同样也没有证据表明大型煤矿会有效率和污染上的改进。也就是说，即便从安全生产和可持续发展的角度而言，山西煤改也是站不住脚的。因为可能改进对中小煤矿的监管，而不是做大，对于上述目标的实现而言是更有效率的。回顾历史，2004 年，山西推进以产权制度改革为主要内容的煤炭新政时，时任省长张宝顺已经明确强调了产权问题对安全和资源利用的激励作用。

那么有意思的问题是，何以山西煤改会出台国有化明显与改革经验不符的政策？当然换一个角度来看待这个问题，或许就会清楚很多。媒体人黄章晋在解释山西模式的逻辑时提出，对当下的山西决策者而言，重大安全事故问责机制已经构成对行政官员的约束，这一约束的力量甚至超过了 GDP 导向的激励。山西煤矿国有化对地方官员而言的好处是，在分布于山西各地煤矿的管辖权上收的同时，事故的责任也被一并上收，国企煤矿事故的责任与地方基层政府完全脱钩，这或许才是山西煤改背后的原因。

今时不同往日，当年的强调产权改革和如今的强调推卸责任，构成了鲜明对比。如果目前的山西国有化模式得以维系并且持续运行下去，那么煤矿的效率高不高、污染大不大、够不够安全并不是地方官员坚持的利益重点，其核心的着眼点是让安全问题的责任由别人担去。从这个意义上说，山西煤改不但违背经济领域的改革方向，造成地方经济的损失，同时也没有促成官员向中央和地方公众更多负责，减弱了中央威权对地方的控制，是一个两头不靠谱的方案。

我们认为，对于经济领域的企业行为，政府规制的限度是不干预合法经营，对于违法企业自然应该监管查处，但对于企业之间正常的并购重组，下一步的改革应明确无误坚持“温州模式”。经过 30 多年改革开放的发展，各地经济落差较大，因此每一个地方的公众所追求的目标也不尽相同，尤其是在政治领域更是如此，而促成官员更多向地方负责，推动地方事情地方办，或是未来地方政府改革的方向所在。

［2009 年 11 月 19 日］

正常的社会与不正常的上访者

□ 梁文道

上访不是反政府，反权威，反对一切现有秩序；恰恰相反，上访是对政府（高层）有信心，对权威认同，对现有秩序下的缺失怀抱一种要好好拨乱反正的期望。假如中国人根本不信任政府以及任何现存权威，他们就用不着丢下自己的工作，中断自己的正常生活，千辛万苦跑去日日缠着信访办的工作人员了。

既然上访行动不单没有削弱政府的威望，反而是老百姓信任政府的表现，为什么许多官员还要闻上访而色变，千方百计地阻挠辖地人民越级上访呢？除去最一般的理解，说那些官员害怕自己干错了事被发现之外，学者应星曾在《大河移民上访的故事》一书中精辟地总结出以下几点：

一、“集体上访虽然与个别上访有性质相近的一面，但集体上访中出现的自发组织却有变质或‘被别有居心的人利用’的危险”。二、“如果有过多的越级上访发生，不仅高层不堪重负，而且首都和重要城市的治安秩序也会受到威胁”。三、“当上访变成缠访时，就会危及科层制的日常运作和社会治安形势”。四、“高层对秩序的某种焦虑又使他们可能对基层（政府）施行相当程度的保护，同时要求基层切实控制集体上访”。

也就是说，中国的信访制度虽然起到了恢复正常秩序的作用，让人民有处申冤，让体制得以纠正错误，但它又总是蕴涵了一种内在紧张，因为个人上访很容易转化成集体上访，单次上访很容易变成屡次缠访，一不小心擦枪走火，更会形成严重的秩序破坏。在正常与非正常之间，尺度应该如何把握？在合乎秩序要求的上访与扰乱秩序的集体缠访之间，标准又该如何划定？从目前的规章来看，似乎没有任何明文条款可以帮助官员去作这个决定。就算有，这类条款也一定会引起争议，并且受限于种种现实情况的差异而生出适用范围的问题。于是，精神病学便及时地派上用场了。

早在去年，就有报刊揭发一些地方政府以“精神失常”的名义将上访者“逮捕”收容，带进精神病院。后来更有一个地方的官网主动公布“成果”，宣称自己成功把 1/3 的上访者送进精神病院。

这种做法使人想起精神病学与现代司法制度的关系。法国大思想家福柯曾经编辑整理了一本小书，叫做《我，皮耶里维尔，杀了我的母亲、妹妹和弟弟》。

这本书的主角皮耶干下了一桩灭门惨案，他声称这是为了“在母亲的暴政之下解放自己和可怜的父亲”。长年关注惩罚体制和疯狂问题的福柯认为这个个案可以说明现代精神病学在司法体系现身的早期状况。对于讲究犯案动机和相信理性的现代司法体系而言，不合常理的犯罪是不可惩罚的。于是精神病学的权威就得以确立了，因为它能够告诉法官，眼前这个疑犯到底是不是疯子。如果他不是，他就可以被法律制裁；如果他真是个失却理性的人，那他就不能按照正常的惩罚方式惩治，而要交给精神病学专业处理。

这就是我们的现代世界了，精神鉴定逐渐成为法庭程序的常见步骤，用以判断正常法律是否适用于嫌犯。毕竟，一个不正常的人犯的罪不叫犯罪，因为他没有能力为自己的行为负责，他需要的不是处分而是矫正。

由于上访制度的内在紧张，由于许多上访者在部分官员眼中总是徘徊在维护常态与干扰常态之间的模糊地带，所以把他们纳进“精神失常”的领域就不只是误打误撞的偶然举措，更是合乎情理的人道施政了。那些长年上访，动辄写封万言长信给中央的“上访专业户”并没有犯法，他们只是越了线，破坏了秩序的常态。你不能用现存法律制止他们上访的权利，又不容他们持续骚扰现存的正常体制，最好的办法莫过于把他们当成精神病患，排除在正常的法律世界之外。就和过去对付“三无”人员的收容遣送制度一样，也和现存的行政拘留类似，精神病患的收容治疗乃一块法律的飞地。比起尚算有法可依的前面两种特殊制度，精神疗养院更加是飞地中的飞地。

因为那是司法让权于精神病学的世界，那不是一个可以用正常法律去管辖的地方。被送进里头的人不只不能依法惩治，他们甚至不具备依法上访的权利；一个精神失常的上访者注定要活在法律覆盖范围之外。任由他们继续上访，但又不予理会，固然是仁慈“善政”的宽大表现；把他们交给精神疗养院，才是一方面治理他们个人心理常态，另一方面恢复社会常轨的双重矫正之道。

问题在于地方公安人员没有专业知识去分析一个上访者的精神状况，他们更不能取代法庭去完成司法体系让权于精神病学专业的程序。如果他们擅自宣布某名上访者精神失常，那不单单会逾越了精神病学的专业领域，还冒犯了一般而言只有法庭才配具备的权力。恰巧这个时候，北京大学“精神病学专家”孙东东的一番公开言论缓解了他们的燃眉之急。他表示：“我可以很负责任地说，老上访专业户至少99%精神有问题。”于是最后一块拼图总算补上了：这是专家的意见，或许可以在行政权力和专业知识之间直接搭桥，替收容上访者的做法加上必要的基础。

尽管孙教授因此遭到舆论攻击，尽管他还要为此特地道歉，说“大家误会了”。可是我们都明白他不算错得太离谱，因为就这个社会的常态而言，老上访专业户的确是“不正常”的。

［2009年4月17日］

讨厌一个人的方法

□ 梁文道

如果一个官员很讨厌一个文人，嫌他老是说三道四，于是运用影响力向所有媒体打招呼不要再刊登那人的文章，我们会同意这样的做法吗？恐怕不会。因为我们相信媒体是社会公器，是各种信息与意见交会撞击的平台，官员不应该滥用权力绕道后门以影响其生态；如有异议，他大可投书响应，与他讨厌的那人平等往来，道理上见真章。

假设那个讨厌鬼果然混账，学问不好却被媒体莫名其妙地捧成大师，不只如此，他人品原来也很低下，生平干过不少坏事。既然如此，那名了解真相的官员总可以动用关系网络去封杀一切有关这人的消息了吧？

在我看来，这仍然是不对的。假如那混蛋名声在外，不满他的人就该在媒体平台上公开抨击，一方面匡正大家心中的错误印象，另一方面始终尊重公共空间的根本规则，在阳光下解决一切争端。

又假如那个试图运用个人力量绕后门的不是官员，而是同行文人，我们之前的判断又该不该稍稍修改，容许他劝说媒体去拦阻那名混蛋见报的任何机会呢？

今年初，著名作家李辉揭发百岁“国学大师”文怀沙虚报年龄伪造生平，指出这名连政府领导人都很重视的名宿原来是个欺世盗名的小人，结果引起全中国媒体的关注讨论，舆情分为两派，互相责难。这场争论后来淡了一两个月，最近又因为学术明星易中天的加入而再起风云，双方你来我往，热闹非常。李辉先生做传记的功夫很深，读者有目共睹。相比之下，文怀沙先生那“国学大师”的名号却一直不无争论；我也很难理解文先生的学术成就怎能当得上这等美誉，莫非是他的岁数够大胡子够长？按照既有的成见，我本该为李先生的举动叫好。可是他的言论却让我感到一丝不安，使我不能完全同意。

问题不在他攻击文怀沙的逻辑，也不是他给出的材料不充分——这些东西我都外行；而是他的一段话：“我在自己所能影响的范围里，尽量不让媒体朋友报道他。”20年来，他一直设法阻止媒体访谈文怀沙，其中包括《南方都市报》的一个“文化老人系列”，李先生表示就是在他的努力之下才淘汰了预定的文怀沙。

官员运用权力屏蔽媒体采访他的眼中钉，这叫做滥权。政府替人民的心理健康着想，于是主动帮大家消弭一切它们心目中的“不良信息”，这叫做家长心态。知识人通过私下游说，阻挡相熟媒体报道某个同行的消息，这叫做破坏游戏规则，甚至破坏自己的立身之本。在最理想的情况下，媒体应该是个相对独立的公共领域，而这个领域的良好运作依赖于某些基本规则的维护，比如说公平发言的机会。假如一个人很不同意另一个人的言论，怀疑他公开撒谎，那么他最正当的做法应该是在这个公共领域里据理批驳，然后等待对方的响应，而非私下阻挠对手出场亮相。

投身于公共领域的人对自己看法再有自信，也要服膺公共理性的判断，相信道理越辩越明，事实越多真相越近的大原则。他应该期盼对手和他有同等的发言机会，在公众面前各自铺陈双方的理据，交由公众判断其中的是非曲直。假如他真的相信自己的看法不是偏见，他就更应该信赖公共领域的原则，以论辩的形式证实自己的观点。舍此正道不行，却走幕后小径，不只是小看了公众的思考能力，更是欠缺自信的表现。

“虽然我不同意你的意见，但我誓死捍卫你发表意见的权利”，伏尔泰这句话已是人人熟知的名言。但这句话的道理究竟在哪里呢？我们必须回到历史，了解伏尔泰等启蒙运动健将当年奋力开创的一个以理性为依归的公共领域，试图摆脱王室与教会的权威。他们那一代知识人很清楚自己的处境，既没有教廷的神权，也没有国家的利剑，可恃者无非人人皆具的理性而已。如果能够服人，靠的绝对不是王室的命令，亦不是教会的旨意，而是每个人深思熟虑之后的判断。因此他们即便遇上了异己，也不能效仿国家和教会的做法，不能以超出公共领域里那理性交流的力量去迫使对手消音。相反，他们还要保障对手继续参与公共领域，继续参与对话的权利。否则无异于自毁长城，瓦解了整个知识社群的存在基础。大家都该明白，如果没有如此一个公共领域，自己根本就不会有立足之地。若是我能借着外界的手段影响对手，难保他日我不会遭此厄运。

而李辉先生在“文怀沙事件”中的表现，恐怕就已违反了这种基本规则。出于对他的尊重，身为他的老读者，我宁愿他 20 年前就已经写出他现在发表的评论，而不是尽力阻止媒体报道文怀沙达 20 年之久。假如他真心信赖自己掌握的证据，真心认为文怀沙欺世盗名，那么他就该及早公布所知一切，让我们好好思考孰是孰非。因为他过去 20 年来的做法，不只对文先生不公，对他自己又何尝公正呢？

［2009 年 6 月 30 日］

经国走出了一个时代

□ 林达

今年是蒋经国的100周年诞辰，恰好是国民党的马英九执政，而马英九又曾长期担任蒋经国的英语秘书。看电视新闻报道，马英九连续两天在宴请原来蒋经国身边的一批老人。每次祭奠悼念，马英九也从不掩饰自己对蒋经国的私人感情。同时，也几乎每次都会引来一部分台湾民众的抗议，为着蒋家专权时期发生过的大量冤情。这让我想起去年参观已被改名为民主纪念馆的中正纪念堂，当时是民进党执政，原本要强调“肃穆”的原始“纪念”设计理念，被民主进程历史展览的展品打破。半空悬挂一群鲜艳色彩的台湾风筝，从上至下占据整个大厅的展板，不乏激昂壮烈的民众抗争场面，当然有“美丽岛事件”甚至有自焚抗议者的照片。

但是，今天从台湾社会整体来说，是开放和容忍了不同的表达。台湾两蒋40年历史的功过是非，会逐渐在开放的表述中变得清晰起来。我想，当民众在反对一个专制时期，他们反的是什么？反的应该是“我方全对、对方全错”黑白两分简化的思维，反的应该是“敌人的敌人就是我的朋友”，或者“敌人的朋友就是我的敌人”这样的简单逻辑。假如以专制社会的思维方式和逻辑来反专制，就无力与专制社会拉开距离。现在越来越多的台湾人已经能够冷静反省复杂的蒋经国时代。

台湾要以和平方式推进民主、从本质上打破专制制度本身，显然受益于这个制度的独裁者——他的个人变化对推进历史是极为关键的，这是人们今天回顾蒋经国的意义。

台湾演进的模式绝非孤例。记得刚到西班牙，感觉佛朗哥就是蒋氏父子的集合。看西班牙历史，会感到佛朗哥之后的民主改革尽管过程曲折，可要描述是简单的，历史学家们对它的解读几乎没有什么分歧，不需要作伤脑筋的判断。可是，内战和佛朗哥时期就要复杂得多。不论当事人还是史家，看法都有很大分歧，而且多半南辕北辙。两蒋的台湾和佛朗哥的西班牙时期，都是40年左右，都有专制独裁必然会有的镇压和血腥的那部分，也都有向民主推进的那部分。两部分是交织在一起的。台湾最典型的例子，就是《蒋经国传》的作者、美籍作家江南在其旧金山寓所被暗杀。那是1984年10月，是蒋经国各方面的改革已经开启或者在作准备的时候，仍然发生了这样的恶性事件。不论事件是否和蒋经国有关，情治部门的行事传统可见一斑。

可以想象国际社会的震惊程度：台湾居然派了杀手到别国暗杀他国公民，只因此人中规中矩地写了一本台湾领导人传记。当然可以推想台湾内部是何等漆黑一团。但是回顾历史，又并不完全那么简单。这一类专权有它的另一面：台湾的县级领导长期是民选的，它的政治转型有更充分的社会准备，不仅在于它的市场经济从未破坏；它虽然严格控制政治社团，而其他作为"社会团粒结构"的民间社团发展正常。司法也一样，六法全书一直在正常使用，只是在涉及政治部分，专权会越位压倒法律；政府权力也并非掌控全部经济活动和社会生活。记得台湾有个教授说过一句很形象的话：在蒋经国独裁下，你还有回避政治"回家卖红薯"的空间。不仅如此，当时的台湾还有非常重要的一块，是对教育、宗教和传统文化的态度。我记得一个台湾本省教育工作者向我介绍，在学校教育方面，他们当时被鼓励学习传统文化，包括绝大部分中外文学、历史和哲学、音乐和艺术，还有西方的思想史、文化史和法律制度；而马恩列斯毛著作以及左翼读物，则是被两蒋时代的台湾禁读的。最近大陆"文革"期间风行的《毛主席语录》就在台湾当作稀奇东西畅销。尽管如此，两蒋和民众对民主转型的思想资源并不陌生，在经济结构、民间社会和思想等方面的准备都比较充足，而不是突变转型。

蒋经国时代，和外部世界的交流和衔接没有中断。由于社会并不封闭、与世界并不脱节，使得佛朗哥和蒋经国都逐渐形成对未来发展的清晰估计。作为独裁者，佛朗哥从10岁开始以极完善的教育，培养一个能够承担未来西班牙转型到君主立宪制的国王，他只是自己无力从历史的泥淖里拔出来。同样，失去大陆政权的历史伤痛，即使传到蒋经国一代，仍然难以摆脱感受外部威胁的深深恐惧。但是，蒋经国基于这种恐惧而曾经施加于台湾的严厉控制，是他真实的内心挣扎，还是一个独裁者为保护一己私利、抵制台湾的政治转型而编造的借口呢？蒋经国在晚年以自己的行动作了回答。有深重历史孽债在身，走出这一步是非常非常不容易的。

我相信江南案是一个巨大的推动。蒋经国是一个有政治家之礼义廉耻之心的人。他曾经在江南案之后对身边的人谈起，意思是美国与我们断交是美国理屈，而江南案使我们彻底失掉了立足根本。蒋经国是在意理念的，他原来安慰自己只是因为外部环境和压力，使得他不得已而维持专权。而江南案在逼迫他以行动为父子两代作出证明。两年之后的1986年，蒋经国开党禁，台湾从蒋家时代走出来；蒋经国自己，也终于从一个恒久的时代阴影中走了出来。

［2009年4月18日］

赵本山击中了春晚的软肋

□ 令狐补充

近日，赵本山做客贵州卫视《论道》节目，直言“经营春晚的人不快乐”。并把矛头明确指向春晚节目审查员，认为他们“不懂”，称“观众都笑翻了，就他们几个脸是青的”。并以对审查员神态的模仿表演逗得观众大乐，获得了与小品一致的现场“笑”果。

批评央视春晚，是一件不吃力而十分讨好的事情——这是一个不言而喻的常识。但现在竟然出自依赖春晚才一举成名，继而占据小品之王宝座数十年的赵本山，事情就变得相当不同寻常，十分耐人寻味了。也正因为此，在网上获得一片喝彩之余，有网友却为赵本山捏一把汗，担心他遭央视封杀。

网友真是太善良！可谓其心可鉴，其情可感，遗憾的是，其判断却未免失之简单。殊不知，自赵本山借春晚舞台成名开始，虽然有人不肯承认，但赵本山这个名字，已经俨然是春晚的别称和代号。有哪一个必看春晚的观众，能够设想一个没有赵本山的春晚？我认为，其中有一个说不清的事实和一个显而易见的现实反差。说不清的事实是，究竟是春晚离不开赵本山，还是赵本山离不开春晚。耀眼的反差则是，在众多艺人百般钻营，一心要搭春晚便车，不惜忍辱负重对春晚百依百顺之际，赵本山已经不止一次“炮轰”春晚了。

赵本山在批评的弦外之音中，还渗透了他不同凡响的聪明与世故。表面上，他就事论事，批评限定在节目审查环节，批评对象锁定审查员，暗指显然是在他心中妨碍小品效果的春晚审查制度。但我还领会到了赵本山的另外一层意思，大致可以理解为，央视或者说春晚节目组，其实是代人受过的冤大头。作为一档全国观众关心的名牌节目，春晚注定将遭遇来自两方面的压力，其一是为了收视率，必须发扬“文艺为工农兵服务”的传统，逗乐观众，不避低俗。另一方面，则要对上负责，接受自上而下的审查，保障正确性，弘扬主旋律，维护高格调……所以在我看来，赵本山没准是在为央视鸣冤叫屈，甚至为央视代言呢！

所以我认为网友的担心是多余的。不妨设想一下可能的结果：如果赵本山没遭封杀，大可以算是报恩，秀一秀央视的从谏如流以及大度和宠爱；万一被封杀了，那是央视的不幸，而不是本山的不幸。对于声誉已经达到巅峰，不久前还花了 55 万元在海外读了两周 CEO 课程，正在转型的赵董事长，只会是央视送给诸多竞争对手的大礼。再说一个央视或者春晚节目组估计也不会反对的理由，面对春晚的生命力、收视率和自己的饭碗，他们多半也被违背艺术创作规律、不切合实际的审查制度以及生杀大权在握的不懂行的审查员所苦吧！

退后一步，放宽视界，还有理由猜测，这也可以视为春晚节目改革和转型的信号。刚刚完成台长新老交替的央视，将已经渐呈老态的春晚作为试点，不失为一个明智选择。

电视身为一个大众媒体，除了满足各个不同阶层的娱乐需求，在弘扬主旋律的同时，也要给观众传递快乐和轻松，不能以紧张来促团结，借严肃制约活泼。如果，真是借赵本山之口，翻开电视节目内容审查制度与时俱进的新篇章，还真是高妙的一招。这一招至少摸到了春晚节目离观众越来越远的软肋。

［2009 年 5 月 30 日］

反腐关“天价烟”什么事

□ 刘洪波

南京江宁区房管局局长周久耕倒了，“天价烟”好像又成为一个反腐目标。

早前已读过“天价烟将要停产”的传闻，反应似乎是人心大快。1月5日又读到《中国青年报》报道，天价烟仍然热卖，周久耕成唯一牺牲品。

周久耕不该成为抽天价烟的唯一牺牲品，每一个享用天价烟的官员，都应当被视为“自我举报”，受到调查。当然，我也可以预先发布令人遗憾的结论，这样的调查，会调查多少人啊！可能吗？而且，真要这样调查，恐怕不过是使天价烟变成背着人享用的货品而已。

“天价烟仍然热卖”，这个现象是应当关注的，哪些人在买，买了去做什么，或许难以预判，但最终是谁在消费，猜猜也八九不离十。只是，这种现象关天价烟什么事呢？这是人事不济，与烟没有关系。

在非公开场景下又有些什么名堂，可以从一个又一个反腐成果里看出来；权力的消费与享乐，则已经达到不避耳目的程度。这种情况之所以发生，不是因为有享乐品，而是因为权力没有受到制约。

有人硬要抬杠，说没有享乐品，想享乐也没了去处啊。我只好敬佩你革命到底的精神，但要说这就是釜底抽薪，我看除非让全世界都只供应生活必需品才算抽薪完毕。天价烟可以命令停产，高档酒要不要禁掉，高档家具要不要停产？中国可以不生产任何一种天价品，但新型消费产品要不要生产，被人搞去免费试用怎么办？还有古董字画，是不是通通毁掉，那也是会被人送来送去的。

好，中国什么都不要了，外国呢，管不管，不许他们生产和销售，这是办不到的了，不许进口吗？高级手表、高级时装、高级洋酒，还有珠宝，还有出境旅游，这些你也能禁掉？那干脆把大门关牢实好了。

本来是人的事情没有做好，却要把账算到一些物品上去，我不说这是搭错了线，只说这是糊涂。义勇可嘉，糊涂是不可嘉的。当今世界，到处是消费的图景，到处是奢侈品在晃眼，没听说哪个国家把腐败的账算到高档物品的身上，也没听说巴黎、伦敦、米兰、东京生产了最多的奢侈品，那里就是腐败的天堂。

我经常听到人们反对高档货，这种月饼不该出，那种金饰不该造，这种酒不能卖，那种烟不能产。说要反对铺张吧，我还觉得情有可原，毕竟还是要“可持续发展”，而不可以穷奢极欲。但是，总是有人说这些东西是腐败的温床，我就觉得不可理喻了。腐败的沃土或者温床，都是权力没有被制约，而不是欲望没有被消灭，也不是哪一种物品具有权力腐败的属性吧。

“不见可欲，使其无欲”，讲讲哲学还可以，用来反腐或者灭绝欲望，岂不是凌空蹈虚？干脆把货币给消灭了，回到以物易物的形态，恐怕还会有哪条鱼看起来更鲜美一些的问题来挠动人的欲望的。还有色欲啊，干脆把性别也给废掉。

周久耕被免职事件中，天价烟被称为“另一个主角”。一种烟怎么成了腐败案的主角？要说有另一个主角，那也不是天价烟，而是公款。查处周久耕，查处乱用公款，都是应当的，但烟就不要查处了吧。当然，你若是禁烟人士，那么请从禁烟的角度来说事，不要说烟导致了腐败。导致腐败的，永远是权力未能被有效约束，例如享乐已经摆到了台面，这就可以表明权力对民众无视到了何等程度。

反腐不必借助任何查禁高档品和奢侈品而进行，首先需要的只有一点：还权于民。

［2009 年 1 月 7 日］

勿让公民以孤立的个体面对不公

□ 刘洪波

每一个个案的暴露，都可以引出连串的类似个案。一个“躲猫猫事件”，后面跟着很多个公民死于拘禁场所的离奇故事；现在，这种情形正在“网络诽谤”主题上再度表现出来。河南灵宝的王帅诽谤案后，我们又读到内蒙古鄂尔多斯吴保全诽谤案、四川蓬溪邓永固诽谤案的报道，还会有多少已经发生的诽谤案会被发掘，以后又会有多少诽谤案发生呢？啊，谁知道。

在王帅诽谤案之前，吴保全已经被关押了一年，邓永固被拘禁已有半年。这都是悄无声息的。悄无声息，意味着缰绳收紧的行为正在暗暗发生，也意味着网上发帖只要不是无懈可击就要承担诽谤治罪之后果正在被接受为“正常”。悄无声息，也意味着权力者在收拾诽谤者之余，并没有去主动声张，这是基于对公民反应的一种预判，基于对违法治罪行为的自感理亏。然而，这种理亏在治罪过程中仍然显示为“依法处理”。

如果事件得以公开化，便将形成社会舆论，在这个场域中，社会将形成对违法治罪的舆论合围。但事件是悄无声息的，每个被治罪的人都是被分割开来的，在这种分割状态下，个人被孤立了，违法治罪的力量因为集中兵力而胆气豪壮了。而且在集中兵力的情况下，每个参与治罪的人，都只以专业分工而参与把无辜者送进拘禁场所的部分工作，每一个部分工作都显示为“服从命令”，从而违法者的责任及良心不安都得以减轻。在这条流水线上，没有人会对制造痛苦有过重的自我责备，有的人或许根本就没有自我责备的意识。

比起河南灵宝王帅帖案、济南红钻帝国事件、重庆彭水诗案、山西稷山文案、陕西志丹短信案、山东高唐网案等等被公开的言论案件来，吴保全和邓永固的命运要不幸得多。无论是因为当事人未曾寻求报道，还是媒体放弃了报道，或者权力成功地隔离了媒体与被治罪者的联系，一个人作为未被关注的个体而落入权力的股掌，都会处在遭遇不公的阴影之中。

一个波兰导演几十年前就已经发现，当镜头出现在法庭里时，被无端治罪的人可以获得相对轻一些的审判结果。镜头的出现，提醒着“你正在被记录”、“你将被传播”、“你将面对大众”，乃至“你将成为历史”。记录、公开和传播，哪怕无法从根本上抵抗不公正的权力，仍然能够避免不公正的最大化。

法律对个人的处理，固然未必以个人是否服从定罪为前提，然而，基于我们对法律正当性和人的一般是非判断能力的假定，仍然可以说，真正的依法处置会获得被处理者内在的信服，也就是所谓的“口服心服”。而在这些所谓的诽谤案中，几乎没有人在受到处理之后自认触犯了法律。这就表明，这些惩罚已经失去了实际的惩罚能力，它能够拘禁身体，却未能归顺人心。

王帅、邓永固、吴保全都是因为反映土地征用问题而发帖，因发帖而被拘禁。这反映了一些地方，公民与权力利益冲突的程度，公民受损而权力或者权力与资本的联盟获得利益，而且得益者获得了法律的支持，受损者的抗争则会受到法律的打击。而打击的荒谬甚至发展到公布地方领导的电话号码都会被视为犯法、法院发明“诽谤政府罪”这种荒唐的罪名、二审比一审加重刑罚的程度。

网络言论治罪之所以成为突出问题，是因为传统的言论渠道很难被公民自行运用，网络已成为公民可能直接运用——几乎是唯一——的言论平台。这就是说，一些地方对网络言论的打击只是对难以“预防”的言论进行迫不得已的事后惩罚，而不表示言论发布在网络上更加容易被打击。在一些地方，公民针对权力的言论，哪怕只是口头的言语，如果被固定下来，也可能有着同样的危险，诽谤是一种罪名，颠覆也是一种罪名，言论仅仅是言论，但未必不会被当成行动而受到惩办，并形成“寒蝉效应”。

以言定罪早已被法律禁止，兑现法律所需要的是公民和社会对权利的守护，并推动国家对这一人权法条给予必要的维护。

［2009 年 4 月 23 日］

化解重庆高考事件的一个程序性想象

□ 刘洪波

重庆高考造假加分事件，是一个似乎正在走向死胡同的监督事件。重庆的联合调查组迟迟不肯回应公布造假名单的要求，高考招录的严肃性、政府信誉在不断流失，舆论的漩涡在不断扩大。

这起事件由石柱县副县长女儿冒改少数民族成分获得加分起头，因重庆高考状元何川洋更改民族成分加分及其录取争议而迅速升温。人们一面在注视何川洋是否应该被弃录的话题，也一直在敦促重庆市公布已被发现的违规加分名单。重庆市不仅未作回应，而且撤下了网站上的加分信息。

这是丑闻伴生丑闻的过程。

高考少数学生作假，是一直备受争议的高考加分政策的丑闻。我一直认为，高考加分政策中，唯一可以有理由的加分，就是向边远地区和少数民族学生加分，或者直接向边远和民族地区分配招录比例，因为这在一定程度上可以体现受教育机会的地区和民族平等。而重庆高考加分丑闻，显示唯一有理由加分的领域很难保证公平的实现。

重庆高考加分丑闻，是权力的丑闻。高考少数民族加分，以及其他加分项目，都已成为官员子女高考优胜的捷径。

重庆高考加分违规名单迟迟不予公布，是加分丑闻之后产生的新的丑闻。把这一“不对外公布是我们联合调查组研究决定”的行为称为丑闻，是完全正当的。违规行为已经被发现，而社会关注度极高，联合调查组是去调查违规行为，何以有权研究是否公布结论，实在是令人疑惑。但他们不仅得出了不公布名单的决定，而且这种越权行为没有被任何机关纠正，从而使一个高考公平性危机附加上了公众知情权危机。

目前，北京大学医学部又接获一例重庆高考民族加分作假举报。这就是说，危害公平的高考加分作假，因为未予公开，根本没有影响到作假者的利益，而改正的唯一可能途径只剩下了举报。举报很难使所有作假者被撤销录取，作假名单竟然成了一个“内部保护名单”。重庆方面的鸵鸟政策，使人甚至怀念起谣言。

众所周知，谣言的产生经常是因为信息公开程度不够，但谣言也往往可以促成信息在一定程度上的公开。谣言大量产生，会引起辟谣行为。这样，可以说谣言是公众要求信息知情的特殊压力形式。重庆高考舞弊事件，正在从一些个人舞弊行为、权力徇私行为，变成一种经过了“研究决定”的组织隐瞒行为，而谣言却一直未曾发生，人们在要求、敦促乃至是在央求公布名单，而名单似乎已锁进了密码箱。

在这种情况下，重庆高考的整体公平性应当受到怀疑，是否不惜牺牲全体而保证内幕不被揭开，是值得深究的，而即使付出如此代价也在所不惜，又有着怎样的利益考虑？是不是舞弊已经成了普遍现象，因而害怕一些名单的公布会造成招生舞弊链全部打破的后果，是不是一旦骨牌开始倒下，将会引发一系列的地震？目前已有报道说，去年北京大学在重庆招录 24 人，其中 17 人获得了高考加分，“加分进北大”，在重庆看来是一个传统。

我想，为维护高等教育的清洁卫生水平，在一切出现了普遍的高考舞弊行为的地方，高等学校有权拒绝接受来自该地方的考生，如果舞弊行为发生在某一局部，那么，因为这一局部的舞弊而获利的渠道应当在确保改正之前被中断，例如哪个地方的体育加分普遍舞弊，则这一地方的体育加分不应被高校认可，重庆考生的少数民族加分也应紧急停止。我想，高校有理由对它们在重庆的招生暂时奉行“不信任主义”，以敦促重庆方面拿出保证招录真实性的诚意。这将是使重庆方面不得不公布名单的一个有效途径。国家教育行政部门和高等学校如果要决心肃清报考舞弊现象，都应当要求重庆方面保证招录的公平。

目的当然不是为了惩罚学生，而是为了解决问题，避免装聋作哑现象继续下去。在这样的招录困局面前，重庆考生、重庆市民必然会要求地方有关方面公布名单，以保证录取正常。为此，他们可以启动各种程序，从上级问责程序、人大监督程序、市民抗议程序到司法诉讼程序。我想，如果真的做到这一点，将是公民政治的一次试验，也会真正以儆效尤。

［2009 年 7 月 7 日］

“东亚共同体”突然升温的背后

□ 刘柠

10月10日，东亚三国峰会在北京举行，这是继去年后，中日韩三国领导人在东盟“10+3”框架外单独举行的第二届峰会，同时也标志着三国共同合作机制走过了第一个十年。1999年11月，时任总理的朱镕基与日本前首相小渊惠三、韩国前总统金大中在菲律宾出席东盟与中日韩领导人会议期间举行早餐会，启动了三国在“10+3”框架内的合作；去年12月，首次“10+3”框架外的三国峰会于日本福冈举行，东亚三国领导人共商应对金融危机、同舟共济的地区战略，成果显著，有目共睹。

本次会议发表了中日韩合作十周年联合声明和中日韩可持续发展联合声明，提出了十项合作倡议。更重要的，是达成了坚持从长远角度和战略高度看待和把握三国关系的共识。

与一年前的三国峰会相比，此番峰会有两个显著不同：一是席卷全球的金融危机在充分肆虐之后，被认为已经触底，包括三国在内的地区性应对也进入攻坚阶段；二是目前仍是世界第二经济大国的日本，在经历了“后小泉”时代3年更换三位首相的“后自民过渡政权”之后，迎来了民主党时代，这被舆论普遍解读为日本政治向英美意义上的现代两党制转型的转机，无疑也会对周边国家及地区的情势产生微妙的辐射作用。这种情况下召开的三国峰会，其意义非同寻常自不待言。

尤其是就上述第二点而言，民主党政权上台伊始，便以一系列惠及民生的内政政策，开始营造自己所谓“脱官僚依存”的、不同于以往自民政治的清新形象。不仅内政，在外交上也不甘人后。一个月来，鸠山首相频频外访，在若干国际场合高调发言的姿态令人印象深刻。其中一个被反复背书、强调者，即“东亚共同体”构想。继美匹兹堡G20峰会之后，此番北京的三国峰会再次成为鸠山首相阐述其国际政治外交哲学的讲坛。

“东亚共同体”问题在东亚三国及国际社会的突然升温，日民主党新政及鸠山其人功不可没。其锐意推进的“向前看”姿态的背后，应该说，既是基于该地区虽然经贸规模巨大，但却缺乏国际规约，实力亟待整合的现状的需要，也未尝不是日本对21世纪，特别是伊战及金融危机之后世界发展潮流的判断和把握。

具体地说，是对美国衰落和中国崛起的趋势的前瞻性战略调整的一环。同时，也有鸠山个人政治理想的色彩。

对此，不仅中韩两国未能作出如日方所期待的积极响应，即使在日本国内，也颇具争议，“乌托邦”、“观念先行”、“抽象”等主流媒体的批评所在多有，不一而足。但纵然如此，鸠山依然认为，“也许会花很长时间，但如本着‘友爱精神’的话，绝非不可能。既然在其他国家已经实现，何以在东亚无法实现呢?”其理论热忱和焦虑溢于言表。

鸠山版“共同体”构想的模型，显然是欧盟（EU）模式。但正如欧盟的创设是基于法德和解基础上的一次成功、伟大的政治实践一样，东亚共同体之成功与否，将取决于中日和解的早晚与程度。尽管从目前来看，如此基础确立的希望尚难预见，但从长远来说，中日两国的战略和解不仅是大势所趋，同时也是东亚地区共同利益所系，或迟或早，总会来到。也正是从这个意义上，鸠山的构想具有前瞻性，其积极意义不容否定。更何况，对长期以来，被认为是妨碍日本对亚外交的要因的历史问题，鸠山表示“（民主党）新政权有正视历史的勇气”，再三表明了重视亚洲的立场。这无疑是值得评价的。

2008年，中日贸易额超过2000亿美元，中韩则接近2000亿美元。但是，这与中日韩三国的经济实力和潜力，其实还有不小差距，更与中日两国在未来要承担的国际责任有相当的距离。与其临渊羡鱼，不如退而结网。欧盟从“泛欧洲主义”的“乌托邦”原点到战后和解，到成功创设，走过了漫长的路程，直到今天还处于“进行时”；“东亚共同体”作为一种愿景，虽然尚处于理论务虚阶段，但随着中日韩双边及三边战略互惠的进一步深化，经济上的彼此需要凸显出以“共同体”为法律维系的对共同利益的战略需求也许只是时间的问题。

［2009年10月12日］

不要让 CPI 沦为掩盖泡沫的工具

□ 刘煜辉

很早以前（30 年前），经典的萨缪尔森西方经济学教科书就以一般物价持续地上涨来定义通货膨胀。尽管弗里德曼的“货币主义”以及奥地利学派把通胀解释为纯粹的货币现象，但对于它的最终表现形式——物价的持续上涨——并未有太多异议。

最近 20 年，我们看到，当越来越多的货币被指数级发展的金融虚拟所吸附时，当越来越多货币流向中国这样的低要素国家形成产能时，你会发现货币对于实体经济价格影响似乎越来越弱，时滞也越来越长。格林斯潘很精明地发现了此，所以能把货币的功效发挥至极致，甚至一度要改写传统的经典。但是，资产泡沫延续时间越长，其破裂后对经济金融体系的损坏越大，正如 18 年前的日本和今天的美国。

鉴于此，人们逐渐认识到资产价格对于货币政策的重要性，于是有了所谓物价通胀和资产通胀的划分。理论随着现实而不断地发展和修正。在最新版的萨氏《经济学》（第 18 版）中，你会发现西方经济学界开始悄然回归通货的本源（即便是新古典），通胀被统一解释为货币的实际购买力的下降。

无论物价通胀还是资产通胀，皆如此。投资者前一段时间 15 倍 PE（利润收益率）买股，现在需要花 20 倍 PE 买，同一个东西货币购买力下降了。当然你可以讲投资者的风险忍耐程度提高了，那为什么提高呢？因为钞票印得太多，现金存款不再有安全感，于是风险资产的吸引力才增强。

现实中，中国货币真的难以传导物价水平吗？我只能讲中国的货币难以传导至中国的物价指数，但物价指数显然不对等于物价水平。否则统计局不会经常背上“被增长”的骂名。

资产泡沫应该与服务性价格关联性极高，而这个却非现行 CPI 构成的主体，奈何。统计局说教育、医疗、住房的三大服务性价格的成分权重的确定皆来自城调队精细抽样调查的结果。成熟经济中这样的方法无可厚非，但是一个社保医保覆盖率九成以上的经济体与社保医保还处于初级阶段的经济体，能如此简单对接吗？

教育和医疗体制的改革和社会保障体制不健全，许多贫困家庭无力负担孩子上学，有病不敢求医，现行调查的权重就未必反映中国家庭的真实需求结构。统计调查显示，他们教育和医疗支出比重不大，但这不是因为没有需求，而是无力消费，因为对于他们来说，教育和医疗价格的“通货膨胀”实际是无穷大。

住房价格的飙涨却无法在当下的物价指数中反映，这是统计局最饱受诟病的一点。尽管按照发达国家的国际惯例，购房为投资行为而非消费行为的界定，不应计入消费物价指数。

但是统计部门不要忘记，这其中一个重要的隐含前提就是，在成熟经济中，购房与租房的比例已经趋于相对比较稳定，房价与租赁价格偏离不会太大，实际上房价是以“虚拟租金”的形式在 CPI 中加以体现的，CPI 度量购买力的误差较小。

而中国房地产商品市场的发展还处于初级阶段，加之众多体制缺陷，老百姓各种购房需求远大于其他国家，货币超发所导致的通胀恐慌逼着房屋完全脱离消费属性，而沦为跟黄金一样的天然保值品，黄金没有使用价值，而中国房价就可以不必再看租金回报率。

我们完全对等成熟市场的规制，因为住房是长期消费品或具有消费和投资两重性而将其价格排斥在 CPI 之外，如此物价指数某种程度上岂不成为了掩盖泡沫的工具?

至于权重高达 34%的食品，货币因素也可以影响到农业生产成本，如城市生活成本的上升直接拉高务农的机会成本，境外的货币因素所造成的输入性通胀推动农业生产资料价格上涨等，但由于农产品基本处于国内封闭运行，政府对于供求还是强力可控，这个过程只可能缓慢而疲弱。所以坊间戏称中国的物价指数应该改成 China pig index，季节性起舞。

［2009 年 10 月 22 日］

将救助中小企业上升为基本国策

□马光远

中国社科院中小企业研究中心主任陈乃醒日前表示，中国社科院正在进行一个关于“中小企业在金融危机复苏中的作用”的调研，报告显示，有40%的中小企业已经在此次金融危机中倒闭，40%的企业目前正在生死线上徘徊，只有20%的企业没有受到此次金融危机的影响。

这个数字显然和工信部部长李毅中3月份透露的中小企业破产者占总数7.5%的比例相去甚远。抛开数字的准确与否不论，一个不可否认的事实是，中小企业受金融危机影响的程度远远超乎我们的想象。全国工商联主席黄孟复最近亦表示，尽管有国家政策的扶持，目前仍有30%的中小企业处于亏损或者严重亏损状态。

现在有一个很大的误区，说起中小企业的困境就简单化为融资难，如果我们对中小企业的制度环境进行考察，就会发现，中小企业的难不仅体现在金融资源的难以获得，更是在税收制度、财政制度、产业政策、投资政策等制度供给上呈现一个全方位的、立体式的扭曲和残缺。

应该说，中央层面的政策对中小企业的认识是到位的，在4万亿经济刺激计划的“国十条”中，提出要重视对中小企业的技术改造；在金融支持经济发展的“金融九条”中，直面中小企业的融资难题，提出贷款要向中小企业倾斜，等等。然而，从半年来政策执行的效果而言，显然不尽如人意。不仅中小企业固有的融资难题没有解决，上半年投放的超过5万亿的信贷，只有20%左右流向了中小企业，在金融机构的授信额度中，中小企业得到的授信额度不到国有大中型企业的零头。在引人注目的“十大产业”振兴规划中，虽然没有说明振兴的是大企业，但就政策的扶持措施看，“十大产业”振兴规划，基本就是扶持大企业继续做大、兼并重组和进行产业升级的一个计划；而之后中央投入的200亿技改项目，绝大多数仍然流向了大企业。

就认识层面而言，“官、产、学”各界都承认，中小企业的贡献很大，特别是我们这样一个劳动力大国，没有中小企业吸纳劳动力，解决就业问题显然是一句空话。笔者认为，从根子上来说，是对中小企业的重视程度不够，导致对中小企业的政策歧视。就拿中小企业的融资难题来说，《中小企业促进法》在解决中小企业融资问题上提出要建立中小企业服务体系、征信体系、担保体系，而这三大体系的建设至今仍然不尽如人意。解决中小企业的融资难题每年都出现在各级政府的工作报告中，但鲜有实质性的应对或者举措。每一次中小企业出现困境，影响 GDP 增长和就业了，就重视一次，给银行下任务，要求银行给中小企业贷款，并且规定了指标。这不能从根本上解决问题。

4 万亿经济刺激计划及随后一系列应对金融危机的措施出台之后，每月国家统计局公布数据之时，关于中国经济已经复苏或者转好的说法就不绝于耳。诚然，尽管很多指标的确在好转，不可否认的是，这和财政资源和信贷资源的大投入不无关系，宏观经济事实上冷热不均，一面是公共投资的火焰，一面是中小企业和民间投资未见好转的海水。在就业和经济增长方面具有举足轻重地位的中小企业的处境没有明显改变之前，轻言经济复苏真的没有任何意义。笔者认为，如果说以什么标志来判断经济是否好转，最重要的指标绝对不是 GDP 是否达到“保八”的目标，而是中小企业是否真正告别了寒冬，民间投资是否真正被撬动。

社科院的报告提醒人们，中小企业的处境也许还在恶化，当然，在 4 万亿投资基本被大型国有企业垄断的情况下，这样的现状并不奇怪。然而，立足于中国经济的转型，立足于真正解决就业问题，启动民间投资，绝对离不开中小企业的真正复苏。笔者认为，金融危机一方面给中国的中小企业造成了严重的创伤，但同时也给我们全方位思考破解之道提供了契机。笔者建议，下一轮经济刺激计划一定要制订出启动民间投资和扶持中小企业走出困境的一揽子解决方案，不能仅仅把目光局限在中小企业的融资难上面。鉴于中小企业面临的严峻态势，一定要下决心对中小企业进行税收的大幅减免或者缓交，在“十大产业规划”里制定专门扶持中小企业的条款，在信贷资源上提高中小企业的信贷额度。

现在，是真的该拉响救助中小企业的政策警报的时候了。

［2009 年 6 月 13 日］

房地产新政如何消除民众的信任危机

□ 马光远

12 月 14 日，国务院常务会议出台了遏制房价过快上涨、抑制投资投机性购房的四条政策，又称“国四条”。政策的核心通过政策组合拳，运用土地、金融、税收等手段，果断对失控的楼市进行调控，从而抑制投资、投机性购房，稳定市场预期，遏制部分城市房价过快上涨的势头。很显然，去年年底以来国务院出台的扶持房地产发展的政策已经全面被以“国四条”为代表的房地产新政所取代。

实事求是而言，去年年底，应对金融危机出台的房地产政策尽管时间极为短促，但效果之明显远超预期。在“房地产救中国”等论调下，从 2005 年不断推出的房地产调控政策，在刚刚看到成效的时候却功亏一篑。各级政府出台了刺激楼市的种种政策，中国房地产市场在金融危机的背景下，却迎来了最火爆的一年，二手房交易量是过去三年大牛市的总和，各地房价大幅飙升，其中一线城市房价均创了历史新高。全国地王频现，房地产投资再现红火场面。房地产市场投机气氛浓厚，各项指标都预警房地产在积累着危险的泡沫。

在这种情况下，政府重新审视房地产市场的态势，紧锣密鼓地对房地产政策进行纠偏：12 月 7 日闭幕的中央经济工作会议提出增加普通商品住房供给，支持居民自主和改善性购房需求；12 月 9 日国务院常务会议提出终止二手房营业税的优惠政策；12 月 14 日明确提出要遏制房价过快上涨的势头，抑制投资投机性购房。时间之快，力度之大，咄咄逼人。

而政策本身亦不缺乏亮点。“国四条”直接剑指中国房地产市场深层的结构性矛盾和问题：从土地供给政策的畸形，到信贷政策的过于宽松，到保障性住房的不足和房地产市场的混乱秩序。比如，提出要完善土地招拍挂制度，增加对中低价位房的土地供应；提出要到 2012 年，基本解决 1540 万户低收入家庭的住房问题，有时间也有量化指标；而在信贷政策上，为了避免政策收紧的时候一刀切，提出要实行差别利率政策，等等。可以说，这些政策只要执行得好，完全可以达到遏制房价，抑制投机，让房地产回归民生的政策目的。

然而，遗憾的是，“国四条”似乎遭遇了民众的冷遇。笔者研究了一下网上对“国四条”的评论，大多对政策是否真正起到效果持怀疑态度，很多都认为在地方政府和开发商的博弈和对抗下，“国四条”会遭遇和以前的调控政策一样的命运。实事求是地说，“国四条”遭遇的这种信任危机有前车之鉴。众所周知，自2005年国家就开始调控房价，然而在地方政府和开发商的合谋下，这些政策都逐一被化于无形，陷入了两个“凡是”式的尴尬：凡是中央调控房价的政策，很难得到执行；而凡是推升房价的，都会加倍执行！有这种历史之鉴，民众对于“国四条”命运的担忧，绝非杞人忧天。

尤其是，2008年底在房地产刚刚周期性调整、房价开始理性回落之时，却因金融危机的到来而使得政策“急转弯”，国家出台了一系列促进房地产发展的政策。从当时来看，虽属无奈之举，但也在很大程度上损害了民众对房地产政策的信任。既然2005年开始的调控政策一直致力于控制高房价，而在房价刚刚开始回落的时候却又立即挽救，让民众对政策的信任基础无形中丧失了。因此，“国四条”如何在复杂的利益博弈下修复民众的信任，恐怕比政策本身都更加重要。

而就中国的房地产市场而言，我们无法逃避这么一个结论：政府在其中扮演着一个重要的利益角色。开发商之所以敢于对抗中央政府的调控政策，根源在于地方政府与房价之间的畸形依赖关系和土地财政的生存模式。从根子上来说，要让民众重新恢复对政策的信任，必须下定决心改变房产商和地方政府唇亡齿寒的畸形血肉关系，让地方政府不再做房产商的“马仔”，国家公共政策不再为利益集团做卑贱的注脚，恢复政府作为中立的裁判者地位。这样，政府出台房地产的政策才会从民生和长远的角度考量，则其公信力和严肃性不会受到如此广泛的质疑。

由是观之，破除房地产公共政策信任危机的关键，恐怕要在地方政府的执行力上下工夫。鉴于目前房地产市场复杂的利益格局和态势，为了对抗利益集团对房地产政策实施的干扰，必须对“国四条”的相关内容进行细化，增强其操作性。其一，在土地供应上，不能再采用“价高者得”的招拍挂制度，而是应该根据居民的收入和消费能力，用居民可接受的房价来倒推地价；其二，在信贷政策上，必须严格控制第二套房政策，界定改善性住房的条件，抑制房地产投机行为；其三，将保障性住房的完成情况纳入地方官员的考核指标，扭转在保障性住房政策上执行不力的现状；其四，强行规定收取土地出让金的至少20%用于弥补保障性住房建设资金之不足。唯有如此，才能确保房地产公共政策的民意基础和实质正义，重建房地产公共政策的信誉。

［2009年12月16日］

减税也是积极财政政策

□马红漫

面对经济衰退风险，究竟要不要减税？有人说："2009年不能再提减税了，减税是个馊主意。"

针对宏观经济下滑衰退的风险，中央的调控政策基调及时地调整为积极财政政策搭配适度宽松的货币政策。所谓的积极财政政策，就是通过扩大财政开支与减少财政收入，甚至是以赤字财政的状态，去发挥逆经济周期而动，最终拉动经济增长的政策作用。具体而言，积极财政政策手段既包括财政资金直接投入经济建设，也包括通过减税手段来增加居民收入、刺激消费需求两个途径。

可见，减税本就是积极财政政策的题中应有之含义，根本就是落实积极财政政策导向的必然之举。当然，如果财政部门仍把立足于实现每个年度的财政盈余，至少是财政平衡，作为其首要的部门追求目标，反对减税似乎是合情合理的，毕竟让财政账目"赏心悦目"属于职责范畴内。然而，在现代财政理论的观点看来，这样的诉求早已经不合时宜了。

事实上，经济波动走势一直在遵循周期形式，有繁荣的高峰也有衰退的谷底。在经济繁荣期，财政收入要远大于支出，也就是实现财政盈余，而在衰退期则正好相反，往往会出现财政赤字。因此，苛求在每一个财政年度都实现财政盈余，根本是悖逆经济周期规律的愿望。现代财政理论把在一个完整的经济周期内实现财政盈余或者平衡，视为财政工作的追求目标，而绝不会去苛求每个年度的相关指标优化。依此理论出发，当下中国的财政状况恰恰到了通过减税手段来抚平经济周期的关键时刻。

数据显示，国家财政收入状况长期处于超速增长之中。从1995年开始的13年里，尽管这期间曾经有过东南亚金融危机的冲击，但我国的财政收入却一直以超过GDP增速两倍以上的速度持续增长。也正是在这一过程中，国民财富的分配结构实现了由居民收入向国家财政的大幅倾斜。因此在危机到来之时，应对动力理应来自财政部门主导的刺激政策，因为居民内生的消费欲望由于历史的积累不足，而根本无法得到提振。更为关键的是，积极财政政策所包含的经济建设和减税两个途径，对于中国经济长期发展的含义大不相同。前者见效虽快，但路径依赖的惰性很容易让人上瘾，并且忽视了结构调整的重要性，甚至会继续强化既有的结构性问题。11年前的东南亚金融危机就是一个典型例证。伴随着刺激性经济政策的快速显效，2002年中国就逐步走出了危机的阴影。但其后数年的国民消费率却几乎每年都要降低一个百分点，直至2007年降至49%，反而要远远低于1998年危机爆发时的水平。这就是财政政策立足于刺激投资而非鼓励消费的弊病所致。而减税政策恰好可以解决这个问题。减税的实质就是让国民财富重新回归到百姓手中，让老百姓有钱可花、有钱敢花，并且以此来带动良性的经济增长模式。除了应对危机的目的，这本身还包含着对长达十几年的财富分配政策作出修正的巨大历史含义，也自然是财政部门无法推卸的历史责任。

由此可见，在目前的经济形势下坚持减税，不仅不是所谓的馊主意，反而本就是相关调控部门应当承担的职责所在。至于短期内对财政收支状况造成的制约，并因此产生的赤字财政，理应从完整经济周期运行角度考察，对此需要各方给予更大的观点认同与理性善待。

[2009年1月11日]

新股发行制度应能公平分配财富

□ 马红漫

来自各方的信息表明，股票市场发行制度改革已经是箭在弦上。日前证券监管部门举行的年度例会公告表明，相关制度改革已经纳入证监会今年的工作重点。此外，有媒体报道称，新股发行制度改革在春节后就将实质性破题。

新股发行制度改革正逢其时，只是造就这一难得机遇的原因稍显尴尬。由于资本市场的行情不景气，目前上市公司的融资工作已经处于完全停滞之中。显然，选择市场发行空白时机来实施改革推进，能够避免制度变化所造成的直接冲击，有助于改革成本的最小化。

监管部门不能再错过这一难得的历史机遇。改革势在必行，而相关制度变迁的关键原则却不能被误判。在笔者看来，目前各方围绕发行方式、定价制度、限售股界定等问题的争论，固然理应是改革的重要内容，但问题的关键并不在于此。新股发行制度问题的核心，在于如何更加公平合理地分配社会资本财富资源。

表面看来，资本市场的直接目标是要追求市场效率最大化，但这并不排除通过合理的制度安排，借资本市场来实现社会财富公平分配的合理性，其中关键就是要看决策部门如何去权衡与安排。在之前经济过热的时期，由于通货膨胀和资产价格的大幅上涨，迅速拉开了社会财富分配的差距。其时在中国社科院所发布的《2008 年中国社会形势分析与预测》中，就有明确给出的研究结论称，“通胀和资产价格上涨进一步拉大了社会收入差距，城镇低收入家庭成为此轮通胀的最大受害者”。

当下新股发行制度的最大弊病也正在于此。问题的核心是既有新股发行制度不仅无法平衡社会财富的公平配置，反而进一步恶化了财富分配的强势格局，使得社会中低收入群体的利益进一步遭受损失与伤害。按照规定，机构投资者享有过度优越的福利待遇。在定价机制上，机构投资者能够直接参与一级市场定价投标，从而从交易伊始就控制住了价格决定权。而在新股筹码分配机制上，机构投资者既能参与网下配售，又能参与网上申购，而广大中小投资者却只能在网上申购。而且即便是网上申购也是实行所谓“资金大者得”的政策，最终的结果就是让新股发行的筹码也都大量集中到了机构投资者手上。

最终导致的结果就是，机构投资者不仅能够控制住新股价格，让其保持在相对低位，同时又能够利用资源优势和筹码控制优势，推高二级市场交易价格，占据了市场交易的先机。由此而言，A 股上市股价必然暴涨，新股定价询价形同虚设根本就是必然的结局了。就以最为市场诟病的中国石油为例，与上市前各界对“亚洲最赚钱公司”的追捧形成反差的是，中石油上市首日某机构就抛出了市值为 36 亿元的股票，按照当天均价测算，该机构至少抛出了 8000 万股股票，而绝大多数中小投资者却连 1000 股都拿不到。而如果散户选择在二级市场高价买入，那么其结果就是“去年 48，今年 9 块”的残酷结局。

事实上，机构从来都没有能够看准市场大趋势，监管部门高估了它们的市场判断询价能力。大量的基金在 6000 点继续看多，而在 1600 点盲目看空。就以与中石油关系最为直接的原油为例，哪个机构又能准确预测最高 140 美元/桶的历史高价，与近期暴跌到最低 30 美元/桶的市场行情？让机构去独家垄断市场定价权高估了机构的能力，过度信赖所换来的结果就是社会财富分配的扭曲化。试想，一个中石油就让数千亿的社会财富完成了由普通公众向机构和大户的转移，进一步加大了社会财富分配的不合理差距。这与当下实现社会财富公平分配的政策导向是完全相违背的，也因此必须成为资本市场需要切实改进的弊病所在。

新股发行向普通公众利益倾斜应该成为制度改革的唯一原则，尽管针对所谓“一人一手”具体方案尚存在争议。但笔者要强调的是，类似这样的思路符合社会财富分配公平化的原则。通过剥夺机构投资者的制度特权，实现资本市场交易机会的公平化，这样的改革要义要远比具体方案的选择更加重要。

［2009 年 1 月 21 日］

我们需要对话的圆桌

□毛向辉

胡泳先生有感于一些“网络意见领袖”争吵的背后伤害和未来社会结构之间的矛盾，对中国社会是否有对话精神产生了极大隐忧，所言极是。我在推特（Twitter）上转发了他评论哈维尔对话精神的《八条对话原则》，引来了一大批的锐推（相当于邮件的转发）。其中一位知名网友还增加了一条杜撰的尾巴：“后来，哈维尔到了中国，体验了一把中国特色国情。回到捷克，哈维尔翻出《对话守则》，增加了第9条：遇到傻逼，还是要骂。”一句话道出真谛，再怎么样作出尝试对话的样子，最后还是终止于一个词——“傻逼”。

所以中国人的国骂就是锁上对话之门的钥匙。话一出口，钥匙就断在了锁里，立刻失去了尊重的底线。门关上，就只能变成隔墙对骂。于是骂不绝口，口无遮拦。上至父母，下至体物。围观人群也是随时参战，一时间硝烟弥漫，战鼓喧天，一地鸡毛。这时候再拿什么冷静、理性来说话都为时已晚，如同超70码的车速根本刹不住一样。

这当然不是对话的方式，连辩论也都算不上。到了民主社会，辩论是必要的，这既是双方观点信息的最大呈现和逻辑推演，也是凸显分歧存在和最优选择的基石。但对话更是日常需要的，需要融合到生活的方方面面。没有对话，连辩论基础都无法达成，更不用说议事。对话为初，有对话，才有游戏规则的共识，然后才有辩论的氛围，此后才能谈到议事。中国现在一批有热情的行动者，例如袁天鹏，正在努力推进罗伯特议事规则等议事方法。可惜，因为对话文化的缺乏，常常无法进入到议事规则本身，导致了难于前进的僵局。

对话之初的最大敌人就是威权，中国家庭内部就有权威压制的传统，进而延伸到教育和社会。国骂其实就是威权的一种，是人们无法控制对方时所扔出的脏弹，和“老子要教训你”的直接控制没有差别。但是伤人一千，自损八百。想建立民主社会，一方面要将威权解构，另一方面还要建构对话框架。

著名量子物理学家大卫·玻姆（David Bohm）对量子理论和神经科学贡献卓越，还参与了曼哈顿计划。但后来却因为臭名昭著的麦卡锡主义而被迫离开美国。于是他用其余生去研究对话的问题，这就是后来在学、商、政都有深刻影响的“玻姆对话”（Bohm Dialogue）。其中包含了颇为人性的“不可协商”概念。

他认为人和人之间差异过大，大部分情况下难以协商，也无法用逻辑和理性达成一致，很多不经意的争执都来源于此。既然承认“不可协商”的天然存在，却仍然要形成共识，就要用更有群体性和社会性的方法来转换“不可协商”的焦点。于是他和后来者（彼得·圣吉等）也都提出过很多对话原则，经过教育体系的尝试，渐渐地影响了西方社会的很多层面。

玻姆对话中主要强调“自由空间”（Free Space），保证能够得到最大限度的群体智慧（Collective Intelligence）。也就是在合适的对话尺度下，所有的对话者应当遵循四个原则：1. 对话各方先不要作出任何决策；2. 暂停对别人意见的判断；3. 同时每个人应当足够开放透明（在第2点基础上才容易做到）；4. 在别人的基础上提出更多的建议。这几条原则看上去并不艺术，但是却时时能够帮助消解那些不经意的伤害，可以引导一个对话过程慢慢走上建设性之路。不过看上去简单，却很难在真实世界中得到实施，最好从很早期的教育中得到训练，这样才不至于出现难解的死结。当下中国社会，止损和维权虽然是第一位，从孩童就开始建构对话机制也刻不容缓。有了这些基础，才有更高水平的对话和群体的智慧，民主也就不是空谈了。

近来，“绿坝”事件引起诸多非议，目前暂停强制实施安装“绿坝”的结果是受到欢迎的，可是我们必须牢记，如果缺乏正常对话的机制，任何一种公众政策的出台都可能严重割裂一个社会。为防止滥用职权，强调公众参与的监督和制衡力量是必要的，但眼下最需要的是一张张圆桌，可以对话与谈判的圆桌。

［2009年7月3日］

任志强惊人语录是怎样炼成的

□莫之许

近日，任志强频出“雷”语，继声称“年轻人就该买不起房”后，又质问“买不起房为什么不回农村”，话语一出，引来网友炮声隆隆。

其实，这已经是反复出现的场景了，近年来，围绕中国的房地产市场，任志强说了不少话，吵了很多架，也获得了从“任大嘴”到“全民公敌”等诸多称号。在当前中国特有的土地供应制度下，房地产商的牛皮烘烘很难让人服气，从拿地到拆迁直到最终上市，存在着相当多的灰色地带，这使得房地产商们天然就成为了被公众质疑的对象，在这一点上，笔者也和其他人一样，对于高调的“任大嘴”从没有什么好印象。不过，看不顺眼是一回事情，他说的话有没有道理则是另一回事情。

网络上已经有编辑好的“任志强惊人语录荟萃”，可以分为几类，一是对企业自主权的坚持，如“我没有责任替穷人盖房子，房地产开发商只替富人建房”、“商品房定价无需被监督”、“我是商人，不考虑穷人”、“房价降了，房地产开发商有权不盖房”，等等，这些话听上去很刺耳，可话糙理不糙，难道企业不能自主决定其服务对象吗？难道企业对自己的产品没有定价权吗？难道企业能够亏本提供产品吗？其实并没有什么好雷的，更像是一些关于市场经济的老生常谈，“买卖有理、炒房无罪，禁止炒房就是违宪”也没有什么错，产权交易本就不应该被禁止，还应该给予法律的保护才对。

惊人语录中还有一类，则主要是对当代中国房地产市场现状和未来走向的一些点评，说白了就是坚持唱多，如“宏观调控不是为了让房价下跌，是为了稳涨”、“工资在涨、GDP在涨，房价不涨就不对”、“中国人太有钱，房子太便宜”，等等，俗话说逢人减寿，遇货添钱，指的是已经买到手的东西，而对于尚待购买的东西，人们更期望它跌价，因此，任志强一味唱多，对于那些尚未买房的人士来说，就不够讨喜了。可是，考虑到中国现行土地供应制度和财富分配现状的双重作用，在特定时间段内唱多，似乎也有他的道理。一方面，是政府为获取高价的土地转让收入而限制土地供应量；另一方面，是在权力主导财富分配现状下，少数人拥有了过多的财富，这样的结果只能是“20%的富人买走了大部分房产”（王石），在特定时段内的房价又岂有不涨之理？至于说房地产最终的周期调整难免，那已经是另一个话题了。

任志强惊人语录的第三类则主要围绕穷人和富人而展开，如“高档房本来就是穷人买不起的”、“我的房价不会降，让外地甚至境外富人来买房”、“过去中国都是穷人区，现在出现穷人区和富人区是很正常的，就像让一部分人先富起来一样，也要让一部分人先住进富人区，以后才能都变成富人区”；等等，我注意到，任志强的惊人语录中，穷人和富人这两个名词出现频率相当之高。当然，这一频率未必是因为任志强先生使用过频，也可能是被集中搜集的结果。但是，如此频繁地使用富人和穷人这样对立的词语，不能不说是任志强的一个特色，而在我看来，在所有三类语录中，很可能这才是任志强成为“全民公敌”的主要原因。

其实，在上述三类语录中，任志强都喜欢使用穷人和富人的对比，即使是为了坚持企业自主权，强调企业应该自行决定其客户对象，他也会采用“我没有责任替穷人盖房子，房地产开发商只替富人建房”这样的张狂表达。在我看来，这样的表达所能达到的效果，在当代中国敏感的贫富分化现状下，传达出去的不可能是正确的道理，而只能是愤怒的情感。因此，在我看来，任志强惊人语录的出现，与其说是道理太悖谬，不如说是太伤人感情，以致无法为人所接受。10 多年前，意大利球星维埃里以创纪录的 5900 万美元由马德里竞技转会到了拉齐奥，当时的教宗保罗二世、曾经的瓦多韦斯神父足球队守门员对此发表评论，认为这样高的价格是对穷人的侮辱。从道理上来说，双方你情我愿的市场化交易，不应该侮辱和伤害到不相干的人，可感情之所以为感情，就在于它并非完全顺从逻辑和理性，而带有强烈的感性因素。

让任志强成为“全民公敌”的可能不是其错误的表达，正是因为他一而再再而三地触动贫富差距这一当代中国最为敏感的神经，当他口若悬河地运用穷人和富人这样的词语时，也就将人分成了两等，而他也毫不掩饰自己对两者的不同态度：对富人的迎合与对穷人的蔑视。或许任志强先生本人并无意冒犯谁，但是，他本人的身份和当代中国贫富分化的现实却难以为人所忽略，于是，即使他所说的不过是老生常谈，但也深深地刺激了民众，并造就了日益丰富的惊人语录。

［2009 年 12 月 11 日］

年轻人就该不买房

□莫之许

近日，《蜗居》引起了强烈的反响，年轻人与房子的关系又一次成为了热点，而北京晨报记者从与13家银行保持贷款业务的“伟嘉安捷”贷款机构了解到，“目前30岁以下的购房人占到了首次贷款置业群体的70%，且这部分人群的贷款需求多集中在80万元以上，购置的房产越来越偏向于大户型房屋”。可见，以婚房为主体的年轻人购房相当强劲。由于年轻人收入有限，储蓄不足，根据一些调查，举家（甚至是举两家）之力付首付，年轻夫妇还月供是较为普遍的现象。对于这一现象，有人认为与中国的民俗有关，中国文化重视传宗接代，所谓不孝有三，无后为大，房屋作为“生产车间”，被重视似乎也在情理之中。

但是，再一琢磨，又觉得不大对劲，不要忘记了，近几十年来人口繁育最多的时候，正是住房条件最差的时候。有个笑话说，那时候，要想亲热也要往门外撒把糖，大叫一声：孩子们快出去抢啊，我把你娘压住了！可就是这样的住房条件，还多生了3亿。可见，宽敞的房屋未必是结婚生子的必要条件，要说这是什么文化、国情、特刚需求，有点不大靠谱。在我看来，由父母乃至双方父母支持的模式其实是由诸多因素共同促成的。

首先，这后面有相应的经济支撑，如经济学家王庆就认为，中国的高国民储蓄率是一个“代际现象”。一方面，计划生育政策导致家庭抚养小孩的数量减少；另一方面，部分家庭的收入与整体经济增长出现了同步快速增长，而父母一代的个人消费习惯短期又没有什么重大改变，在这种情况下，如今的父母一辈手里握有一笔钱并不罕见。其次，这后面也有充分的心理支撑，在独生子女家庭里，父母倾其所有心力于唯一的孩子身上，即使孩子长大成人了，相互之间的感情依恋依旧相当强烈，为孩子买房，其实也是为自己换取和孩子相处的机会，这大概是许多父母内心的真实想法。记者调查中出现“越来越偏向于大户型房屋”的结果，与其说是追求一步到位，不如说是为了满足三代同堂。因此，年轻购房群体的庞大，很可能是独生子女政策和中国发展阶段共同作用的产物，与前段时间热烈讨论的“啃老一族”系出同源，倒未必能归结于文化之类的因素，更不要说是什么刚性需求了。

前段时间任志强说什么“年轻人就该买不起房”招来一片骂声，我倒觉得，如果把这句话改成年轻人就该不买房，或许就正确了。在我看来，刚刚走上社会的年轻人最需要寻找适合发展的职业，以及为此做好技能的准备，而为了达到这一目标，很可能要不断地尝试变换岗位、职业，也就难免要面临派遣、学习培训乃至变换居住地的可能，而所有这一切，也往往意味着需要金钱的支持，比如各种职业培训的费用、职业转换过程中的收入空当、求学深造，都需要一定的经济实力来加以保证。如果举家之力都投入到房子当中去，为了还月供又几无积蓄，那么，很难设想这一对年轻人还能自如地选择职业道路，又或是为职业选择腾出足够多的时间和金钱。可是，在一个快速变化发展的都市中，自身能力而不是房子才是最好的保证，说白了，如果能力提高了，收入也就相应增长，而只要能够让自身的收入增长高过房价的增长幅度，又有什么可担忧的呢？

当然，房价年复一年持续上涨，加上隐约的通货膨胀预期，让许多人产生了房价只升不跌的幻觉，从而宁愿尽快购买。然而，房地产行业和其他经济现象一样也有其周期，《逃不过的经济周期》一书就认为，房地产行业的周期在16～18年，屈指数来，中国房地产的腾飞也就10年左右，这也导致处于上升轨迹中的国人在只涨不跌中感到恐慌，但是，与年轻人的远大前程相比，房地产的周期又是何其短暂，更不用说一旦周期来临的可能风险了。

在当前的房地产热潮中，一种群体无意识，一种在相互刺激下的非理性正在蔓延，总觉得悠悠万事，买房为大。而在我看来大可不必如此，我很理解那些为孩子付出首付的父母，其付出可谓爱心可嘉，但是，如果真为了孩子好，就更应该给予他们发展的空间，如果确有能力，也不妨用在支持他们提高自身能力上。而对于风华正茂的年轻人来说，未来应该有足够开放的选择，无论是从职业发展出发，还是为了寻找更满意的生活方式，房子都未必是必需品。相反，倾其所有地购房却可能限制了选择，影响了发展，在我看来，30岁以下的年轻人就该不买房，父母们也应该尽量克制自己想与孩子共同生活的愿望，给孩子空间。

［2009年12月19日］

美国"官二代"的多元选择

□南桥

参议员泰迪·肯尼迪最近辞世，引发了很多人对肯尼迪政治家族的重新关注。美国政治家族虽存在，但政客的后代和亲属职业选择上是很多元的。例如肯尼迪家族曾经最耀眼的一颗明星——肯尼迪总统的儿子小肯尼迪——的志愿是做新闻，他曾创办一杂志，名为《乔治》。肯尼迪总统的侄女、同时也是加州州长夫人的玛丽亚·谢丽弗（Maria Shriver），在成为加州第一夫人之前，是一名出色的新闻记者。

新近美国前"第一女儿"——布什总统之女吉娜·哈格尔——去做新闻，当起了NBC节目的记者。据说她不会去报道政治话题，而是去报道一些对她来说比较关注的社会议题，如教育、城市教育、妇女儿童问题、识字教育等。雅虎新闻顺藤摸瓜，列出了一系列从事新闻职业的政治家子弟名单。2008年总统候选人之一麦凯恩的女儿麦根·麦凯恩有一著名博客，其政治评论在保守界赫赫有名，几与保守派三女侠安·库尔特尔（Ann Coulter）、米歇尔·迈尔肯（Michelle Malkin）和劳拉·英格尔曼（Laura Ingraham）齐名。前总统里根的两个儿子迈克尔·里根和幼子雷·里根都在新闻界担任主持人。

这些政坛风云人物的"官二代"，走到了政治的外围，其公共选择颇引人深思。在周围，常听到的一个词语叫"影响"（influence，impact）。人在这社会上安身立命，对社会施加多大影响，是个关系到我们人生价值的一个重要问题。

奥巴马政府上台初期，曾经提议让CNN的医疗记者古帕塔（Gupta）任美国卫生部长，孰料被古帕塔医生拒绝。有人猜测是因为美国卫生部长的工资不如当CNN记者，他自己的说法是为了照顾家庭，因为古帕塔的妻子即将生第三个孩子。如很多政治评论员所述的那样，还有一种可能，古帕塔毕竟是一医生，他要想普通人影响公共卫生的选择，在卫生部长的职位上发挥的作用，未必会比做CNN医疗记者更大。美国似乎是一个"红头文件"玩不转的社会，一个人在野潜移默化地施加改变，或许效果更佳。奥巴马对中小学发表讲话，教育部长发函要求学生收听，竟因政府"洗脑"的嫌疑，奥巴马一句话还没说，保守派阵营就一阵炮轰。或许正是出自这一原因，古帕塔医生两相权衡后，觉得与其入朝当官，不如在野施加影响。

从这个角度去思考，一些政客家属，职业选择的多元化是完全可以理解的。如电影《公民凯恩》中所显示的那样，作为“无冕之王”的新闻人，在很大程度上会改变社会现实，影响社会议程。他们可以选择将什么样的话题带到公众面前，使之成为公众话题，继而引发改变。从某种意义上说，他们是没有“公务员”头衔的真正“公务”员。当然，放弃政治做新闻只是选择的一种。现任议长佩洛西的女儿亚历山德娜·佩洛西则用另外一种方式施加她的影响，她拍摄政治纪录片，其作品还获过艾美奖。克林顿的女儿切尔西从牛津大学的国际关系专业毕业后，也没有顺水推舟地进入政坛，而是先后在咨询公司和对冲基金公司做事。布什的长女芭芭拉·皮尔斯·布什在非洲帮助艾滋病患者，后加入一非营利机构工作。总而言之，他们像任何一个雄心勃勃的年轻人一样，在寻找不同的方式，发挥各自特长，去“改变世界”。

当然，这些人物的后代未必就一定得有所影响。若资质平平，或成事不足，败事有余，施加影响也只能是坏影响，那不如做个普普通通的人，过着平平凡凡的一生，未尝不是一大幸福。南唐后主李煜，若不做皇帝，或许可以成为更出色的词人。法国国王路易十六是一个很好的发明家，尤精制锁，但因做了皇帝，反死于自己设计的铡刀之下。不是从事政治这块料的政客后代，硬要挤入政坛，是纳税人的大不幸，搞不好也是个人的悲剧，落得最后慨叹自己错生王侯家。

但此话说来容易，能否做到选择的多元化，关键还要看社会的风向标和家庭的影响，尤其是可以直接施加影响的家庭。多年从事职业咨询的卡罗尔·克莉丝汀（Carol Christen）称，家庭的榜样示范作用和言语提示，在孩子的职业选择当中扮演着十分重要的角色。“每个人都需要一个英雄。”在任何一个家庭，父母的影响都是最大的，会潜移默化影响孩子走上类似的道路，而有时候这样的选择，倒是制造了职业选择上的盲点，抹杀了下一代禀赋的不同。而这样各自不同的禀赋，才是造就其人生的最大要素。

毕竟，未来是要他们去领受，而不是你去操控的。如诗人纪伯伦所言：“你的孩子不属于你。他们是未来生活的孩子……你们可以给他提供住宅，但是无法让其灵魂栖居。他们的灵魂住在未来，一个你无法去访问，甚至无法梦想的未来。”

［2009 年 9 月 10 日］

与美国同行探讨教育改革与创新

□南桥

由于技术发展和经济形势变化，高等教育改革的讨论，正成为热门话题。随着远程通信技术的发展，学生现在可以不受校园的限制，学习到世界上最先进的课程。未来的学生可以“东写西读”，用远程、开放的模式，用而今流行的“重组”（remix）手段，完成自己的教育。另外，也有人对教育的培养效果产生怀疑，例如最近的美国《高校纪事报》登出了一篇评论《学校未能服务于民主社会》，谈及美国高校培养出来的学生，不能充分参与公民政治。美国经济的衰退，更是使得美国人开始怀疑由来已久的教育模式。今年早些时候，在银行、房地产等市场相继亮红灯后，《福布斯》等多个杂志上都有人在猜测美国高校会不会是下一个泡沫。

同样，英国大学的教学、质量和学生体验委员会也发布了一份报告，描述英国高校在入学程序、作弊、学位划分、评估和反馈、学时等方面存在的问题。但是报告说英国高校并没有“系统性失败”。

高校危机感之强烈，是我到美国这 7 年来第一次感受到的。近日我去参加了一场关于教育与创意的会议，会上邀请了我们这个州所有大学的校长一起，讨论大学在危机当中求新求变的问题。

在这次关于教育创新的会议上，考夫曼基金会高级研究员丹尼斯·契克问 6 所大学的校长（其中 5 所公立、1 所私立）他们最希望看到的变化是什么，这些校长的总结或许对中国大学的管理者也一样有借鉴价值：

大学应该引导创新，而不是反过来被人牵着鼻子走，充当附庸。俄克拉何马中部大学校长罗杰·韦伯表示，大学应该成为创新的先锋，而不是跟从者。应该说培养“大师”不是大学的最终目的，成就大事，才是更值得大学追求的事。

未来的高等教育应该围绕问题而不是学科来组织自己的教学。比如不是分物理化学，而是分出气候、水资源这些教学模块。事实上，卢卡斯的教育基金会甚至专门办有一个《教育乌托邦》杂志，鼓励基于问题、基于项目的教育革新。

应该强化创业教育。俄克拉何马州立大学校长伯恩斯·哈吉斯甚至提出，每个学科都应该把创业作为一门辅修专业，让学生学会如何创业。哈吉斯认为这是美国的强盛之本。

如果不能打破学科建制，起码应该增加跨学科合作。俄克拉何马基督教大学校长迈克·奥尼尔表示：“过度的专业化妨碍创新。”传统上，教师总是专家，大家不能容忍他们的失误，但这也会使得他们不敢去冒风险。几乎所有大学校长都认为宽松的环境对学校的发展大有好处，奥尼尔表示，应允许教师尝试新事物，甚至允许他们失败。鼓励教师“从错误中得到学习”，把“受挫当朋友”。不敢犯错，不敢冒险，也就不敢有所改变，会一直因循守旧。

此外，还应鼓励培养T型人才，就是具有广博的通识教育基础，但是在某个领域能钻得很深的人才。废除终身教授制。当初设立终身教授制，是为了保障学术自由，但是到现在，这项制度成了禁锢创新、奖懒罚勤的一个制度。

但愿这些说法，也同样能启迪国内高校的同行。

［2009年10月5日］

克朗凯特——黄金标准

□钱钢

子夜，“莫拉菲”台风尖厉呼啸，让人无法入睡。打开电脑，我一篇篇浏览世界各媒体对克朗凯特的报道和 YouTube 里他不同时期的电视片段。他走了。

这是一个时代的落幕。20 多年前，当克朗凯特从哥伦比亚广播公司新闻主播的岗位上退休时，他曾服务多年并为之作过巨大贡献的电视业，正如日中天。报纸和杂志的地位，也稳固不动摇。那时互联网和移动通信都还在襁褓之中，人类根本无法想象，传媒在日后将发生如此惊人的变化。

对 Facebook、Twitter 一代，传媒人克朗凯特是昔日的象征。然而，他也曾经是一个“新媒体”开路先锋。我们把互联网之前的媒体统称为“传统媒体”，然而别忘了，厚积的历史常常是被后人“压扁”了的。其实，印刷媒体之后，广播的问世、电视的出现，无一不是传播革命。20 世纪 50 年代初克朗凯特从通讯社记者改行进入的电视业，不正是那个年代的新媒体？

克朗凯特的最大贡献，是为新媒体带去了“旧”观念。那是他本人从事报纸记者、通讯社记者，在灾难、战争、政治的种种现场磨炼得来的新闻从业准则。长期任职哥伦比亚广播公司、曾任克朗凯特制作人多年的唐·休伊特，听到他逝世的消息，对记者说，克朗凯特为电视树立了“黄金标准”（gold standard）。

这是什么样的标准？

真相。克朗凯特说：“一个好记者只有一件事要做——说出真相。”他说出的最大真相，是从前线归来所说的“越南的血战将以僵局结束”。他的报道，最早宣告了约翰逊政府越战决策的失败。

准确。“准确的事实，简洁的表达，迅速的发布”，是克朗凯特对新闻的要求。对新闻稿，他是一个苛刻的核查者，甚至在开播前两分钟，他还向编辑提出疑问，要求核对数据。

独立。克朗凯特反对媒体管理者给他的晚间新闻节目任何压力以迎合政治或者商业的需要。此类事件曾出现在“水门事件”的报道中，哥伦比亚广播公司在压力下有过局部退让，但克朗凯特最终仍成功地将《华盛顿邮报》年轻记者鲍勃·伍德沃德和卡尔·伯恩斯坦的调查，通过电视播出，产生震撼性传播效果。

尊严。克朗凯特的报道风格温和、虔诚。他反对花哨、媚俗，也反对为了收视效果，而在采访中故作尖锐、刁难对手。无论在总统肯尼迪被刺身亡的报道中表现的镇定，还是总统尼克松引咎辞职的报道中表现的平静、毫无幸灾乐祸之感，都为媒体赢得尊严。

克朗凯特赢得的最高赞赏，是“可信赖”。在1972年的盖洛普民意调查中，克朗凯特被誉为“全美国最可信赖的人”。美国公共广播公司在为克朗凯特所做的专题片中说：“这一荣誉在上世纪60年代和70年代动荡不已的时代来临。在那些愤怒和分歧的岁月里，美国人坚信，沃尔特·克朗凯特绝不会欺骗他们。”

卑之无甚高论，这都是新闻业的ABC。它之所以成为黄金标准，不只因为一个人积60年的执著追求，更因为它是历史的产物，人类求真精神的结晶。世上没有任何东西是全新的。优秀的传统，是坚固的基石。当新技术正引领我们向着传媒摩天大楼的顶端进发之时，请回看一眼我们的地基。

［2009年7月20日］

打破官员身份终身制

□秋风

又是被问责官员悄然复出——其实不是悄然，而是堂而皇之。去年5月，山东省滨州市工商局局长邵某用公款组织机关官员旅游，在地震全国哀悼日期间仍赴宴、游玩。事发之后，有关部门给予邵某以党内严重警告处分，同时免去其党组书记、局长职务。最近人们发现，他以另一地级市工商局长身份重新活跃起来。人们的气愤和疑惑恐怕已经疲劳了，现在该追问：被问责官员为什么总是可以复出？

不错，当这名官员的不当行为、甚至是丑闻被发现之后，有关部门给了他相关处分，免去其党政职务。从公务员管理制度的角度看，这当然已经算是问责了。不过，在目前的制度下，这样的问责注定了将以官员复出而终结。这其中至关重要的环节就是，当事官员的职务虽被免去，但他仍然保留着官员的身份。

法律就是这样规定的。《公务员法》规定，公务员的处分分为警告、记过、记大过、降级、撤职、开除六种。除了开除公职之外，官员遭受其他处分，依然保留公务员的身份。也就是说，政府仍然给他发钱，那么，即使不考虑其他因素，仅从财政角度考虑，也必须让他复职。

很显然，公众对于官员复出现象的反应已经证明，这样的法律规定是不合理的。那么，法律为什么会给丑闻官员的复出留出这么大的方便之门？症结似乎在于，公务员制度不恰当地扩大了官员资格终身制的范围。

废除领导干部职务终身制的改革始于近30年前。1982年9月，中共十二大党章阐明："党的各级领导干部，无论是由民主选举产生的，或是由领导机关任命的，他们的职务都不是终身的，都可以变动或解除。"1982年通过的《宪法》规定，各种国家最高职务的每届任期为5年，连续任职不得超过两届。彼时的终身制是指干部在岗位上没有任期限制，可以一直干下去，高层岗位甚至可以干到终老。经过改革，所有领导性岗位都实行了任期制。但这个任期制运转多年之后，我们已可发现，岗位终身制固然不合理，对于部分公务员来说，职位终身制或者说公务员身份终身制同样不合理。

现行《公务员法》区分了领导职务与非领导职务，公务员的任职渠道也被区分为选任制和委任制。让人遗憾的是，《公务员法》却没有认真地对这两者进行仔细界定。实际上，把《公务员法》的两个分类模式结合起来，即形成两类官员：选任之政治官员及其委任的官员，如县长、市长，厅长、局长等，与通过考试录用之事务性公务员两大类。世界各国通常也正是这样区分政府人员的。

这两类官员获任的方式，即选任与录用，就决定了两者与职位具有完全不同的关系。事务性官员通过考试进入机关，按既定规则逐步升迁。这意味着，他们在政府部门的职业生涯是连续的，可以一路升迁，一直到退休为止。法律之所以给他这种优待，是因为他的权力是有限的，不负政治决策之责。

政治性官员既然是通过选举获得其权力的，那他的权力就是不连续的。选举机构投票支持，他就享有领导之权；若未当选，就是一介平民。或者说，一介平民，如有能力，完全可以被选举产生的市长、县长提请任命为局长。不过，市长一旦将其免职，他就又回归平民身份，而无官员身份、待遇可言。当然，因为他有政治经验，那完全可能再有机会被委任，甚至被省长提请任命为厅长。但是，由于他是随选任官员而走的，因而，他所担任的不同岗位之间是不存在连续关系的。

目前公务员制度的问题就在于，所有官员，哪怕其为选任，也都被当作考试录用的事务性公务员对待。只要他进入政府机关，他就享有了公务员的身份。他只要一次当选为市长或被市长任命为局长，就享有了市长、局长的职位，即便他被处分，只要不是开除公职，他就始终享有这个职位的待遇。在这样的制度下，开除公职之外的免职、撤职问责，都只不过是暂时让他离开目前担任的岗位。但因为他依然吃着那份钱粮，他完全有资格提出复出的要求，有关部门也迟早要替他安排工作岗位。

政府获得公众信任的一个条件是，对官员进行严格管理，让那些闯下大祸、制造丑闻的政治性官员对本地公众、对全国民众承担政治、道义责任。承担责任的具体形态就是免去其职务，并剥夺其担任官员的资格——其实，这一点也不残酷，在现代社会，无职官员可以很轻易重获生计。

过去若干年来，舆论一直在议论，干部为什么不能做到能上能下？这一困境的根源同样就是被问责官员总会复出的根源，即公务员制度的内在缺陷导致的公务员身份终身制。在打破干部职务终身制之后30年，我们还需要更进一步打破干部身份的终身制。只有做到这一点，才有可能真正出现现代意义上的责任政府，即政府的负责任姿态能够让民众看得到。

［2009年5月16日］

用公款培训“富二代”是在制造不公平(上篇)

□秋风

中国私人企业之恢复，已有30年。随着岁月流逝，当年的创业者已经逐渐老去，企业面临传承问题。某省官员发起一个“千名民营企业家后备人才培养计划”，第一批有50名“富二代”，而其培训费用主要由省委组织部负责。组织部的经费当然来自财政，用纳税人的钱为私人企业家培训接班人，这是否合适?

相关部门肯定认为这是天经地义的，否则也不会做这种事情。所谓的“经”，就是经济增长至高无上之经，就是拼命追求GDP增长之义。官员们之所以形成这种信念，是因为官员的政绩考核以GDP增长为主要指标。因此，官员们执政的首要任务是实现经济的高速增长，当然会采取重商主义的政策。

“重商主义”一词的含义可以略作分解。一个意思是说，相对于民众、相对劳工，各级政府官员更重视商人的权益。比如，就在江苏苏州，过去若干年来的经济快速增长有“三大法宝”，即“张家港精神、昆山之路和园区亲商理念”。这里已经有了一个“亲商”，而“昆山之路”的实质即是招商引资之路，核心优势则是“亲商理念”。当地政府还将其分解为“亲商、安商、富商”三个纲目。

政府之所以亲商，乃是因为商人能带来投资，而投资及企业产出能够给本地带来GDP。所以，被GDP考核推动的地方官员必然会在自己的权力范围内、甚至超出自己的权限范围，赋予投资者、经营者以种种法律上、税收上、政策上的优惠。这样的优惠，这些年来花样不断翻新。比如，诸多减免税收政策；比如，政府禁止环保局进入工厂进行检查；比如，达到一定投资规模，政府给企业家发放警车牌照；比如，投资者的子女上学可以获得加分照顾，等等。这种优惠在很多时候已经变成一种相对于劳工、相对于社会、甚至相对于其他政府部门的法外特权，很多企业就是靠这一特权获取利润的。

政府出资并无微不至地安排培训“富二代”，就是政府亲商的新花样。在主管官员看来，采取这样的措施可以让“富二代”顺利接班，企业继续保持生命，从而让本地的GDP增长保持平稳，因此政府为此拿出一些公款是值得的。官员们基于自己的立场进行成本—收益计算，完全可能觉得，这样的措施利国利民。他们决不会以为自己是在滥用纳税人的税款。

但重商主义的第二义意味着，这样的措施在事实上必然制造不公平。这第二义是严格学术意义上的重商主义，即亚当·斯密在《国富论》所批评的那种由政府对商业活动进行深度管理、控制、管制的观念、政策、制度体系。政府一旦亲商，则必然人为地在社会内部、在企业之间区分出三六九等。因为，政府的雨露终究是稀缺的，大多数人不可能得到政府的照顾，他们就与得到政府照顾者处于不平等的地位。

具体说来，政府的亲商政策总是有利于商人群体，而不利于劳工。其次，同样是由于政府资源的有限性，亲商政策也会在企业之间人为地制造不平等，政府即便有心照顾投资者、经营者，毕竟也只能照顾其中的少数。

假定政府的培训计划能够为企业带来收益，那么，政府培训“富二代”的计划也必然在企业之间制造不公平的效果。毕竟政府没有能力对所有企业家或其后代进行培训。本来各级官员的心目中，有一个对待不同企业的尺子。原则上，最受宠的是国有企业，尤其是现在经过改制之后可能是靠着垄断地位仍有赢利能力的大型国有企业，他们的人才始终是由公款进行培训的。接下来是跨国公司，在增长优先的官员看来，跨国公司是金蛋。排在重要性最后的往往是私人企业。不过，私人企业又可以划分为几种不同类型，这与私人企业家的身份有关。

可以设想，能够得到培训机会的，都是与政府官员有关系或者政府所青睐的企业。而政府所提供的培训机会，本身就为“富二代”们提供了一个与政府相关部门建立或巩固“关系”或与成功的、有势力的企业家建立“关系”的机会。那些得不到这一培训机会的“富二代”，就不能享有这种好处了。

这样说来，政府的亲商政策也许真的实现了本地 GDP 的高速增长，但它也将制造商人群体与其他社会群体之间的不公平，越富裕的人得到的政策优惠越多，较贫穷的人反而要为这些优惠政策买单。政府出资安排的“富二代”培训计划，也许真的有利于整体上的私人企业事业传承，但它也确实在企业之间制造了不公平。人们要问的是：权益并不平等的人群能形成健全的社会秩序吗？权益不平等的企业能形成健全的市场秩序吗？

［2009 年 8 月 21 日］

“富二代”接不上班并不可怕（下篇）

□秋风

江苏用公款为私人企业家培养接班人的做法，从社会的角度看制造了不公平。从经济学的角度看也是多余的，并损害了社会创造财富的整体能力。

江苏的培训计划之用意是让成功的、富裕的企业家的后代具备企业家的才能，从而保持那些企业的经营之连续性。在这种做法背后，至少有两个预设：第一，企业家精神是可以培养的。第二，大企业是好的。这两个信念，其实都经不起仔细推敲。

企业家是培养不出来的。这只要看看那些创业者的经历就够了。这里所说的企业家，乃是具有企业家精神（entrepreneurship）的人，或者说，是企业家精神比较发达的人。用极大地发展了企业家理论的经济学家 Israel Kirzner 的话说，他们最突出的特征是对利润机会的警觉（alertness），即在他人之先洞见并敢于把握、利用利润机会的能力。这东西更多的是一种天生的禀赋，是很难在后天培养的。

不错，自20世纪以来，出现了商学院。但商学院只能培养常规地管理企业的能力，它培养的是企业官僚，而不是企业家。企业管理能力对企业的运营也很重要，但即便是对守成的企业来说，企业家精神也是第一位的。企业领导人对企业的真正贡献也正在于此。当年的创业者们是靠这个成功的，如果“富二代”不具有这种天赋，那再严密的培养也无济于事。

事实上，越是严密的培养，越有可能扼杀他们的创新精神。创业者们正面临着这样的苦恼。他们有钱了，把孩子送到大学、送进商学院学习。然而，如此的教育完全有可能让孩子被驯化成企业官僚。还有一种可能，孩子在外读书，完全有可能顺着自己的心性往艺术等领域发展或堕落，从而对经营企业完全丧失兴趣。古人说，富不过三代，这是经验之谈。

这么说来，“富二代”很有可能因为没有企业家能力而接不上班。不过，对于一个家族来说，这一困局并非没有解决办法。比如，创业者可以考虑改变企业的治理结构，实现企业的开放经营，以信托方式将资产控制在家族手中，而将企业交予外部的具有企业家能力的人管理。或者干脆采取散财策略，在保证家族丰裕生活的前提下让财富服务社会。

至于从社会角度看，企业家的这一困局简直是一件好事。这个世界上最稀缺的资源是企业家能力。创造财富的并不是既有的物质财富，不是金钱，更不是设备、车间，而是在人群之中不均衡地分布着的企业家能力。一个人创造财富的能力，就取决于这个社会的成员中间的企业家能力得到发挥的程度。从经验上说，一个社会越平等，人们的企业家能力得到发挥的程度就越高。因为，假定企业家能力在不同社会中的自然分布是相同的，则在相对平等的社会中，更多的人将有机会发挥其企业家能力。

而财富、资源在代际的分散化过程，是有助于社会之平等的。看看历史。秉承封建制传统，英格兰、日本长期实行长子继承制。这种制度确实有利于家族企业的长期经营，有利于大企业的养成。但美国在独立之后，废除了长子继承制。杰斐逊将此视为美国社会趋向平等的一大步骤。

中国的封建制早在战国时代即已瓦解，社会趋向平等，秦以来的继承制为“析产制”，家长将财产均分给几个儿子。这样的制度促成了财富的平均。因此，关于古代土地制度的几乎所有严肃学术研究都证明，中国社会并不存在单向的土地集中、兼并趋势，相反，经常存在着土地分散化的趋势，继承就是很重要的分散化力量。

这样的继承制度鼓励了创业，在美国、中国都可以观察到这种结果。由于财富不断分散，企业、财富不会不断地集中，一个产业不会被若干大型企业垄断。在这种环境中，不拥有物质性资源但拥有强劲企业家能力的人进行创业所面临的经济约束就比较小，他在创业之初也不大容易遭到寡头的联手压制。也就是说，社会为穷小子开放的机会较多。

也因此，不论是在美国还是在中国，人们都相信白手起家的可能性。江苏、浙江及其他地方的私人企业家创业成功就与此种社会环境、心态有关。而这一点，构成了经济充满活力的基本动力。据此或许可以大胆提出一个猜测性命题：一个全部由中小企业构成的社会生产财富的能力，至少不亚于一个由继承积累而成的大企业组成的社会。

现在，不少学者专家为“富二代”如何接班操心，政府也积极地培训“富二代”，实在是没有弄清楚财富生产的基本原理，从而混淆了一个至关重要的问题：学术、政府作为公器，究竟是应当关注市场秩序之维护，还是关心个别企业的命运；是关注整个社会的财富创造力，还是操心个别人的财富之得失。近些年来，由于种种制度原因，白手起家的可能性已经在缩减，政府此类措施只能强化这一恶性趋势。

[2009 年 8 月 22 日]

学习孔子的独立办学精神

□秋风

9月28日是现代人推定的孔子诞辰日，在台湾，这一天被确定为教师节。不知道大陆的教师节日期当初是怎么确定的，反正今年来一直有人呼吁，把教师节定在孔子诞辰日。我支持这种做法，毕竟，孔子向来是万世师表。但后人在讨论这万世师表桂冠的时候，包括那些一窝蜂地批判孔子的人士，通常会遗忘孔子作为一个教育家、一个思想家所曾经具有的那种伟大姿态，那就是学校自治、学术独立。

把孔子放到他生活的那个时代，这一点简直是理所当然的。明白这一点的关键是“封建制”。中国当下的历史学教育完全颠倒了“封建”的真实含义，把周代说成是奴隶社会，又把以废除封建为前提、秦所建立并延续了2000年的皇权专制称为封建制。大约正是因为这种概念混乱，人们无法想象孔子的姿态及其对于当代的意义。

话说孔子生活于封建制下，且赶上了封建制鼎盛期的尾巴。从《春秋》的记载中，我们可以生动地感受到封建制下人们——主要是大大小小的贵族——的生活状态。

用阿克顿爵士的话说，在封建制下，人们是不平等的，却是自由的。这并不奇怪。中西的封建制本质相同，这就是身份等级制，因而人与人之间当然不平等。但封建制又是一个法律支配一切的时代，在西周、春秋，这个法就是“礼”。礼规定了一个人的名分，看起来是个限制，但反过来，在此名分范围内，人将是完全自由的，不受他人随意干涉。其他人通常也不会想到去干预别人的世界。这个小世界内部的治理则必然是自治的。因此，在封建制下，存在着无数这样自治的小共同体。它们相互之间没有隶属关系，由抽象而无人可以控制的礼将其联结为“天下”秩序。

孔子就享有这样一个自由的小世界，在这个世界里，他创办了一所自由而自治的大学，与他的学生组织成了一个自治的学术—教学共同体。孔子不需要向鲁公、向周王提出办学申请，至于是办“小学”还是办“大学”，也由他们师生自行决定。学校开办之后，一切教学、研究、写作、实习、学生就业等事务，完全由孔子与他的学生们自行决定。

总之，这里的一切均与权力无关，孔子的教学、研究、写作是自由的。师生们可以自由地讨论一切问题，没有任何禁区。对于最有权势的人物，他们可以随意议论。看看《论语》，里面有很多对现实政治、制度的讨论和抨击。而天子、诸侯、世卿似乎从来没有想到要控制学术、教育，在他们眼里，孔子和他的学生们天然地享有这种教育自治、学术自治的权利。雅典人还因为苏格拉底启蒙青年人而对其进行了臭名昭著的审判。孔子弟子三千，又满世界周游，从来没有人说过要起诉孔子。

当然，孔子享有的这种自由，正是中世纪欧洲大学的自由。很多人一看到“中世纪”三个字，脑海里就会出现一幅黑暗的景象。但实际上，中世纪乃是文明从野蛮人的毁坏中复兴的时代，其中一大标志就是大学的建立。现代欧洲最伟大的大学，无一不是建于中世纪，从意大利的波伦亚大学，到巴黎大学、牛津大学、剑桥大学乃至布拉格的查理大学等。

这些欧洲大学与孔子的大学一样，是自治的。当然，欧洲大学的自治有一个重大背景，即依托教会——大学本来主要以研究神学为主。这些大学直接从罗马教会那里获得自治的特许状，构成大学的宪法。有了这个权威，大学根本就不理会世俗王侯们的权力。大学甚至自行建立法庭，审理校园内的案件。有这样的制度，大学学术当然是自由的。

当然，依托教会，对大学有利也有弊。弊端是难免受到教会控制，所以，欧洲大学可能会审判异端。就这一点来说，孔子的时代更有宽容度。好处则在于，大学依托教会这样一个严密的组织，可以成为一种制度，具有长远的生命力，孔子的大学因为没有这种组织化的依托而人亡政息，那个自由而自治的大学传统没有连续地从历史的深处延伸到现代。

结果，现代中国的大学不得不从模仿西方开始。糟糕的是，中国人在模仿的时候，经常会忘记学校自治、学术独立的原则。人们以为大学就该天然地由政府来办、来管。中国的现代大学从一诞生就带有行政化倾向，且在过去100年中，日趋严重。中国当代大学及一般学校的种种问题，无不直接源于学术自由、学校自治之制度性匮乏。

孔子身上最值得纪念、怀念的，正是他所显现的古往今来教育的根本原则：学校自治、学术自由。他的大学究竟是如何做到这一点的？在现代条件下，如何复辟这些制度？这恐怕是一切关心大学自治理念与制度的人应当考虑的。是的，这样的复辟是一件美好的事情。

［2009年9月25日］

信任危机中的吏治问题

□邵建

没有信任的社会，是不能住人的。当我们都承认我们的社会发生了信任危机时，那么，首先要做的，就是看问题出在什么地方。也许原因很多，但我个人认为，吏治在这个持续恶化的信任危机中，应当承担不可推卸的责任。

一段时间以来，姑且从陕西的“周老虎”事件开始，而后由瓮安的“俯卧撑”，到云南晋宁的“躲猫猫”，以至杭州飙车的“七十码”，再到上海塌楼的“压力差”……一连串的风波都与地方吏治是否获得舆论的信任有关。地方政府总是一次又一次地发布真相，但舆情好像总是不领情不买账。有时，即使地方政府说的是真的，所获得的舆论效果也不理想。那么，出现这种现象应该责怪谁呢？针对如此状况，笔者不妨现身说法，我是一个教师，职责就是对学生讲话。如果我的话在学生那里不获信任，那么，责任在我，还是去怪学生呢？

中国古代有一个传统，“以法为教，以吏为师”。这个主张来自法家。秦火之后，在法家主导下，秦政权取消春秋以来的诸子教育，强制推行法家政治。不但以法作为全社会的唯一教育，而且直接把官吏作为民间的效法对象（即“师”）。因此，吏和吏治，本身对民间就有一种师范作用。我固然反对法家学说（不能把它等同于西方法治），更反对法家这八个字的统治方针；但在事实层面上却不得不承认，“以吏为师”的确是一种现实中积淀已久的古老传统。根据这个传统，当吏治恶化时，社会也随之恶化；当吏治发生信任危机时，民间的信任危机更是大面积蔓延。

不妨举一个例子。前段时间，福建南平因患者死亡发生一起激烈的医患冲突。是医生“治病不治命”，还是不负责任的医疗事故，这只有通过医疗鉴定才能作出判断。可是，患方的态度是：“我们是农民，大道理，听不懂，鉴定专家都是你们的人，我们不鉴定。死了人，赔钱就是了！”医方的举措无可非议，可是患方的说辞也未必没有它的道理。更糟糕的是，我是一个第三者，看到这里时，连我也不敢轻易相信医方的鉴定就一定没问题。此一事例，堪足为忧。在生命攸关的问题上，医患双方和第三方都缺乏基本信任，它足以折射我们这个社会的信任水准已降低到何种程度。

然而，诚信失范，很容易被视为道德问题；进一步加强诚信教育，更容易被当作救治之举。但，这样的认知和举措，于事无补。因为，社会信任问题如果来自吏治信任的恶化，此一问题便不仅仅是道德问题。当年，孔子在子贡问政时说："民，无信不立。"对民而言，包括吏治在内的整个政治，如果未获民的信任，就立不起来。因此，与之配套的表述就是取信于民。取信于民，重在吏治，更在体制。如果看起来是吏治的信任出了问题，那么，它所暴露的肯定是体制上的缺陷。这个缺陷说到底就是"法治"缺席。法治目标树立已久，但在黑幕重重的吏治面前，它始终没有获得制度性的进展，而是久久悬于口号与姿态。

法治即"法治国"，这一政改目标落实到刻下，不妨就具体化为"法治吏"。治国当从治吏始，以法治全面整肃吏治，面对近期出现的恶劣个案，不惜重典。在我看来，这是国家权力取信于民同时化解自身信任危机的根本之措，更是当务之急。如果缺乏这方面的紧迫感，毫无疑问，我们的社会将进一步遭受重创。

［2009 年 7 月 14 日］

“教授治校”的前世今生

□邵建

筹办中的南方科技大学校长朱清时提出了这样一个办学目标，很让人感叹：“未来的南方科大将是一所教授治校的学校，强调去官化和去行政化。”教授治校在朱校长那里属于“未来”，可是回溯历史，那可都是实实在在的“过去”啊。至少北洋时代中国两所著名的大学（清华和北大）都是如此。

历史是轮回的，但轮回中的历史条件却能决定这种轮回是否成功。正如我很相信朱校长个人的决心，我同时也很担心朱校长的理想是否有实现它的外部条件。这里，外部条件作为时代因素委实比朱校长的个人意志更具决定性。这所大学办在深圳，深圳是20世纪80年代开创的一个经济特区，真希望南方科技大学借此地缘优势也成为中国第一个高等教育的特区，它最需要的是获得来自制度方面的宽容与支持。

教授治校，是一段过去的历史，由北洋时代的北京大学校长蔡元培提出。蔡在海外考察各国大学教育后，曾作出这样一种概括：法国教育权集中于政府，大学皆国立，校长由政府任命。英美大学多私立，经济权掌握于董事会，校长由董事会聘任。德国大学不论国立和私立，行政权集中于大学评议会。评议会由校长、各科学长和部分教授构成，成为学校最高权力机构，这就是所谓的教授治校。蔡元培推崇并在北大尝试的，就是德国大学教育模式。该模式在北洋教育界之所以行得通，关键在于北洋政府教育部有出台《国立大学校条例》，条例明文赋予了各大学中教授治校的权力。这就是制度因素的作用，不容小觑。

在当下的制度环境中，朱校长的教授治校，有其能做到的，也有一时办不到的。在此，很难寄望过高。能做到的看来还是在校内行政上，比如各院系首先成立教授委员会，并由它选举各院系主任，然后由校长批复。并且同时成立校级教授委员会，从这里再产生校长。当然，第一任校长可以例外，五年任期后，则应当推行此制度。仅就这一制度而言，如能做到，和国内其他高校已经相去甚远（国内其他各高校的院系主任没有一所是由教授自己民主选出），但，这一点朱校长如果愿意，还属于可为的部分。因此，朱校长教授治校的诺言既出，我首先要看的就是这一点。

真正难为的是——高等教育的权力是不是真正在教授那里。具体地说，高校中的各种课程和教学内容的裁定，如果是教授治校，它当然是也只能是教授手中的权力。当年清华大学在其前身清华学校时，其教授委员会职权有四，第三条就是“审定全校课程”。按此条，一所大学教什么和不教什么、开什么课或不开什么课，该由本校教授裁定，不受本校以外的各种行政力量干涉。典型的例子是，1939～1940年间，国民政府教育部数次训令西南联大必须遵守教育部核定的有关课程，并指定统一教材。结果，西南联大教务会议致函抵制，这是来自清华大学教授冯友兰的执笔：“教部为最高教育行政机关，大学为最高教育学术机关，教部可视大学研究教学之成绩，以为赏罚殿最。但如何研究教学，则宜予大学以回旋之自由。”如果教育部给大学指定课程或教材，“准此以往，则大学将直等于教育部高等教育司中一科，同人不敏，窃有未喻”。

就此一问题而言，教授治校和去行政化庶几就是一事。今天，中国各所高校无不开设几乎充斥课程总量近三分之一的各种公共课，这个庞大的课程群显然是由高校以外和以上的行政力量主导，它养活了一大批这样的教师以及一些兼课的行政人员，他们还以此评定职称。如果高校体制改革势必包括课程改革的话，那么，我很想看到，未来的南方科技大学的教授委员会是否有这样的改革打算以及这种打算是否有落实的可能。当然，在目前的制度环境下，能否做到这一点，已经很难取决于该校本身了。如果这一点暂时不可以强求的话，至少它应成为教授治校一个最重要的努力方向。

回顾历史，“路漫漫其修远兮”。教授治校，从前世到今生，朱校长在其中“上下而求索”。但他不是孤立的，我们用我们的舆论在支持。

［2009年9月23日］

我国的城市化"奇迹"亟须辩证看待

□沈洪溥

新中国成立一甲子，成绩几箩筐。其中，总量层面的数据傲然乎同侪自不必说，在产业、城乡等结构领域，也很有些光鲜的指标，显示着我国经济不仅在增长，而且也在发展。近年来，随着政绩考核对短期增长速度的认可度有所降低，民生领域的城市化率（一国或地区城市人口占全部人口的比例）指标逐渐引起重视，成为用来衡量国家和地方经济发展水平的新的时髦指标。

我国城市化率从1949年解放初的10.6%提高到2008年的45.7%；城市总数由132个增加到655个；城镇人口达6.07亿，百万人口以上特大城市达118座，还有超大城市39座……

顺着这一思路放眼望去，如下结论似乎顺理成章：某地农民转换户籍成了市民，则意味着人的性质立时脱胎换骨；倘若此地若干村落进一步升格成小城镇，乃至再进入城区序列，则治理功绩差不多可算彪炳了。这么推演开来，以人的身份测算发展程度，比以人的荷包来测算，其实也先进不了太多，而以城市化衡量地方经济发展的逻辑，也并不那么牢靠。

"再过10年，城市化率可望由现在的45%左右上升到55%左右，城乡人数比将发生根本转变"，"再过40年，我国3/4的人口将居住在更多绿地和清新空气的城市"。可见，关于市民增加、城镇增加即为发展标志的新迷信正在高涨并强化。如不尽早予以证伪，一旦城市化率指标的意义被信以为真，乃至被列人"十二五"规划目标序列之中，则害莫大焉。

先要承认，某些人对农村城市化、农民市民化的不恰当期待是有历史原因的。新中国立国之初，我国是一个典型的农业国，执政者长久以来是在苦求工业化和工业的现代化。近些年，则是在少数地区第二产业比重滞涨时，寄望于推高第三产业比重。与此相适应，以第二、第三产业为支柱的城市，在现代化水平、发展层级方面，似乎理所当然高于第一产业占据绝对比重的农村。

但也要指出，上述因历史、因国情而形成的"城市迷信论"其实是缺乏国际经验支持的。有例为证，在《2009年世界发展报告：重塑世界经济地理》中，韩国的城市化率比日本高15个百分点，而后者人均GDP约是前者一倍。目前，日本的城市化率不足70%，也不到经济地理学者认为的所谓"逆城市化阶段"。

相信这两个亚洲近邻在统计口径上差距有限，但应没有多少人据此就一口咬定韩国经济发展水平领先于日本。

从此出发，当前我国以城市化、城镇化进展来衡量民生水平、经济发展的风气应尽早引起警惕。笔者认为，城市化绝非衡量经济发展水平的关键指标，低保救助、就业保障、教育公平、医疗援助等才是增长之外社会文明、经济发展的标志性举措，理应成为群众满意、政绩考核的硬杠杠。在国家层面，中央政府宜专注于地域、户籍间的福利取齐，推动民众族群平均福祉的公平化进程；在各地层面，地方政府宜更强调循序渐进、科学发展，既不宜以行政力量直接推动新增农村人口“身份进城”，更不宜以必经过程为理由坐视或合谋地价、房价操纵。

再进一步，即使是所谓我国改革开放以来的城市化“奇迹”，数据基础也相当可疑：一者，上世纪80年代的突飞猛进有“知青返城”因素存在；二者，当前的城市化率水平则因未充分纳入进城农民工而存在显著低估问题。

换言之，当前以城市化率衡量社会经济发展的做法是无法令人信赖的。如果放任某些地方、部门醉心于城市化率指标，或者规划目标早已实现而不自觉；或者多数被置入城市丛林的人并未能享有更多绿地和清新空气；或者在有意无意中，又人为造出农村和城市、农民和市民，以及农民和农民之间新的福利鸿沟。凡此种种，不仅是因小失大，而且几乎是南辕北辙了。

［2009年10月6日］

对房价定性模糊可能带来恶劣后果

□沈洪溥

近日召开的国务院常务会议，研究完善了促进我国房地产市场健康发展的政策，还重点宣示将“全面启动城市和国有工矿棚户区改造”。这随即引发了市场各方立场各异的理解，但有必要指出的是，其中对房价的定性表述——“遏制部分城市房价过快上涨”——存在过大的模糊之处。笔者担心，对房价定性如此模糊，可能误导房地产市场各方判断，致使市场积弊愈来愈深。

“过快上涨”的措辞待商榷之处至少有二，一是“过快”的基准是什么，是当地生产总值增速，还是当地居民可支配收入增速？抑或是当地物价指数的涨幅？如果没有参考基准，何谓“过快”？二是“遏制过快上涨”没有具体指明当前房价到底是高估还是合理？到底是严重虚高还是有所偏高？抑或是目前仅仅处在“恢复性上涨阶段”？在这个模糊的判断基础上，决策者出台的政策套路自然也无从明确到底是要调整价格还是要调整产品结构，更无从谈到这些政策实施后有助于扭转市场预期。

从此出发，笔者个人相信，各地，包括会议所指“部分城市”房价继续坚挺并持续上涨仍将难以避免。从中长期看，房价高企势将从根本上侵蚀我国竞争力根基，贬损有关生产要素价值，阻碍新一轮增长周期到来，最终可能引发资产泡沫破碎、经济长期停滞的恶劣后果。

其中原因至少有四：

为买房或租房，往往积双方父母资金为子女一代输血，资本专政带来的一代“蚁民”蜷伏“蜗居”，战战兢兢中俨然行尸走肉，其创新精神和开创意识几乎荡尽，这可谓人力要素价值贬损；

社会资本的持有者，包括资金力量最为雄厚的国有企业，也已陷入集体非理性与无意识状态，见房就买、有地就抢，热衷投机的风潮使得几乎没人愿意将钱再行投入生产领域，这可谓资本要素价值贬损；

在地方，所有有关土地的整理收储、招标出让、拆迁补偿等计划，都围绕如何最大化实现土地商业价值展开，以致为了获得热点地段、潜力地块，利益团伙已不惜挑战社会心理底线乃至违背公序良俗，这可谓土地要素价值贬损；

种种乱象中，唯房地产领域要人有人、要钱有钱、要政策有政策，既成为投资上规模的支柱力量，也成为粗放型增长模式的主要代表。但就国家远景而言，最为重要的技术创新却渐行渐远，这可谓技术要素价值贬损。

生产要素贬损的既是竞争力，又是增长潜力，更给处于转型关头的我国经济带来严重的风险。从国际经验观照，上世纪80年代的日本和如今的我国颇多相似之处，例如银行激进的放贷态度、市场充裕的流动性、较强的通胀预期、投资的高增长和盲目的乐观情绪。彼时，日本消费者大肆放大财务杠杆、借钱投资地产和股票，引发泡沫快速膨胀并最终破灭。日本经济历时近二十年，也未能解决资本存量过剩、个人债务过剩、不良贷款过剩等历史遗留问题。与此同时，日本却落入“流动性陷阱”至今未能自拔。近期，迪拜危机也是如此，当地政府主导的土地开发和资金投入，引发外来资本推高资产价格，最终因开发商资金链断裂导致发展计划暴露烂尾风险。

前车之覆，后车之鉴。笔者建议，决策者已不宜再首鼠两端，应以矫枉必须过正的姿态，尽快扭转房地产市场弥漫的不当预期为第一要务。

譬如，首先宜明确，以当地居民可支配收入水平作为判断房价是否存在泡沫的依据，以当地家庭可支配收入增幅作为房价上涨是否过快的依据。在此基础上，一方面通过在某些热点地区进行物业税试点，逐步撇清房价泡沫，促令房地产价格回归合理水平；另一方面向金融市场注入成规模的、有助对抗通胀预期的浮动利息国债、公司债或企业债等品种，疏导民间资金流向，满足居民保值需要。

顺带说一句，十几年来，在公众记忆中，针对股市，政府曾施展过“人民日报评论员文章”乃至“印花税调整通知”等稳、准、狠的手段，现在或许到了该对房地产市场用点真功夫的时候了。若非如此，将来“房价上涨幕后推手”的帽子或许就不仅属于地方政府，而是自上而下、见者有份了。

［2009年12月17日］

日本大选中的“幸福实现党”

□ 沈旭晖

这次日本大选，在主战场外，也出现了别有特色的插曲，例如出现了一个新政党，叫“幸福实现党”。

这个新党并非一人党，而是有特定宗教背景的集体创作，它的母体是教派“幸福科学”。教派创办人兼政党太上领袖大川隆法有特殊崇拜对象，名叫“主·爱尔康大灵”，据说是“地球系灵团的创造者，参与地球所有事务”。他一如其他圣人，声称受到耶稣、穆罕默德、释迦牟尼、孔子和莫扎特的精神指引，要他创立教派，“为所有人带来幸福”，而这些人大多是“主·爱尔康大灵”的历代化身，他本人自然是这一代的化身。这位教主据说写了500多本书，韦斯利也甘拜下风，但除了把莫扎特加入上述名单有“创见”，著作其实更像心灵鸡汤，《常胜思考》、《常胜策略》、《勇气的力量》等，都是教派经典。不过教派经过20年经营，似乎已掌握一定资源，它原来推荐了300多名候选人参选，单是缴交按金就接近一亿港元，如此规模横空出世，自然引人注目。后来教派一度说退选，又说不退，明显是为了宣传而已。

幸福实现党登上国际舞台，特别被内地网站大举批评，还是因为它出格的政纲。根据这个党/教派的世界观，以“第三道路”包装自己的政纲，内容包括重整军备、修改宪法、对朝鲜先发制人；鼓励日本人在经他们改善的生活环境努力做爱、接收更多移民，增加人口到3亿人，以解决老龄化问题；同时移除美国强加的殖民思想，改而把幸福科学教派的宗教特色，移植到日本生活的每一部分。

这党派目前的状态自属笑谈。但它的出现，却符合日本政坛深层结构。事实上，去除“主·爱尔康大灵”、莫扎特和守护天使，大川教主的政纲并不新鲜。民主党灵魂小泽一郎就曾谈及修改宪法的必要性，只是由于他目前隶属的民主党吸收了不少左派政客，必须对右倾立场作一定调整，在金融海啸下也要有“脱美入亚”的宣示，近期言论才变得克制而已。

幸福实现党的卡通化政纲也不能单以怪诞视之，因为这是日本政客拉拢“御宅票”的表现。例如身为宫崎骏旧同学的现任首相麻生太郎经常打“宫崎骏牌”，自称标准漫画迷，以为这就能满足青年对现实的幻想；民主党的鸠山由纪夫则成功争取自己成为《动画宅人精英》杂志封面人物。有见及此，幸福实现党也重金礼聘佐藤文也担任“文化局长”，这位佐藤文也是侦探漫画《金田一少年事件簿》的作者，一度被安排硬撼麻生的席位。可以说，幸福实现党参选并非为了胜出，而是为了保存上述日本思潮在舆论的版面。当评论员纷纷视之为笑谈并加以引述，他们的目的已达到了。

［2009年8月31日］

哪些华人不喜欢奥巴马

□ 沈旭晖

前些日子和一位欧洲记者谈话，他说在内地访问期间，发现不少中国学生显示出对奥巴马的厌恶，令他感到惊讶。去年美国总统大选期间，笔者曾在内地进行小型民调，问假如他们有投票权，会选择谁当美国总统，结果奥巴马一面倒“当选”。再想起8年前，笔者在北京的美国驻华大使馆观看直播总统大选点票过程，当时大使馆为搞气氛，也安排了机制让中国人即席模拟投票，结果来自民主党的戈尔同样大幅度领先布什“当选”。要是说今天很多中国人不喜欢奥巴马，这并不是事实，起码不是事实的全部。

然而，在上述调研中，也可看到不少华人确实对奥巴马有种种疑虑。首先，奥巴马对美国来说是重建国家软实力的重要棋子，也是弘扬美国利益的代言人。他上台前后掀起的政治明星效应，是美国非正规外交的重要组成部分。不少对“中美斗争观”念念不忘的华人，因此认为奥巴马的欺骗性很大，其他国家容易被他的形象蒙骗，而忽视他必须向美国利益集团争取表现的事实。

在中国精英圈子，普遍倾向是情愿与右派打交道，尽管传统上右派比较反华。共和党政策一直予人单刀直入的感觉，不似民主党信奉的那些“自由现实主义”、“巧实力”那么难在道德水平回应。布什其实得到好些中国网民支持，说他果断、务实，而当年毛泽东也曾半开玩笑地说喜欢美国右派。更重要的是美国右派的内部盟友是大财团、跨国企业，中国政府较懂得应付他们的核心利益，与他们有直接沟通渠道，但是不大懂得响应美国左派那些工会、压力团体的诉求。于是当奥巴马为了内政考虑，而对中国轮胎实施制裁，因为缺乏直接和那些美国国内组织打交道的经验，中方常处于被动。

至于奥巴马的肤色，也是部分华人对他产生复杂感情的原因之一。奥巴马毕竟是颠覆了美国传统族群的主导地位，不少华人难以理解黑人当选总统的背景。

还有一些华人知识分子认为，奥巴马只可能在美国这样的制度当选，他靠的是包装、宣传、政治化妆、形象管理等“旁门左道”，而不是政治经验、个人视野等“真本事”。因此，奥巴马有时被网民形容为“一个大忽悠”，他的形象也开始和上述形容词挂钩。

无论如何，奥巴马旋风是依然存在的，内地对奥巴马的正反观感，基本上都是夫子自道的借题发挥。但假如奥巴马施政失当，他在国内外都可能面对类似台湾马英九的民望困局，因为他的政治资本不少确实源自形象，但国家若干制度建设也因此押在了这形象身上。

［2009年9月30日］

医患纠纷因何陷入恶性循环

□十年砍柴

福建南平6月下旬发生的严重医患冲突，引发械斗导致6人受伤。这是当下医患关系恶化、纠纷不断的典型事件。

尤其值得注意的是，当地有关官员在冲突发生后，要求医方第一医院立即支付患者方杨家21万元，并退还死者家属所交的全部医疗费用6000元。理由是：鉴于再不尽快解决此恶性纠纷，可能会引发更大的社会群体性事件。这一“果断”措施，不但没有让风波平息，反而引起了更大的反弹，受到伤害的医生开始行动起来，到政府请愿。官员平息冲突、维护稳定的措施起到了事与愿违的作用。

对此两头不讨好的处理结果，或许相关官员觉得委屈，可细究起来却是合乎情理。在没有把事实真相弄清楚、明确双方责任之前，政府一味地为了社会稳定，利用公权力强出头，搞出一个息事宁人的方案要求双方接受，很可能是饮鸩止渴，后患无穷。因此，从这个层面来说，南平医患冲突的处理，其意义超出了单纯的医患纠纷，在许多社会冲突的处理中，都可见到一些地方政府这种为了息事宁人而不问是非的处理方式。

以南平医患纠纷为例，其起因、演进过程，形象地说明了今日社会信任体系大面积坍塌的窘境。由于信息不对称以及双方资源动员能力的差异，患者在医院面前，绝大多数是弱者。目前医疗事故鉴定体制，尽管从过去的卫生行政部门出面组织鉴定（被称为父亲给儿子鉴定）改革为医学会组织鉴定（被称为叔叔为侄子鉴定），依然难以让患者信服，他们认为鉴定方和医院是一家人，当然地屁股会坐到那边。参与冲突的杨厝村村长杨纯恩说：“我们是农民，大道理听不懂，鉴定专家都是你们的人，我们不鉴定。死了人，赔钱就是了!”即是这种心态。更由于处于弱势一方的患者对社会公平没有信心，对行政救济、司法救济能否讨个公道不抱太多希望。那么“把事情闹大，引起当官的重视”往往成为弱势者维护自身权利的首选。在社会信任体系没有恢复之前，制度的公平性不尽如人意的环境下，一味指责闹事者为什么不依法律程序，理智平和地来维权，多少有些“胡不食肉糜”的意味。

由于没有一种较为固定而公平的纠纷处理机制，弱者往往通过极端方式维权，如讨薪跳楼，医患纠纷采取聚众冲击医院，给整个社会秩序带来的副作用是显而易见的。而一些地方政府应对这种态势，采取的也不是正常的方式，即不是调查真相，分清责任，体现程序公正。而是不管用什么招术，目标只有一个：把事情压下去，不要闹大了，不要危及自己的乌纱帽。于是处理纠纷最重要的原则倒变得最不重要，连过去江湖上吃讲茶也得坐下来摆摆道理、辩辩是非的过程也无所谓了，而是看人下菜碟儿，这边压一压，那边哄一哄，把事情“摆平”就万事大吉了。在南平医患纠纷中，如果事情没闹大，杨家通过正常的方式，比如向卫生行政部门申诉，政府会要求医院赔偿患者吗？显然很难，因为这时患者给政府的压力小，医院在政府面前更具优势，这时候可能患者方正当权利得不到维护。可当患者方聚众闹事引起械斗危及社会安定时，在政府眼里，医院和医生的正当权益又不算什么了。而且医院作为一种社会组织，政府对医院的控制手段比如院长的任命，显然要比对一帮村民更有效，于是不辨是非，先让医院赔钱被认为是最佳的摆平方式。

殊不知，在不辨是非、真相不明的情况下，强行的息事宁人实在太脆弱。事件看上去暂时平息了，但愤怒和不信任隐藏在许多当事人心中，当地的法治环境受到了深远的破坏。而在南平医患纠纷中，这样的“摆平”连短暂的安宁都未带来，而是立刻引起反弹。这样的“摆平”连和稀泥、捣糨糊都不如，对占了便宜的一方来说，他们不认为是公理赢了，而是认为因为敢闹事，尝到了闹事得利的甜头，那么一发不可收拾；而对吃亏的一方来说，他们不但对政府失去了信任，也会效仿闹事得利的方式。这样下去，讲规矩、循程序的老实人必定吃亏，整个社会陷于看谁敢闹事、看谁能闹事的恶性循环中。

［2009年7月10日］

不平等的疾病

□宋志远

上周二，也就是12月1日，是世界艾滋病日。

我无意仅仅就艾滋病日论艾滋病。我想提及的是一个普遍的现象，它不是哪一个村、哪一个省独有的，甚至也不是哪一个国家的特色，它几乎存在于人类社会的每一个角落。这就是疾病的不平等性。

疾病的不平等性？这两个词的组合乍看起来或许有些怪异。在这个世界上，很多人都是嫌贫爱富的，比如地产开发商和学校的招生办，不过疾病却恰恰相反，它似乎总是钟情于穷人。请原谅我开这样的黑色玩笑，疾病本身自然对所有人一视同仁，不平等的结果是人类社会自身的问题。

前些年我在中国某山区做调查工作，有一位老伯在闲聊中半开玩笑地对我讲："现在这个社会上只有一件事情是公平的，那就是每个人都会死。"然而，就算是这最后的一点儿公平底线也是打了折扣的。只要查一下世界各国的期望寿命排名便一目了然，排名靠前的皆是富裕国度，而排名后一半的几乎是清一色的亚非拉穷国，日本国民的期望寿命超过82岁，而非洲国家斯威士兰的人均期望寿命还不到32岁。而在一国之内，这种差异也依然显著，比如澳门与香港的人均期望寿命几乎要比中国内地高出整整10岁，而上海又要比甘肃高出10岁有余。

如果更仔细地观察这些数据，我们就会有更多的发现。比如说美国与古巴的人均期望寿命是不相上下的（78.11和77.45），这大概与很多人想象中的情况不大吻合，由此我们大概可以看出社会资源分配的平等性对于公共健康水平的影响比社会财富总量更加关键。美国虽然富庶，却是世界上唯一没有全民医保的发达国家，所以美国的穷人也和中国的穷人一样惧怕生病，一旦生了重病，高额的医疗账单就宣判了这个家庭的无期徒刑；古巴虽然贫敝，但有赖于全民医保体系，民众至少不必为担心生病而惶惶然。于是就出现了迈克尔·摩尔纪录片中买不起医保的美国病人集体奔向古巴求医的奇异景象。也正是因此，全国性的医保改革才成为了奥巴马新政府的头号任务。

在一个公共资源分配不均的国家，贫穷一方面意味着简陋的卫生条件和更高的患病概率，另一方面还意味着得不到充足的医疗服务。后者不仅源于自身有限的经济承受能力，同时还因为受到科研、公共卫生支出与社会关注等一系列外部环节的忽视。

作为一个科研人员，在工作中我也可以时时感受到这种公共资源分配的不平等。对于一个整天埋头科研论文而两耳不闻窗外事的学者，他可能会以为人类健康现在面临的主要威胁就是癌症、心脏病、艾滋病和早老性痴呆症，因为这些就是大部分科研经费的投入对象。如果你告诉他现在这个世界上还有几十亿人忍受着疟疾、霍乱、肺结核和血吸虫病的威胁，他或许不会相信你与他生活在同一个世界上。造成这种情况的原因也很简单，还是那一个字：钱。科研要花钱，要花很多钱，而经费大部分来自富裕国家和大型商业机构，所以科研的服务对象自然也被迫倾向于富人。而发展中国家的科研为了“与国际接轨”，也不得不因袭“以富人为本”的发展轨迹。很多科研机构甚至干脆开始用科研经费的多寡来衡量科研水平。科学家忘却了公共责任而被驯化为富人的仆役，这实在是科学莫大的悲哀。

公共资源分配的不平等，还意味着地方性流行病的危害可能反而超过全国性流行病。这听起来或许有悖常理，但在现实中却一直在不断发生。以非典为例，当疫情相继在广州、北京和香港暴发后，掌握话语权和资源分配权力的社会阶层的利益也受到威胁，于是国家开始投入大量人力物力应对，最终将疫情迅速扑灭。相比之下，对于河南艾滋病村这样的地方性疫情，由于这些群体远离政治经济中心，他们的声音十分微弱，只要地方政府能够保证疫情不向中心扩散，上级也就可以睁一眼闭一眼敷衍了事。所以才会出现艾滋病村无人过问自生自灭、血浆经济转战地下持续繁荣的尴尬局面。

没错，人生而平等，但出生以后的平等就要靠自己来争取了。

[2009 年 12 月 11 日]

公共财政体制改革有待全方位推进

□ 苏振华

审计署公布了54个中央部门单位2008年度预算执行情况全文，对此我首先想说的是：不容易，这是一个巨大的进步！

政府职能的展开，都需要花钱，在今天，社会创造的财富的1/4乃至60%是由政府支配使用的。如此巨额的资金，是如何使用的，理应向民众交代清楚，这就是所谓公共财政。但是，向民众交代资金的使用情况，接受民众的监督，会限制政府的权力，因此，政府是不愿意公开资金使用情况的。然而，在民意政府理念成为全世界共识的事实之下，构建一个有效的公共财政体系，其必要性是无须讨论的。

公共财政体制包括如下几个部分：政府的钱打算怎么花，应该尽可能清晰地向民众交代清楚，并得到民众的同意；政府花钱的过程，应该接受民众的持续监督；一个财政年度结束之后，公众应该对钱花得是否合适作出评价；对胡乱花钱的行为，应该追究责任。这四个环节被称为预算公开、预算监督、预算审计和问责，这构成一个完善的公共财政体系。

我国的公共财政体系建设并不太完善，这四个环节上都有很多的瑕疵。温家宝总理在今年和去年的两会结束后的记者招待会上均表示，本届政府要大力推进公共财政体制建设。改革终于在今年取得了一些突破：以往年度的中央财政预算草案，经全国人代会审议通过后没有立即公开，今年在人大审议通过后的第一时间，财政部公布了预算报告；前几年审计署掀起了几次“审计风暴”，但审计报告并没有公布，这一次公布完整的审计报告，也是开天辟地第一次。这是我国公共财政体制改革的一个重要阶段性成果，是社会各界共同努力得来的，因此我要说：不容易，这是一个巨大的进步。

我仔细研读了长达10万字的审计报告，尽管总体上预算执行情况良好，但从中暴露的问题仍然可以用“触目惊心”来形容。主要的问题包括以下几方面：其一，乱花钱违规花钱现象很严重。法律规定，财政资金应当专款专用，但挤占挪用和转移财政资金问题仍然十分严重，而且非常普遍，有的部门甚至挪用资金办企业、炒股票、建设度假村式的“培训基地”。其二，花钱笼统，钱花到哪里去了交代不清楚。钱应不应该花，只有在编制预算时细化到具体的项目，人大代表才能作出准确的判断，否则就为乱花钱打开了方便之门，有部委多达 17 亿元的经费没有细化使用去处。其三，资金没有纳入到预算范围之内。所有的财政资金都应该纳入到预算之中，由人大来决定这些钱是否应该花，比如很多部委上一年度的结余资金未纳入预算，坐收坐支现象严重，有很多部委出租房产、收费所得的资金没有纳入预算，乱收费问题仍然普遍存在。

凡此种种，都需要通过公共财政体制的进一步健全来解决。说到底，公共财政最核心要义是——公开、清晰。公布预算和公布审计报告，秉承的正是预算和监督的公开性原则。另外，预算制定的清晰化非常重要，资金如何使用，应该尽可能清晰具体，并辅之以资金使用的必要性分析。只有全面的公开和清晰，让人“看得懂”，人大和公众才能对资金使用的效率作出判断。

还有一个现象是，从报告中可以看出，中央部委真的是不差钱。在 2007 和 2008 财政年度，很多部委都有多达几亿元乃至几十亿元的资金没有用完。出现这种情形的原因在于预算编制不实、结余过大；另一方面是否也说明，中央部委可支配的财力过多了？花多少钱，应该和做多少事对应起来，事权过大但财权过小，或者事权小但财权大，都是不应该的。目前我国财政体制中存在事权下放、财权上收的现象，这就需要对各层级政府及部门之间的事权和财权划分进行清晰的梳理了。

审计公开之后，应该是问责，对于财政资金使用中的种种乱象，须追究有关部门和当事人的责任。公共财政体制建设，是一个很复杂的问题，头绪非常多。这一改革，不能仅仅在中央层面推进，也应该在地方政府层面得到拓展。地方政府支配的资金量要少很多，且资金的使用与民众利益联系得更紧密，预算公开之后，民众的监督会更有效。中国的公共财政体制改革，今后应该在“点”、“面”上，全方位推进。

［2009 年 9 月 5 日］

美国如何保护孩子的心灵

□唐昊

9月8日是美国小学的开学日，奥巴马选择这一天在弗吉尼亚州阿灵顿县韦克菲尔德高中发表大约16分钟演讲。这次演讲遭遇一些家长和学校的严重抗议：一些学区以内容可能涉及政治为由，未向学生播放这场演讲；一些学区允许学校或者教师自行决定是否收看；一些家长更在学校外打出横幅，要奥巴马离自己的孩子远一点。白宫也不得不在奥巴马演讲前24小时公布演说稿，以消除“对孩子推销政治主张”的指责。即便如此，还是有很多孩子被他们的父母从学校接走，远离这次演讲。

不过，在开学日的演讲中，奥巴马确实没有谈政治，而主要以自己的亲身经历对孩子们劝学，如劝导小孩子不要总是做明星梦，而是要踏踏实实努力去追求成功，等等。这些都是大实话，对孩子们也是有益的。所以在事后媒体的采访中，有些美国教师就表示，虽然在此之前也试图抵制这次演讲，认为奥巴马越俎代庖，做的是教师应该做的工作，但听过演讲的内容后，他们认为这个演讲还是很富有启发性，应该是增强而不是削弱了教师的地位——当教师们所讲所授的和总统不谋而合的时候，他们的权威也增强了。至于孩子们对演讲倒没什么太多抵触。有接受采访的12岁男孩说，总统这样做，表明他重视我们和我们所接受的教育。

虽然奥巴马的演讲内容并没有推销自己的政治观点，但在美国人看来，作为政治人物向孩子发表演讲，对孩子施加影响，总归令人反感。孩子的心灵是纯洁的，许多社会观念尚未形成，很容易被政治教条所毒化。所以他们需要接受的其实是基本价值观的教育，如在家庭和社会中的公平正义平等自由等，而远离具体的政治人物。很明显，奥巴马违反了这一认识。实际上，之前里根和老布什总统对孩子的演讲也备受批评。毕竟，这种形式和美国社会的传统是有抵触的。

而奥巴马演讲受到抵制的另外一个原因可能是：他在出任总统后表现得过于强势了。这位总统很喜欢让政府介入到社会事务中去，如干预汽车工业、干预银行系统等。在新提交的健康法案中，更提议政府管理健康保险。这些政府干预举措刺激经济的效果并不明显，反而大大拉低了新总统的支持率。在一个星期前电视直播的TOWN HALL MEETING（市政厅会议）上，就有发言者在反对由政府管理健康保险的发言中，把奥巴马比喻为希特勒，认为过多的国家干预会让美国人失去自由。而恰恰在这样的时刻，奥巴马总统和政府又开始介入学校教育，不能不令人质疑。

相比美国人对自己孩子如此敏感的保护，许多家长似乎还没有意识到孩子的心灵在这方面受到伤害的可能性。存在于其中的政治化教育根本不问孩子们想要的、思考的是什么，他们遇到的困难在哪里，只顾把国家的政治观点一股脑地灌输给孩子。这样的急功近利和半强迫的政治教育，无法使年轻人在成长过程中变得成熟和眼光宽大，反而使其丧失了对政治的信心和使其美好完善的动力。

过早地接受具体的政治教条，对孩子的成长是不利的。一项研究表明，苏联政治教育中，“政府所支持的所有政治交流中的教条主义和不断重复，都造成了不可遏制的厌倦感”。这让苏联学生变得缺乏政治兴趣。

苏霍姆林斯基说过：“教育者的教育意图越是隐蔽，就越是能为教育的对象所接受，就越能转化为教育对象的内心要求。”但涉及孩子政治上的教育，就不仅仅是一个策略的问题那么简单了。我们必须要慎重挑选教育的内容。要有针对性地讨论青年人关心的、遇到的各种思想问题。但更重要的（如果不是最重要的话）是，我们需要反思自己的教育能力，甚至要问作为老师和家长的我们自己：作为成年人，我们有独立的政治观点和判断吗？我们的精神世界强大吗？我们有什么可以教给孩子的呢？

奥巴马的演讲在美国受到抵制，和无条件接受政治对学校教育的影响，都值得人们深思。但两种情况都不是随随便便发生的。如果是单纯地抵制一次政治人物的演讲，那很简单，但意义不大。因为孩子空白心灵的阵地总会有人去占领。即使不是政治化的总统，商业化电视也会去占领。在这方面，所考验的其实不是美国社会反对的声音有多大，而是美国社会自身是否有足以替代和超越来自政治人物的教育能力，这才是问题的根本。

而恰恰是在这方面，美国社会所拥有的教育力量和教育资源，不但足以对抗来自总统和政府的影响，甚至比总统的影响要深入得多、强大得多。这不但表现为一种精神价值观在美国社会已经相当成熟，而且表现为一系列的物质力量。如学校和地方教育机构有权审查总统演讲，将不良的政治影响清除在外；美国的教师也都拥有自身独立的政治观点和进行政治判断的能力，他们作为另外一道滤网可以过滤掉对孩子不利的东西。而美国的家长们更是强大，他们在政治上的判断更为独立。“孩子们不需要被总统告知他们的责任是什么，这是父母的责任，而不是政府的责任。”说这话的家长是一位清洁工，他很高兴能够把他10岁的孩子从5年级的教室里带走，避免了一次“政治污染”。

［2009年9月14日］

预算公开之后怎么办?

□唐昊

2009 年 10 月 16 日，广州市财政局将广州市 2009 年本级 114 个部门的部门预算在“广州财政网”公开。社会舆论在对这一举动给予赞扬的同时，也从公布的财政预算中解读出“三公消费”不透明、机关幼儿园花费高昂、教育社保等民生支出不足等众多尖锐问题。

应该说，纳税人把钱交给政府，想看看政府是怎么花这笔钱的，这样的要求并不过分。预算公开、信息公开之后肯定会暴露很多问题，有些信息还会遭到民众的质疑。而这也恰恰是预算公开的目的和意义所在。我相信，随着对政府已公布信息更加细致的解读，还会有越来越多的问题暴露出来。

而比预算公开所暴露出来的所有问题都更加重要的问题则是：对于这些质疑，政府有关部门准备好如何反馈了吗？毕竟，预算监督的效果如何，最终取决于政府相关部门的后续反馈。这里说的反馈，是指与预算有关的每个部门都需要对相关经费去向所遭受质疑进行反馈甚至整改，而不是简单地通过财政局回应。如果不能促进直接的相关预算部门切实整改，那么这样不合理却无法改变的预算公开只会引起更大的失望。事实上，前几年，各级政府的预算报告早就对人大代表会议公开了，如“三公”支出、机关幼儿园补贴等问题，人大代表也提过，媒体也披露过，财政部门也回应过，还不是不了了之吗？国家审计部门也公开过中央部门的不合理预算，但现在也有偃旗息鼓之嫌。所以，信息公开是政府行政机制改进的第一步，但如果没有后续的监督改进，则信息公开的意义非常有限，甚至会导致更大的不满。

当然，预算报告可以做得更规范和有针对性，部门支出项目可以更细化，对不合理的预算也可以提出更多的质疑，但让财政部门来全面改变预算计划，那是不可能的。

从程序上讲，真正能够规范化地审核和监督预算，对预算计划有生杀大权的，是一些专门机构，如人大、审计等部门。许多不合理的预算出台，提出预算的政府部门固然有直接的责任，而人大和为这些预算投票的人大代表又该负什么责任？人大的主要职能就是监督国家的钱是怎么花的，但在短短几天的人大会期里，审议复杂的预算报告，以一个正常人的智力真的能够做到吗？而且基于一系列程序性安排，人大否决政府预算的可能性几乎不存在。正因如此，才有部分人大代表向媒体爆料诉诸社会舆论支持的做法。但这种“接力”式的监督，在普通民众缺乏对不合理预算的直观印象和着力点的情况下，效果也并不明显。

当然，如果每一级政府和官员个人都能负责任地行使权力，则那些不合理的预算项目就会少之又少。但要使整个预算机制变得良性、透明而有效率，仅靠权力自觉是远远不够的。这需要制度体系支撑，而我们真正缺乏的，是一个防止不合理预算通过的机制，以及一个整治和惩罚不合理预算的机制。

在这个意义上，我同意张杰明局长所说的，财政体制改革取决于整个行政体制改革进程，行政体制改革如果不到位，财政改革肯定到不了位。这样看来，推动预算信息公开的最大意义，其实不在于对预算本身的监督，而是为其后续改革寻找到了强劲的动力。即财政预算公开会带来预算监督力量的扩展和监督的经常化，并形成政府机构改革的外在动力。对中国的公民社会、媒体和民众来说，下一步的工作应该就是推动相关部门对本部门预算问题的直接反馈。

从理论上说，预算公开及其反馈将在两个层面上促进后续改革的到来：一是从横向上给其他没有公开预算的省市以更大的压力；二是在纵向上促进与预算有关的人大监督、媒体监督、政府反馈等一系列制度的变革。这种纵向上的压力已经出现：10 月 16 日财政预算上网。不到半天时间，有高达 4 万人次访问广州市财政局网站，激增的访问量导致该网站“瘫痪”。这些都表明了民众对政府财政预算的高度关注。当然，在无法通过体制内的安排有效监督财政的情况下，只能直接诉诸民众和舆论的监督，这对执政者来说是个不小的考验——在历史上，政府通过持续性地对民意的回应，来推动自身的改革进程，是比大刀阔斧的政府内部改革更难的事情。

不过，这个头既然开了，预算接受民众直接监督的政治正确性已经形成，民众参与预算改革的通道已经建立，就没有回头路好走了。民众的直接监督一刻也不会停止，政府的持续反馈也势在必行。而由政府与民众共同推动的改革进程，就好比一辆由两轮推动的自行车。我们都知道，自行车只有在两轮同时不断地向前运动中才能保持稳定，改革也是一样：只有在政府和民众的共同推进下不断地深化改革，才能带来整个国家政治经济的稳定，而改革的停滞不前只会带来更大、更深重的危机。

［2009 年 10 月 30 日］

没有就业机会的经济复苏

□唐昊

最近美国劳工部发布的就业报告显示，美国失业率已经攀升至10.2%，达26年来最高，超过经济学家预计。此前，美国经济第三季度按年率计算增长3.5%，结束连续4个季度下滑态势，已经出现增长势头。

为何良好经济指数并不能直接转化为大量工作岗位？这个问题在媒体上被反复讨论着。经济学的解释是，即使经济在复苏，就业市场好转也要滞后一段时间。但如果不是从宏观经济学，而是从政治经济学的角度来看的话，问题却非如此简单：如今美国失业率的高企在很大程度上更应归结为经济结构和市场权力的失衡。在这样的前提下，即使经济数据全面好转，对就业的促进也相当有限。换句话说，我们现在进入了一个经济增长和就业增长之间的联系被破坏的年代。

21世纪初新技术革命在市场上的开花结果，要归功于金融领域的创新。新的融资模式带来高科技产业的炫目增长。金融业与新技术的结盟在短时间内创造了巨大的财富。尽管高科技泡沫旋即破灭，但却造就了巨额的积累和空前强大的金融业。在缺乏技术支持的经济增长点的情况下，迫不及待的金融业选择再次与房地产等结盟，创造了新的巨大财富，当然，这个泡沫财富也随着房利美和房地美的破产而破灭。但值得注意的是，在这两次经济繁荣期内，经济增长所带来的财富分配极不平衡。在有百多万人迈入百万富翁行列的同时，数千万劳动者的收入并未明显提高，未能享受到经济发展的成果。

即使在2003年前后经济持续繁荣的时期，美国的失业率也并不低。高增长、低通胀、高失业、两极分化，形成了一个奇怪的繁荣。而今所谓金融危机时期的低增长、低通胀和高失业，不过是以前繁荣时期的翻版而已。因此，更加接近真实的描述是：是经济的结构和市场权力，而非经济增长的速度，成为高失业率的真正原因。那些处于经济格局的边缘、远离市场权力的行业和劳动者，注定要被高速运转的经济车轮所淘汰，金融危机进而加快了这一进程。在这些行业里，许多就业机会失去了，就可能一去不返。

奥巴马此前强调，政府已将美国经济从悬崖边缘拉了回来，现在工作重点将从刺激经济增长转向增加就业岗位。但问题是，美国还有进行这种选择的能力吗？有数据显示，在美国，失业的重灾区多是行业链上游，如采矿、建造、汽车、家具家电、零售业等，而新增就业机会更多地集中在教育医疗以及政府部门。很明显，原有的经济结构并未因危机而调整，原有的金融等优势产业依然得到最多的帮助和最大的复苏机会，而那些可以增加就业但无法轻易扩张资本的制造业等部门却在危机中被以更快的速度挤出了市场，提供就业岗位的产业大幅缩减。这种情况将对美国的经济复苏形成威胁：萎缩的就业无法成为支撑消费反弹的力量，必然会拖慢经济复苏的脚步。为帮助失业者渡过难关，美国国会本月5日通过法案，大约200万领取失业救济的美国人得以在原法案年底到期后继续获得14周救济，失业补助金约为每周300美元。在失业率超过8.5%的州，失业者的补助申领可再延长6个星期。但这个消息理应让人们更为心酸，而不是更为鼓舞——那些受过高等教育、掌握一定技能、愿意努力工作的人群成了被帮助的对象，而不是被需求的对象。实际上奥巴马政府的救市举措，一开始目标就是增加工作机会，但效果很差。这不是美国政府的责任，而是整个经济结构的走向使然。

振兴实体经济看起来是一个能够让经济增长和就业获得双赢的选择，内生的经济增长能换取就业岗位的实质性增加。奥巴马最近多次强调这种经济结构调整的必要性，无疑是有远见的，但问题是他能不能做到？目前全球大量资源配置到了消费和金融领域，挤占了新技术、新产业的发展所需的资源。直到现在还看不出有什么技术或体制的创新，既能增加就业岗位，又能带来更强劲的经济增长。甚至可以更加悲观地预计：这次危机将强化原来经济结构中的资本、技术和政府优势，而进一步削弱劳工、弱势群体的影响力和资源，强化经济结构的不平衡。这种不平衡所造成的危机性后果，也越来越难以被金融创新和转嫁外国等举措所化解。高企的失业率意味着：普通劳动者在繁荣时期不能分享经济发展的成果，萧条时期却成为首当其冲的牺牲品。要消除这经济发展中的致命毒瘤，不但需要技术创新，更需要整个经济结构的调整。

现在是对曾经行之有效的资本主义制度、市场化道路进行整体反思的时候了。新的制度安排要求将是：市场权力必须被重新公平分配，资本游戏的获利必须被限制，制造业和劳工的贡献必须被强调，自由竞争和机会均等必须通过制度性的安排落实，自由竞争和每个市场主体都必须通过政治手段加以保护。至少不能像今天这样：金融的主要目的是赚快钱，而不是为经济和技术进步服务。

其实，中国的经济发展和经济复苏也正走美国的道路，所不同的是，美国在世界经济的融资和消费端，中国则在产业链的生产端——已经发生的金融危机表明，这是更脆弱的一端。除此之外，美国可以在民主政治的支持下强化对市场化道路的反思，以及对华尔街的贪婪的限制，而在中国，不但缺乏这方面的防火墙，甚至除了国有、私营、外国资本的疯狂获利之外，政府部门也通过控制金融和介入市场而获利颇丰。无论如何，政治权力对经济的不公正介入，都必须加以反对。只有改变目前这种利益集团过度掌控经济政策的局面，实施公众参与决策的机制，之后才谈得上政府在经济结构调整中的积极作用。今年的诺贝尔经济学奖被授予了一名政治学家埃莉诺·奥斯特罗姆，此举出乎很多人的意料。然而，在一个经济结构即将走向死结的年代，这个举动显得特别意味深长。

[2009 年 11 月 21 日]

事业单位养老金改革须三思而行谋定而动

□唐钧

辞“鼠”迎“牛”，在一派喜气洋洋的节日气氛中，“事业单位养老金改革”为教育、卫生、科技、文化、新闻等领域的专业技术人员带来了一些担忧，我们期待一个三思而行、谋定而动的实施方案，以确保改革不背离初衷。

报载，1月20日，人社部官员在接受记者采访时称，为了实现企业与机关事业单位之间的制度能够衔接，事业单位养老保险制度改革与企业基本一致，国务院要求山西、上海、浙江、广东、重庆等5个试点省市今年正式启动“事业单位养老金改革”。

眼下正值世界金融风暴越刮越烈、经济危机步步进逼之际，中国政府去年年底的“四万亿”壮举，举世瞩目，国内外许多专家学者都将此与当年帮助美国摆脱“大萧条”困境的“罗斯福新政”相媲美。然而，“罗斯福新政”首选之社会政策并非“以工代赈”，而是“社会保障”——这是美国人的说法，其实就是“养老保障”——美国人把“养老、伤残、遗属”放到一个保障系列中，统称为“老、残、遗”保障。正是“老有所养”的美好愿景解除了美国人民的后顾之忧，才使美国社会的凝聚力大增，各个阶层团结一致，同心同德地走出了危局。

所以，当今天再次面临世界性的经济灾难之时，采取什么样的社会政策能够促进社会和谐而不是相反，这恐怕是最重要的。社会政策理论指出：社会保障制度的一个基本特点就是“能上不能下”的“制度刚性”。这条被视为“铁律”的基本原则，其背后的原理是，社会保障制度的物质保障其实是其次的，其首要的社会功能是对社会心理的影响。马斯洛的“需要层次论”告诉我们：人们在满足了低层次需要之后，就会追求高层次的需要。当今中国，温饱问题基本解决了，所以，安全的需要和自尊的需要就成为最敏感的社会心理层次，这就是为什么社会保障标准不可逆的基本理由。

20世纪80年代，英国的撒切尔夫人和美国的里根总统大谈“福利改革”，但改来改去，只是社会边缘群体的福利待遇被砍了几刀，而作为社会中坚的中产阶层，基本上没有受到影响。所以，80年代被后人称为“拿穷人开刀的十年”。

再深入思考，从某种意义上说，经济危机本身不也是一个社会心理问题吗？在危机时刻，公众的心理是十分脆弱的。尤其在社会保障领域中，中国人本来就顾虑重重。各种说法的“三座大山”（其实是“五座大山”——养老、失业、疾病、住房和子女教育）正对中国“扩大内需”的努力产生种种阻碍。因此，如果现在针对教育、卫生、科技、文化、新闻等领域的专业技术人员进行“养老金改革”，就会使这部分当前中国心态比较稳定的社会群体也坠入动荡不安之中。

社会心理学告诉我们：社会心理就像一面凹凸镜，会把社会影响放大或缩小。这几年，我们对农民的政策是步步向上。虽然从物质的角度来看，农民所得并不太多，但在社会心理上是积极向上的。为什么不继续采取提高企业养老金标准的办法来弥合和机关事业单位过大的差距？现在媒体有关“事业单位养老金改革”的报道，仍处于纲要阶段，从对相关新闻的网上评论中，可以看到一种令人不安的情绪，矛头直指事业单位的从业人员。难道是事业单位的工作人员——教师、医生……剥夺了低收入群体的养老金？反过来，教师、医生……的养老金被降低后，会不会又产生对其他群体的怨怼？总之，此项改革牵连甚广，望有关部门三思而行，谋定而动。

［2009 年 1 月 30 日］

统计数据“打架”其实很正常

□唐钧

据媒体报道，国家统计局官员做客新华网，解读《统计违法违纪行为处分规定》。其中谈道，“统计造假的原因非常复杂，多年来这个问题也一直没能得到完全解决，甚至在一些地方和单位出现加重的现象”。这令人想到，前不久媒体上热议的“调查失业率”和“登记失业率”的PK。

年初出版的《社会蓝皮书》中，提出了一个“调查失业率”——9.4%，在媒体上引发了对失业率的热烈讨论。一直以来，政府发布的都是“登记失业率”。然而，公众对这个统计指标及其数据并不认可，一般的意见都是认为其“偏低”，与生活中的实际感受相距甚远。

其实，采用“登记失业率”并非中国政府独创。从国际经验看，世界各国采用这个指标至少已有半个世纪之久。20世纪50年代前后，发达国家纷纷宣告建成了“福利国家”。在福利国家的制度安排中，“充分就业”和“失业保险”是两项主要的社会政策。在“充分就业”的社会脉络中，失业被看成是一种暂时性的或过渡性的社会现象。一般来说，绝大多数失业者在规定的失业保险期满之前都是能够重新找到工作的。同时，因为就业政策与失业保险紧紧挂钩，劳动者在失去工作岗位后，就必须去政府有关部门登记成为“失业者”，明确表示其求职意愿，这样才能领取失业保险金，并获得政府提供的就业服务。这样的制度安排，使得政府有关部门通过“失业登记”获得的失业人数和失业率等数据基本上能够如实反映当时当地的失业状况。

然而，到了20世纪后期，在世界性产业结构大调整的历史背景下，充分就业逐渐成为“天方夜谭”式的神话，相当一部分失业者在失业后再也找不到工作了。因此，失业保险期满后没能重新就业的这部分失业者往往就从就业政策的视野中淡出乃至被遗忘。无论是经济学还是社会学，在理论上都将劳动年龄人口分为三个部分：一部分是“就业者”，另一部分是“非劳动力”，除了这两部分人，第三部分才是“失业者”。所谓“非劳动力”，是指那些因为种种客观的或主观的原因自愿退出劳动力市场的人。因为长期失业（譬如1～2年）会严重打击失业者的自信心，使他们彻底放弃寻找工作的努力。同时，再行登记也得不到经济上的好处（失业保险或其他津贴）了。于是，他们虽然没有工作但也不再去政府有关部门登记，在理论上或者法规上，他们就被列入自愿退出劳动力市场的“非劳动力”而不是“失业者”了。在认识到这个问题以后，发达国家的统计部门纷纷改弦更张，用普查（譬如人口普查）或抽样调查获得的“调查失业率”来弥补登记失业率的“后天失调”，从而获得更具社会政策意义的统计数据。

中国的失业率统计，是从20世纪90年代才开始的。此前，中国根本不承认有失业，当然谈不上有相关的统计了。在90年代中期强调“就业是民生之本”之后，失业人数和失业率对政府有关部门来说，就是性命攸关的政绩了。与发达国家不同，中国的失业保险从来就不是覆盖全民的。所以，在发达国家“基本上能够如实反映失业状况”的登记失业率在中国一开始就是不准确的，最多是反映了国有企业失业人员的情况。到“转制并轨”之后，连这点都做不到了。所以，登记失业率最终成了一些地方政府领导随口就来的“科学数据”。在基层调查时，见过因本地失业率高但为了政绩需要而蓄意“下调”的，也见过本地失业率并不高而要跟上面保持一致而有意“上调”的。所以，只要年初上面定下“争取”的任务指标（口径），到年终，各地的数据肯定是八九不离十的“多赢”现象。

为了获得更加准确的数据，地位比较超然的国家统计局近年来一直在致力建构一个更有说服力的“调查失业率”。据媒体透露：2003年初步探讨，得到的数据是6.02%，2005～2007年稳定在5%左右，2008年再次攀升到6.04%。

至于《社会蓝皮书》中提到的调查失业率9.4%，是中国社科院社会学所进行社会调查得到的统计结果。因为调查的方法和手段可能不同，从而得到的调查数据有所不同其实是很正常的事。按国际惯例，一个国家重要的统计指标，除了政府有关部门发表的“官方数据”之外，常常还会有一些民间机构，如大学或研究机构乃至非政府组织的相关调查数据。这些数据无须强求一致，可以百花齐放，更重视长期积累，这对决策者作政策抉择会有重要的参考意义。

［2009年5月8日］

避免对两代农民工造成“统计性歧视”

□ 唐钧

刚出版的《广东消费蓝皮书》披露了这样的数据：80％～90％的老一代农民工把工资寄回家或带回家，65％～70％新生代农民工将收入都用于自己的吃穿住行。于是，有学者据此得出结论，认为这表明了老一代农民工和新生代农民工在消费观念、消费习惯以及消费方式上的差异。

如果说，以上的数据是在描述一个事实，那应该说是可信的。但是，如果要进一步作出分析，根据这些数据来进一步作出价值判断，那恐怕就要小心了。

在相关的媒体报道中，有没有据此而作出价值判断呢？应该说，以学术界常用的概念化手段来作出判断，似乎是没有。但是，用一些明显带有倾向性的语言来区分这两代人的“消费观念、消费习惯以及消费方式”的“比较大的差异”，则是有的。譬如说“老一代”——“过长假‘怕花钱’”，“九成把工资送回家”，“收入主要在农村里消费”，“常光顾小士多和走鬼档”，“为孩子教育支出占大头”；而“新生代”——“过长假很‘滋润’”，“部分已在按揭买房”，“七成留收入自己用”，“流行上网聊天看片”，“绝大多数拥有手机”。这样的对比实际上会给读者造成种种印象，譬如说：“老一代”顾家，“新生代”顾自己；“老一代”怕花钱，新一代活得“滋润”；“老一代”支持农村消费，“新一代”支持城镇消费……

这样的印象准确不准确呢？可能有其不太准确的地方，因为影响新生代农民工消费行为的可能还有很多其他因素：

其一，将两代农民工的消费行为作比较时，有一个年龄段的问题。手头没有《广东消费蓝皮书》，不太清楚“老一代”与“新生代”在年龄上是怎样划分的。但从报道中描述的事实是否可以推测，“老一代”已经人到中年，而“新生代”则还在花样年华，不同的年龄段显然会有不同的生活方式和消费需求。譬如“新生代”中，“有近70％拥有手机或小灵通，通信费用占总消费的比例很高，一般高达15％～25％”，这些事实是否与他们青春萌动、有交友的激情乃至已经在谈恋爱有联系呢？众所周知，农民工工作时间长，休闲时间少；劳动强度大，常常身心皆疲。于是，用这些现代通信工具进行人际沟通、交流和互动，是否也是人之常情？至于“老一代”，他们上有老，下有小，毕竟肩头所负的家庭责任是不一样的。因此，他们要把挣来的钱寄回家中，要负担子女的教育费用；他们对自己的消费苛刻到非“必需”不花钱，成为“小士多和走鬼档的消费主体”，而且“在文化娱乐活动方面几乎没有开支”……但是，随着年龄的变化，我们是否也可以这样推论：到目前的“新生代”结婚成家、养儿育女以后，家庭责任也会改变他们的生活方式和消费行为，从而使他们向现在的“老一代”看齐？

其二，可以把新生代农民工与城里的“80后”、“90后”甚至大学生相比，虽然他们因为社会地位和经济条件不同，消费习惯和消费方式也许会被认为“档次较低”，但在消费观念上他们之间是否有相似点乃至共同点呢？按报道中所说：有的农民工工资收入较高，已经以按揭的方式成为“有产（房）阶级”；购买电视、冰箱、洗衣机、电脑和手机等耐用消费品更已是常事；同时，他们对技能培训的要求越来越强烈，等等。从以上事实可以推测，新生代农民工其实是把钱花在恋爱结婚和个人发展上了。这难道不可以理解吗？

要说明一点，因为没有见到《广东消费蓝皮书》，以上的议论是针对相关的媒体报道有感而发的。这个调查很有意思，相关数据可以再做进一步的开发，譬如，可以将“新生代”中已经结婚生育的与没有结婚的，同“老一代”作个比较，看看他们在消费观念、消费习惯以及消费方式上的异同。有必要的话，还可以做一些深入访谈，这对读懂数据是很有帮助的。

不要像上述报道中那样轻易就表露出倾向性的意见，那样会在社会上、公众中对新生代造成刻板印象和偏见，弄不好还会造成“统计性歧视”。用社会学的语言说，就是给“新生代”贴上标签了。这是有教训的，譬如，对独生子女社会上就形成了一种偏见。20世纪90年代末期，风笑天教授做了一个课题，研究发现，将独生子女与非独生子女相比较，他们之间并没有明显的差别。

[2009年10月10日]

“善人”金大中

□陶短房

刚刚去世的韩国前总统金大中是怎样的一个人？

民主先驱，反独裁斗士，屡败屡战不屈不挠的政坛不死鸟，第一个出自庆尚道以外、非门阀非“精英”阶层出身的草根总统，“阳光政策”的倡导者和韩国经济摆脱亚洲金融危机影响的火车头，等等，这些当然都对，但金大中首先是一个“善人”。

他从政之初便成为当时极权体制下的反对派，反对过李承晚，也反对过朴正熙，被缺席判处过死刑，也曾一而再、再而三，被无孔不入的政治暗算弄得死去活来，之所以在令人窒息、甚至令人绝望的氛围下依然执著，其所秉持的恰是一股善念，一股将韩国社会从军人独裁泥潭里拔出的善念。

他执政之初，一度势头不错的韩国经济恰陷入金融危机低谷，国内政坛旧势力死而不僵，门阀和精英盘根错节，依旧把持着韩国命脉，虽然号称“四小龙”之一，但韩国国内地区发展不均衡，贫富差距悬殊，这些问题根深蒂固，有些甚至可追溯到李朝时期，面对已属不易，挑战、解决更难上加难，而金大中以长期在野、一旦登朝之身，不顾巨大的政治风险，毅然将最初的执政重点放在改革金融机制、限制门阀经济、促进落后地区发展和平抑物价、保障普通国民利益等方面，来自草根、政途坎坷，令他深悉民间疾苦和社会弊端，而正是一股与社会同疾、与民众同苦的善念，给了这个曾四次落选、三次死里逃生，费尽九牛二虎之力才当上总统的政治家，以直面险滩的勇气。

在他上任之初，朝鲜非但是老死不相往来的“最熟悉的陌生人”，更是至今仍未解除战争状态、签署正式和约的死敌，与朝鲜打交道是政治“死区”，更何况他本人曾差点被朝鲜人民军枪毙。然而朝鲜、韩国同文同种，战争和对峙导致无数家庭骨肉悬隔，更令南北双方的发展受到拖累，安全受到威胁，正是秉持一股善念，他才不顾政治风险，甚至不顾“长幼有序”的朝鲜民族传统，率先迈出跨越停火线的一步，让热战复冷战、长期剑拔弩张的南北双方重新坐到一处、走到一起。

由于长期的封建传统、殖民历史和军人统治，韩国民主虽已历经多年，却仍存在诸多不完善之处，自结束军人独裁以来，历任韩国总统，“善终”者极少：

全斗焕、卢泰愚锒铛入狱，金泳三因儿子身败名裂、自身在应对金融危机中表现拙劣而黯然卸任，卢武铉因贪腐传闻不堪压力，跳崖自尽。而金大中虽然三个儿子均有因涉嫌腐败而被起诉的“案底”，甚至他本人也顶着“让现代企业出钱换取金正日接见”的传闻，但总的来说，其个人声誉和政治清白，无论任前、任上、任后，并未受到影响。“靡不有始，鲜克有终”，生如金大中，死如金大中，也可算得污浊政坛中一个难得的善人了。

金大中绝非政坛理想主义者，他一生纵横捭阖，曾与盟友金泳三翻脸，更曾和政敌金钟泌结盟，并借此成为韩国历史上首位在野党当选总统。尽管如此，作为一名政治家，一个国家领导人，只要对国民存善念，对百姓有善政，善始善终，便可不负“善人”的称号。

［2009 年 8 月 19 日］

诺贝尔文学奖的“跨文化另类癖”

□陶短房

近年来的诺贝尔文学奖仿佛成了跨文化另类作家的乐园：自 2000 年至今，10 位获奖者中有 7 位具有跨文化特质，几乎每位获奖者均有“另类作家”色彩，而最近 3 位获奖者均是“跨文化另类作家”——具有津巴布韦情结和血缘的英国作家多丽丝·莱辛、具有毛里求斯血统和美洲作家特性的法国作家勒·克莱齐奥和本届获奖者德国作家赫塔·米勒。

虽然这种对跨文化和另类的追求，几乎已成为诺贝尔文学奖及其评奖机构瑞典皇家文学院的招牌标签，但这次走得未免太远了些：帕慕克、莱辛和勒·克莱齐奥虽然也跨文化也另类，他们的获奖也出乎许多人的意料，但事后复盘，大多数人仍会心悦诚服，认为不论如何，他们的成就足以承受诺贝尔文学奖的荣誉。然而赫塔·米勒实在太“另类”了。

立博公司事先所开出的诺贝尔文学奖赌盘列举了近 60 位可能的当选者，赫塔·米勒以 50 赔 1 的赔率仅列第 31 名，这位获奖者的一系列作品，不论是最早的《低地》、《暴虐的探戈》，还是今年刚刚推出的《呼吸摆动》，其影响都局限于狭窄的受众范畴：罗马尼亚德裔（罗姆族，仅占全国人口 2.5%）和德国、奥地利的部分文学爱好者。

正如许多评论者所指出的，尽管赫塔·米勒自 1995 年起即成为德国语言和诗歌科学院成员，但不论其个人成就或作品成就，均不足以在德国当代文学史上留下深刻的铭记，不论在德国或罗马尼亚当代文坛，她都算不上台柱型人物，更很难与“文学大师”头衔扯上多少干系。评奖委员会称其作品“以诗歌的凝练和散文的率直，描写了社会边缘阶层的生活面貌”，但这样的成就未免太过一般：几乎每个国家的每个时代，都会有若干作者当得起这样一句大而化之的评价。

毋庸置疑，赫塔·米勒的获奖，更多因其作品所涉及的内容，而非作品的文学价值本身。作为曾遭受迫害的少数民族，赫塔·米勒在 30 多年的创作生涯中，将其本人和其所熟悉的、东欧少数族裔和边缘人在冷战铁幕后的苦辣酸甜凝入笔触，勾勒了昔日东欧社会的场景，揭示出鲜为人知至少鲜为铁幕另一端许多人所知的一片暗影，一段辛酸，具有一定的社会意义和价值。但和这些作品的社会价值相比，其文学价值至少在今天尚未得到普遍的认同。如果赫塔·米勒不是一名来自昔日东欧社会的作者，没有独特的民族属性和身世经历，不曾被罗马尼亚情报部门相中又为其本人拒绝，如果她的作品不是30年如一日地执著于特定的创作题材，很难想象她会从包括赛义德·伊斯伯尔、菲利普·罗斯、安东尼奥·塔布齐等响当当的名字中最终脱颖而出，甚至很难让人信服她的获奖比诸如村上春树等人更实至名归。

如果说1999年，君特·格拉斯以《铁皮鼓》获奖是众望所归，那么此次赫塔·米勒的获奖不免让人感到一点异样：固然，作为作家她也是优秀的，但她是否优秀到足以击败那些更为人所知，为更多不同阶层、不同背景的文学爱好者所接受的竞争者？是否优秀到足以令诺贝尔文学奖改变自2000年以来约定俗成的“英语与非英语作家交错获奖”惯例，抛弃奥茨、品钦、罗斯、唐·德里罗等热门，让自1993年失落至今的美国作家群继续等待？

文学鉴赏是一门个性艺术，每个观察者都有其独特的口味，诺贝尔文学奖的“跨文化”和“另类”癖好，在可预见的将来估计难有实质性改变，这原本也无可厚非，但在坚持这一“特色”的同时，评委们恐怕还需更多提醒自己——诺贝尔文学奖不仅姓“诺贝尔”，更姓“文学”。

［2009年10月10日］

官员财产申报无关隐私

□汪庆华

有关官员财产申报的话题，热闹了半天，却是只闻楼梯响，不见人下来。两会代表委员的议案提案，媒体网络的热议，专家学者的评论，足见社会对于这个问题的关心。腐败，一直是民众最痛恨的问题。迄今为止，中央出台了大量措施，可惜效果不彰，关键在于未能建立反腐的长效机制。政府在官员财产申报制度推出之前深思熟虑，可以理解，然亦需当机立断，澄清吏治。一旦推出官员财产申报制度，肃官箴、儆官邪，民众对于政府的信心和信任必有大振奋。目前坊间种种反对官员财产申报之言论，虽不足为据，却足以混淆视听、妨碍决策，需要认真对待：

一曰官员财产涉及个人隐私。政府官员乃公众人物，其掌控国家资源，行使公共权力，享受社会福利。政府官员之隐私权相对社会民众，已经克减。这也是权责一致政治伦理的法律体现。进而言之，政府官员隐私权的另一端就是公民的知情权。两权相衡，知情权占据优先地位。非此，纳税人之批评监督无从落实，政府之公开透明无从建立。

二曰财产申报危及社会稳定。当前民众盼望政府之透明高效、官员之廉洁奉公，有如久旱者之望云霓。论者谓，官员财产申报披露出官员民众之间财产差距过大将导致民众对政府的不信任，从而危及社会稳定。此论大谬矣。按照政府的一贯说法和社会民众的一般理解，我们的干部队伍大部分是好的。倘如此，上述说法岂不是在诽谤我们的干部队伍？退而言之，即使干部队伍存在这样那样的问题，倘明知官员百姓财产悬殊，刻意隐瞒不让民众知晓，这岂非“民可使由之，不可使知之”的现代愚民术？这种理论的背后隐藏着这样一个荒谬的假设：那就是民众都是幼儿园的孩子，他们没有理性判断能力、心理承受能力和健全判断能力。与其披露事实真相，不如制造海市蜃楼。然而君不见“你可以欺骗全体人民于一时，也可以欺骗部分人民于永远，但你无法欺骗全体人民于永远”。这种所谓申报财产危及社会稳定之言论倘被采纳，才真正会危及社会之稳定。

三曰申报制度尚未研究成熟。“文革”中，公检法被砸烂，政法院系全部关停并转，政法人员下放的下放，改造的改造，坐牢的坐牢。“文革”后不久的1979年，在政法人才极度匮乏的情况下，全国人大曾经创造过3个月内起草7部法律的奇迹。“阳光底下无新事”，官员财产申报制度的制定并无多难。“神舟七号”可以上天，“嫦娥”可以奔月。大胆决策，小心实践，科学规划，民主听证，远有欧美可以取法，近有港台可以师资，建章立制并非难事。官员财产申报制度之建立并无人才、经验、技术匮乏之虞，实有破除既得利益决心不足之忧。

以上三论可见反对官员财产申报制度谬论种种之一斑。要而言之，官员财产申报无关隐私，有利和谐，早可推出。诸如“心理抵触”、“技术难题”之类托词都不如“老百姓先要申报财产”之赤裸直白，直抒胸臆。官老爷之神情姿态，想见可知。傲慢言语不过日常官态之现形，反对申报不过等级特权之作祟。此类老爷思想、大人态度更显官员财产申报之不可缓。官员财产申报制度看似严厉，实收善待官员之功。财产申报制度防微杜渐，增加官员腐败的成本，减少官员腐败的可能。多少落马官员悔不当初，如果此前就有官员财产申报，他们也许现在还是我们的好公仆呢。

[2009 年 3 月 20 日]

大雾、大旱之时的信息公开

□汪永晨

中央气象台7日18时继续发布大雾预报：当天夜间到8日上午，华北中东部和南部、辽宁南部、黄淮、江淮、江南北部和东部、陕西南部、四川盆地、贵州北部、华南中部等地有轻雾或霾。

在经历着大雾阴霾天时，公众从媒体上看到的是这样的解释：气象专家介绍，这两天大雾的形成与暖湿气流有直接关系，京城被暖湿气流控制后，空气湿度在90%左右，空气中水汽饱和凝结也就形成了浓雾。

而也就是这几天，公众从媒体上得到的另一信息是，北京市政府布置从11月1日开始提前进入供暖期，有不供暖的，可以举报。

有人就问了，最近这三天的大雾，仅仅是雾吗？和开始供暖有没有什么关系？而北京早就在四环之内禁止烧煤取暖了，可为什么偏偏这吓人的大雾天，就在开始供暖之后呢？

近日，在各大媒体上看到的另一则环境信息是：湖北省气象局武汉区域气候中心最新的卫星遥感监测显示，10月洞庭湖水体面积为537.84平方公里，比上月的1338.57平方公里下降了59.82%，比去年同期的1160.54平方公里下降了53.66%。武汉区域气候中心分析，南方的罕见持久干旱是洞庭湖流域水体面积减少的主要原因。同时，长江三峡9月中旬开始试验性蓄水，也导致了经长江流入洞庭湖的水流减少。

水利部网站对此的解释呢：9月份以来，湖南、江西两省降水偏少近五至八成，长江流域干支流来水明显偏少，导致湖南、江西出现严重干旱。针对“三峡蓄水导致中下游干旱”的传言，三峡集团公司有关负责人表示，三峡蓄水不是导致干旱的主要原因，反而有助于改善长江最枯季节中下游的用水条件。（《人民日报》11月3日）目前，三峡水库加大下泄流量已经让下游受益。

空气质量的好坏，直接影响着老百姓的身体健康。长江水的多少，也切切实实地关乎百姓的民生。那么，开始供暖后连续三天的大雾阴霾和空气质量的重度污染有没有关系，老百姓不懂，政府官员要不要出来解释？已经采取的措施对北京空气质量到底有哪些影响？三天来，市民们没有得到这方面的信息，只是听到一些专业人士劝朋友和家人，这样的天儿，少出门为好。

江西、湖南缺水和全球气候变化有关，否认这一论断的人可能并不多，但还有其他原因吗？全国政协委员、国务院三峡工程建设委员会办公室的领导11月4日接受采访时表示，到目前为止，三峡工程可能引发的生态环境问题并未超过官方的最初预计。他同时强调，三峡工程作为一个特大型水库，“影响非常有限，对气温的影响不会超过2℃，人体基本不能感觉”。三峡集团公司的负责人更表示：三峡蓄水不是导致干旱的主要原因。这就有点让公众不能信服了。因为与此同时，他们也在说：三峡水库加大下泄流量已经让下游受益。

和长江下游数万万民众相关的水的问题，公众目前知道的信息应该说是远远不够的。

由国家环保部门颁布的《环境信息公开办法（试行）》法规，已在2008年5月1日正式生效。《环境信息公开办法（试行）》要求，环保部门必须公开17个方面的环境信息，包括：环境质量状况，环境统计和环境调查信息，突发环境事件的应急预案、预报、发生和处置等情况。

信息公开条例实施一年多来，日前绿色和平公布的一项最新调查表明，世界500强和中国上市公司100强企业中，包括壳牌、雀巢、中国石化、东风汽车和湖南有色等在内的18家中外企业，在超标排放污染物并且被环保部门点名的情况下，仍然不执行《办法》有关“30天内公开环境信息”的规定，隐瞒污染物信息。

公众是环境保护最重要的利益群体，具有最强的动力和最大的积极性，通过公开环境信息让公众了解并参与监督及管理，是促进污染削减的重要举措。印度在一次重大污染事件后，有关公众知情权的运动亦蔓延至其他北美国家。除“国际知情权运动”外，不少国际组织也在积极推动各国政府及企业向公众进行信息披露。欧洲国家于1998年6月25日第四届欧洲环境部长级会议上，亦就环境污染信息的采集及披露这一问题达成了一项突破性的协议——39个欧洲国家签署了《联合国欧洲经济委员会奥胡斯公约》，根据其后的协议之规定，所有信息应通过互联网免费对公众开放。

阴霾的天气、长江流域持续干旱，与我们人类对自然的干扰有多大关系，科学家有科学家在做的研究，政府有政府要做的信息公开。我们普通老百姓呢？光有恐慌和埋怨是不够的，也应该检点一下自己，破坏环境的事，我做了哪些？怎么改进？

［2009年11月10日］

“王帅们”的诽谤罪根源何在？

□ 王琳

因为网上发帖，王帅被河南灵宝市警方跨省抓捕，刑事拘留8天。在舆论持续关注下，河南省副省长兼省公安厅长秦玉海向公众道歉，灵宝市公安局分管副局长被停职，王帅获得783.93元国家赔偿。

但此时，同样因为网上发帖而被抓的39岁内蒙古男子吴保全，已在牢狱中被羁押整整1年。2007年和2008年，他两度被内蒙古鄂尔多斯市警方跨省抓捕，第一次被刑拘10天，第二次被判刑1年，罪名正是“诽谤”。吴不服而上诉，市中院以事实不清为由裁定重审。结果，在没有新增犯罪事实的前提下，刑期却从1年改判至2年。（昨日《南方都市报》报道）

尽管“彭水诗案”、“灵宝帖案”等等，均以被推定为“诽谤者”的公民恢复清白而告终，但伴随着舆论大哗之后民权胜利又实在是脆弱得紧。一应地方官员的毫发无损更是对此类以言究责行为的激励。以全国之大，媒体、舆论又能关注多少个“王帅案”？在网民一次次的审丑疲劳之后，可还有激情一次又一次地再度投入到声讨公权滥用的行列？在此尴尬的现实之下，“诽谤政府案”频频发生，也就不足为怪了。

回头再看“吴保全案”：同是网上发帖，同是揭批政府大规模违规征地，同样遭警方跨省追捕，罪名也同样是“诽谤”。与“灵宝王帅案”顺应民意的收案相比，没有舆论关注的吴保全至今仍身陷囹圄，无比孤独。

可我们还能做些什么？继续在时评中引法论据，向一应官员普及“诽谤罪”的构成要件？（政府不能成为被诽谤的主体）还真以为这些地方官员都是些法盲？不，他们都是法精。他们不但懂得法律意义上的“诽谤罪”，更懂得潜规则里的“以法治民”。所谓刑法，在这些地方官员眼中，不过是个工具，一个“刀把子”而已。难道立法机关在舆论的苦苦相逼下，将诽谤罪彻底还原为自诉案件，并禁止对此罪的一切侦查与公诉行为，公民的批评权就能得到切实的保障吗？可知“诽谤罪”不好用了，还有“妨害公务罪”、“敲诈勒索罪”甚至“危害国家安全罪”。再不行，一个灰牢化的“上访学习班”也足以搞定某个网民。

我曾经坚定地认为，对一个法律事件，应该在司法的场域内，以司法的方式来解决。可惜，在“彭水诗案”、“稷山文案”、“孟州书案”和“灵宝帖案”中，解决的路径都沿袭着从媒体介入造成舆论高压之后，再以更高权力介入的方式来终结。即便有司法的参与，也是在地方权力的直接指挥或授意之下，完成法律程序上的形式而已。以“灵宝帖案”为例，我倒是很为那些被处分的警察抱不平。这样的一种跨省抓捕，这样的执法违法，没有在当地手持更高权柄者的直接指令、授意或者暗示，公安局长和网警大队的几个小警察就敢“果断决定”，持“诽谤罪”这一令箭跨省抓人了？而就算这样的究责有“舍车保帅”的明显嫌疑，法律又能拿幕后的隐身人怎么着？那个处分书中居然还写着某某民警“因办案业务知识不精，对错案的发生负有直接的责任，因而被停止执行职务，离岗培训”。我突然明白了为什么坊间总把监狱称为“犯罪学校”。那些服刑犯，可不都是“办案业务知识不精，对案发负有直接的责任”，因而被法院“停止执行职务、离岗培训”吗？

要为“灵宝帖案”中的法律问题释疑解惑，并不困难。问题在于公众欠缺一些手段，让那些玩弄法律于股掌之上的官员也进入究责机制之中。从“彭水诗案”到“稷山文案”，从“孟州书案”到“灵宝帖案”，这些言论之讼无一不引发舆论一边倒的谴责，但舆论于事件的直接功能不过是促进了“救人”，而远未实现“究责”。处于风暴中心的当权者，在舆论风暴过后基本毫发无损。

地方官员们从“彭水诗案”、“灵宝帖案”等个案中所学会的，也许并不是对法律的尊重和遵循，而是对媒体的掌控、对网络的警惕以及对法律的“灵活运用”。“吴保全案”中，刑诉法上明文规定的“上诉不加刑”原则，也因法院的发回重审而被轻易架空。如此公然戏弄法律的潜规则，在司法实践中不是个别案例。若公安司法人员不依刑法，而唯权力是法，“帖案”的层出不穷也就见怪不怪了。没有公正的司法，当无辜的公民或记者因触怒官威而被卷入讼案，获得司法公平对待的唯一途径就是引起更高权力的重视。以权力，而不是以司法来解决权力的滥用问题，是众多王帅们被卷入“诽谤罪”的根源所在。如果“灵宝帖案”的解决仍不能走出这个困局，用不了多久，我们很可能又会为下一起“帖案”而痛心疾首。

［2009 年 4 月 20 日］

新《统计法》如何防范统计为官员说话

□王琳

对中国的病理学诊断一直是学界极为热衷的话题，历史学家黄仁宇替中国把脉之后，得出一个著名的论断：中国生病的原因无关道德和个人因素，而是在技术上不能实现“数目字管理”。借《万历十五年》一书，“数目字管理”风靡一时。

黄氏“数目字管理”一说虽在学界尚存争议，但数字及统计的重要却已被普遍接受。在国家建设上特别强调有自己“特色”的中国，也一样自上而下建立了健全的统计部门。在新时代的中国实践“数目字管理”以求“大国崛起”，也成为诸多政治精英的选择。1983年12月，六届全国人大常委会第三次会议通过了《统计法》，这成为统计部门的权力来源，以及统计部门开展统计执法的法律依据。

一般认为，统计具有信息、咨询与监督三大功能。实现这三大功能的前提就是数据准确与数据公开——这里的“准确”是指与事实相符，这里的“公开”是指向公众公开。但事实上，《统计法》施行20多年来，统计功能的发挥在很大程度上仍局限于行政体系之内——“信息”指向的是自下而上的信息公开；“咨询”指向的是上级依赖统计咨询替下级决策；“监督”指向的是上级通过统计数字实现对下级的监督。一言以蔽之，统计成为中央了解地方、监督地方、奖罚地方、制约地方的工具。

应当说，权力制衡也是统计功能的一部分，但绝非全部。统计功能的发挥更要面向社会、面向公众，统计数据不仅要上报上级，还要下达民众、信息共享；政府统计数据的准确性不仅可供行政决策咨询之用，更可广泛应用于市场运作与社会运行的方方面面；统计数据不但可成为上级监督下级的工具，更应成为公众监督政府的利器。从防范统计数据造假上讲，对数据有切身感受的公众往往更能发现，并更会因内在驱动来揭露政府的欺诈行为。20多年来，统计之所以被异化成“官出数字，数字出官”，统计数据虚报、瞒报、杜撰等现象层出不穷，正在于统计自下而上封闭运行，排斥了权利人的介入，使得广大民众仅仅成为“被统计”的对象，而不是充分发挥统计功能的主体。

针对种种统计乱象，十一届全国人大常委会第九次会议于27日表决通过了修订后的《统计法》。官方发布的信息称，这部法律大大强化了法律责任，并增加了“监督检查”一章。甚至有国家统计局的要员对媒体放出风声：“统计部门作为《统计法》的执行机关，将把严肃执法作为重点，对发现的统计违法行为，不论是什么地方、什么单位、什么人，都要一查到底，绝不姑息。”

为这番豪言壮语作注的，是《统计法》实施20多年来，因在统计工作中严重违法而被追究法律责任的最高级别官员仅是县处级。难道县处级以上官员就没有统计造假？抑或责不究“厅局”？由于缺乏具体数据的支撑，公众只能从现实生活中去合理怀疑。

修订后的《统计法》或许有意改变监督乏力这一现状，但从媒体披露的修订内容来看，决心固然颇大，办法仍然不多。如新法规定：“统计机构和统计人员依照法律规定独立行使统计调查、统计报告、统计监督的职权，不受侵犯。”法律还对统计人员作出保护性规定：“不得对依法履行职责或者拒绝、抵制统计违法行为的统计人员打击报复。”

而在现实中，问题恰恰就在于，那些从事具体统计工作的人员包括统计局长，都是当地党政领导的下属。统计是为官员说话，还是为事实说话，在很多时候这简直就是一个生或死的问题。地方官员基于对自己前途的考虑而干涉统计，作为下属的统计人员能够从哪儿获得体制的力量与“官大一级压死人”的领导相抗争？如果一句“不受侵犯”或“不得打击报复”就可以防止统计“造假”，那可真的有些乐观。

和中国的许多事情一样，防范统计造假依然要从“还权于民”出发。常识告诉我们，欺骗上级官员比欺骗辖区民众要容易得多，也安全得多。只有当官员的升降或奖罚真正取决于民意而不是取决于上级时，统计的重重黑幕才有被拉开的可能。

［2009年6月29日］

喜看大侠成主席

□ 王晓渔

中国作家协会官方网站“中国作家网”日前公示2009年度拟发展会员名单，其中最引人注目的是金庸先生。有消息人士声称，金庸很有可能出任中国作协名誉副主席之职，但是中国作协书记处书记否认了这种说法，称“目前暂时没有作出这个决定”。（《天天新报》2009年6月22日）“目前暂时没有作出这个决定”，不等于将来一定不会作出决定；不出任名誉副主席，不等于不出任其他职务。更何况，此次是1997年香港回归之后中国作协首次吸纳港澳地区成员，以后是否要成立港澳作家协会？金庸是否要发挥一下余热，起到带头模范的作用？这些都是未知数。不过，这些问题属于中国作协的考虑范围，不是我所关心的。

在作协已经逐渐淡出公众视野的当下，公众先后三次对中国作协新进会员产生浓厚兴趣，每次都有特别原因：一次是“80后”，一次是郭敬明，一次就是金庸。宣扬个性的“80后”纷纷要求加入作协，曾经引起一片哗然，叛逆的一代怎么如此迅速地认同了体制？然而，只要对这些“80后”的作品有所了解，就会知道他们的叛逆基本停留在身体叛逆的阶段，即把文身或者鼻钉等身体装饰当作特立独行的标志，甚至连身体叛逆都难以做到，只是处在服装叛逆阶段，让自己或者小说中的人物穿上算不上奇装异服的奇装异服，诸如露脐装、吊带衫、低腰裤。与思想叛逆基本绝缘的一代，迅速认同作协体制，并不奇怪，所以，此次与金庸一起加入中国作协的还有一些“80后”漏网分子，但是他们已经无法引起公众的关注。

郭敬明也是“80后”，他和其他“80后”同龄作家一起加入中国作协，但是他被单独提起，是因为除了青春作家的身份之外他还有一个特殊身份，即文坛剽客。中国作协“本着爱惜人才的原则”，对郭敬明“破格通过了申请”。这句话语焉不详，不太清楚此处所指“人才”是指“写作人才”还是“抄袭人才”，“破格”原因是写作突出还是剽窃显著？从具体细节来看，很有可能是后者，因为在推荐表上，被法院判定为抄袭的《梦里花落知多少》赫然在目。此次中国作协的公示主要针对抄袭者，表示：“如上述名单中有涉嫌抄袭他人作品者，请在公示期间举报。”这不禁让我对后来的抄袭者抱有同情，为何作协不能对他们报以对郭敬明一样的“爱惜人才”和“破格”呢？

金庸出生于1924年，也可以称作“80后”。金庸入会让我想起王朔十年前的言论。1999年，他把“四大天王”、成龙电影、琼瑶电视剧和金庸小说称作“四大俗”。当时我对他把金庸小说列入“四大俗”有些非议，认为用余秋雨散文取而代之更为妥当。后来年岁渐长，再回头看他对金庸小说的评价，招招致命，比如：“金庸笔下的侠与其说是武术家不如说是罪犯，每一门派即为一伙匪帮。他们为私人恩怨互相仇杀倒也罢了，最不能忍受的是给他们暴行戴上大帽子，好像私刑杀人这种事也有正义非正义之分，为了正义哪怕血流成河。”世俗不是坏事，但是一个仿佛不食人间烟火的世外高人汲汲于世俗功名，这就具有喜剧效果了。正如一群“力比多”过剩的青少年打架斗殴、寻花问柳、拉帮结派，本来没有什么大不了，可是一不小心跟“侠之大者、为国为民”联系在一起，不但不够悲壮，还有些“秀逗”。

金庸传记大都把金庸描写得如同他笔下的大侠一样高大全，傅国涌先生撰写的《金庸传》与众不同，对金庸虽有肯定，但亦有批评。面对傅国涌和这本《金庸传》，金庸失去了他笔下大侠们虚怀若谷、闻过则喜的胸怀，在接受采访时表示没有授权傅国涌撰写传记，并且表示：“《金庸传》我不推荐。我不认识他，他也不认识我，连篇谎话，何必看它。如果他出现在我的小说里，肯定是负面人物。”撰写传记无需传主授权，撰写传记者未必要认识传主，这都是传记写作的基本规则，可惜金庸对此似乎一无所知。至于要把“传记作者”看作小说里的负面人物，更是孩子式的赌气，与大侠风范相隔万里。

在中国大陆文学界，一度流行“忍看朋辈成主席”的说法：20世纪80年代成名的作家（同样可以称作“80后”）在21世纪陆续成为地方作协主席、副主席，他们曾经的人文理想逐渐被体制思维取而代之，这种变化让同辈朋友感慨万分，将鲁迅的诗句“忍看朋辈成新鬼”改为“忍看朋辈成主席”。如今，三种“80后”济济一堂，会聚于中国作协。与此同时，香港同胞争先恐后，不仅金庸有望成为中国作协名誉副主席，以饰演大侠而著称的成龙先生已经成为中国电影家协会副主席，并且以“中国人是需要管的”而语惊四座，“四大天王”之一刘德华也已是中国电影家协会理事。作为旁观者，面对这种文化奇观，我一点也不惊讶，愿意“喜看大侠成主席”。

［2009年6月23日］

网络监督为何要以“谣言”的方式出现？

□王晓渔

郑州市规划局副局长逯军，因为质问中央人民广播电台记者替党说话还是替老百姓说话震惊中国。10月15日天涯等网站出现帖子，声称逯军调任“郑州市引才办主任”，郑州市委组织部表示“网帖可以肯定为谣言”，因为逯军事后被“停止工作，在家反省”，持续至今，最终的调查和处理结果尚未作出。（《武汉晚报》10月18日）

我专门找到那个帖子，却很难把它与“谣言”联系在一起，感觉更具“玩笑”的成分。帖子的标题是《“替谁说话”的逯军局长当了“郑州市引才办主任”》，但是正文找不到“谣言”的影子，丝毫也没有提到逯军复出，只是中规中矩地把逯军的简历、照片和事发时有关部门声称调查的内容贴了出来。这样，标题和正文就互相冲突。郑州市委组织部声称网帖是谣言，没有明确指出究竟标题是谣言，还是正文是谣言，如果是后者，是否意味着有关部门并未对逯军进行调查？

在一个人肉搜索时代，郑州是否有“引才办”，或者逯军是否就任“引才办主任”，几秒钟之后就可以验明正身。为何会有网友“造谣”？如果说这个网友“别有用心”，为何这个“谣言”在天涯等著名网站获得广泛关注并且迅速传播？如果说众多网友“不明真相”，为何有的网友在转帖的时候，为了表明这是一个“谣言”，甚至戏谑性地把逯军的新职务写成“荷兰省郑州市引才办主任”，使得“谣言”彻底成为“玩笑”？

在我看来，这个帖子既不是一个复杂的“谣言”，也不能仅仅视为一个简单的“玩笑”，而是充分表明网络监督走向困境时的无可奈何。近年来，网络反腐不仅为公众瞩目，亦获党和政府承认。中共中央党校出版社新近推出的《中共党建辞典》收录了“网络反腐”的词条，新华网则发表了《中共积极探索“网络反腐”迫使官员检点言行》的报道，以因为受贿罪被判处有期徒刑11年的南京市江宁区房产管理局原局长周久耕为例，对网络反腐作出了高度评价。

网络反腐成为整顿吏治的全新模式，各方对它充满期许。但毋庸讳言，一些地方政府仍然无法适应网络反腐的新形势，或者说它们已经找到了应对网络反腐的新方法。在“躲猫猫”事件中，云南省委宣传部副部长伍皓透露，一些政府部门面对公众舆论习惯采取“拖、堵、删”的方法。网络监督同样面临这种情况，一些部门在事发时迫于舆论会高调表示严肃处理，等到舆论转移方向之后就不了了之。以逯军事件为例，从6月18日郑州市监察局领衔成立联合调查小组，到现在已经整整四个月，调查和处理结果一直难产。与之不同的是，因为享用“九五至尊”天价香烟而闻名的周久耕，从声称严厉查处低于成本价售房到被免职，相隔半个多月的时间，到被立案是两个月的时间。难道逯军的情况比周久耕还要复杂？

网络监督的效果最终取决于地方政府，如果地方政府作冷处理，躲过舆论高峰，当事人就会安然无恙。“停职”或“免职”成为平息舆论的最好方式，公众认为这是处分，但根据《行政机关公务员处分条例》，处分种类有警告、记过、记大过、降级、撤职和开除，并无“停职”或“免职”一说，停职只是调查之前的步骤，免职可能会另有任用。对于当事人来说，“停止工作，在家反省”有时相当于“带薪休假”，与其说是惩罚，不如说是奖励。

在这种情况下，“谣言”成为网友“最后的武器”，他们只能通过这种方式让那些已经冷却但未得到处理的事件重新获得关注。显然，他们自己也不认为“谣言”是正确的，所以，才会出现标题“造谣”、正文却没有“谣言”的奇怪现象，而且标题里的“谣言”更像是一个“玩笑”。

对于地方政府来说，“辟谣”的最好方式就是将调查结果及时公之于众。最近我看到另一个传闻，因为“纵做鬼，也幸福”而闻名的山东省作协副主席王兆山，作为中国作家代表团成员参加法兰克福书展，向世界展示中国文化。我很希望有关部门出面指出这是一个“谣言”。此外，今年6月，清华大学表示核查自己的硕士毕业生、湖北省宜城市市长周森锋的论文是否抄袭，迄今已经将近4个月的时间，依然没有公布核查结果，是否又要等到一个“谣言”出现才会有所表示呢？

［2009年10月19日］

公民韩寒和“小偷”郭敬明

□王晓渔

韩寒拥有无数身份：留级生、新概念作文大赛一等奖获得者、“80后”作家、赛车手、公共知识分子、意见领袖……但是近日在接受《南都周刊》采访时，他表示自己只是作为一个公民对社会问题发表自己的观点和意见。“公民韩寒”成为该期杂志的封面标题，并且迅速在网络传播。如果有人认为这是韩寒的谦辞，那说明他既不理解何谓韩寒，也不理解何谓公民。

今日中国，最为稀缺的不是作家也不是意见领袖，而是公民。未来中国，无需人人都是作家或者人人都是意见领袖，“六亿神州尽舜尧”只能是一场灾难，人人都是公民却是应有之义。这里所说的公民不是单纯法律意义上的公民（从法律的角度来说，拥有某国的国籍即为该国公民），而是指具有公民意识和公民实践的公民，他知道自己拥有哪些公民权利，也知道自己需要承担哪些公民责任，并且实践这种理念，不是“被拥有”和“被承担”，也不仅仅是“知道”而已。

在接受采访时，韩寒表示自己与郭敬明“男女有别，没有什么可比性”。“男女有别”的说法容易引起争议，这主要是一种修辞，表明两者道不同、不相为谋，不能因此断定韩寒歧视女性。

韩寒和郭敬明，都曾在新概念作文大赛中获得一等奖，都是在“80后”中具有广泛影响的作家。韩寒和郭敬明的区别，就是公民和小偷的区别。郭敬明的《梦里花落知多少》，经过北京市高级人民法院审理，认定剽窃庄羽的《圈里圈外》。小偷也有公民权，一个小偷偶尔失足，此后纠正自己的行为，同样可能成为合格的公民。但是郭敬明拒绝道歉，所以，王朔多次指出郭敬明是一个小偷，不仅针对他的剽窃行为，更是针对他拒绝道歉的行为。

韩寒对郭敬明的批评不是针对剽窃行为，而是针对价值观。他指出郭敬明的价值观是最纯粹的物质，没有理想和精神的层面，追求物质没有关系，依靠个人努力获得物质是一个公民的权利，但是郭敬明谈到物质，似乎那些物质从天而降，无需付出个人努力。韩寒和郭敬明在价值观上的分歧，也可以视为公民和“小偷”的区别：公民同时拥有精神和物质的需求，不会因为一种需求放弃另一种需求，满足物质需求的方式是个人努力；“小偷”则是物质需求至上，并且期待物质是先天拥有的。

韩寒和郭敬明的价值观，不是“男女有别”，而是“高下立判”。经过几十年的反思，我们逐渐意识到每个人都有选择自己价值观的权利，但是这又导致另外一个结果，我们陷入相对主义，拒绝在不同的价值观之间作出评判。韩寒拒绝这种相对主义的思维，他一方面承认“每个人都有不同的价值观”，另一方面又明确表示价值观有贵贱之分，郭敬明“灌输的价值观是很贱的价值观”。确实，多元主义，不等于相对主义。因此，我们不必讳言，韩寒的价值观优于郭敬明的价值观，就像公民的价值观优于“小偷”的价值观，虽然我们并不否认“小偷”也有存在的权利。

如果以网络文化符号作为比附，韩寒是一只生猛的“草泥马”，与其他“草泥马”一起维护个人的权利；郭敬明则是“酱油男”，除了个人的利益，事不关己、高高挂起。维护个人利益，本身无可指责，“打酱油”当然是一个人的基本权利，一个不允许“打酱油”的时代是可怕的，但是如果一个时代个人都沉迷于“打酱油”，同样是可怕的。个人利益仅是个人权利中很小的一部分，一个个体不仅可以“打酱油”，还享有吃“卧草”的权利。做“草泥马”，还是做“酱油男”，这是个人的选择，但是不能因此否认，“草泥马”比“酱油男”更值得赞美。

公民韩寒和“小偷”郭敬明，“草泥马”和“酱油男”，不仅代表了两种不同的价值观，还代表了两种“高下立判”的价值观。如果我们拒绝承认这种“贵贱之分”，只能说明我们也成了“酱油男”。

［2009年11月7日］

潜规则太多，财政预算有何意义

□王则楚

在前不久的一次省人大常委会审议省政府关于省级财政转移支付情况的报告时，辛瀑委员建议："现在在'转移支付'问题上，'潜规则'太多，'明规则'太少。要对省级财政分配进行立法，对此进行规范。"他的建议得到省人大常委会多数委员的赞同，说明我们的转移支付已经让"潜规则"弄乱了，委员们很不满意。连担任过省政府领导的省人大常委会主任欧广源也说："省里每年要拿出财政预算的70%用来转移支付，比例很高。为什么会有这种情况出现？有没有不合理的问题?"

没有规矩，不成方圆。财政分配历来是一个国家、一个地区甚至一个单位最需要规范的重大事项。国家的《预算法》对此有明确的要求。但长期以来，对财政分配"缺少一个原则"，这已经成为预算执行的难点！面对这样的事实，人大常委会也不止一次提出立法，但总是没有结果。

例如，我们呼吁了多时甚至写进了《21世纪发展纲要》、写进了《和谐广东建设的决定》的各级财政对教育的支出应该达到GDP的4%，国家"八五"计划就要求各级财政对教育的支出应不低于15%，但一直没有达到！又如，我们要求对社会保障的支出要逐步达到财政预决算的25%。我们对公共卫生的财政支出也应该达到国际上发展中国家的水平。凡此种种，包括辛瀑委员提出的环境生态要加强转移支付的力度，都是需要财政在分配中给予保证和支持的。

没有立法规定来保证，"潜规则"就会泛滥；规定过细过多，又会影响中心工作的财政需要。这是财政部门始终不愿意立法规定的"理由"。用他们的话说："如果都按各种会议文件规定的财政支出比例来分配，恐怕加起来要超过100%!""又要保吃饭（财政供养人员工资），保发展，钱根本不够分!"

但这个理由是站不住脚的。预算要公开接受人大代表的审议。为了审议方便，应该提前提交人大常委会的财经委审议，并按照各种规则把预算的情况一一说明。各种会议、各种文件关于财政支持的分配意见，应该依照规定逐一列项说明支出情况，达到没达到这些意见要求应向人大代表说明。

我们立法立规确定财政分配的"原则"，不是约束财政部门根据政府中心工作的需要对财政分配作调整，而是让这些"原则"成为人大代表审议财政预算的依据，成为各方利益代表可以就财政分配进行博弈的依据。最终，以人民代表大会通过的财政预算为准。没有这些“原则”和对照这些“原则”的财政分配说明，人民代表大会的财政审议将无“原则”可依，这才会出现把财政预算丢到一边，而70%财政按太多的“潜规则”转移支付的怪现象。

[2009年10月9日]

长江救人的经济学模型思考

□ 王则柯

10月24日，长江大学十多名学生不顾自己的生命安危，勇救落水少年，其中三名学生献出了自己宝贵的生命。他们的精神是可嘉的，所以教育部迅即授予这十几位同学“全国见义勇为舍己救人大学生英雄集体”荣誉称号，追授其中三名献出了宝贵生命的学生“全国舍己救人优秀大学生”荣誉称号。

说实在，湖北长江大学三名大学生为救人而牺牲的消息，也让我们许多人感到痛心，觉得我们应该从中吸取教训。《北京晨报》11月3日在报道北京市一些中学一直把游泳作为学校的必修课、其中北京四中还规定学生不会游泳就不能毕业的时候就说，如果长江大学这些青年曾经经过良好的游泳训练，也许悲剧就不会发生。据悉，人才辈出的北京四中，是北京中学当中较早在学生中普及游泳训练的学校，每个学生必须通过在深水泳池中往返游泳200米的测试，才能毕业。报道说，学校执行这项规定非常坚决，因为学生的体格成长是学生全面发展的重要一环。游泳是一项很好的运动，可以锻炼学生的身体协调性、耐力和呼吸，同时游泳也是一项逃生和救生的技能。

在我们的教育当中，中小学生的自我保护教育十分薄弱。自我保护教育，首先是意识培养，其次是必要的程序教育和技能训练。以前，不会游泳的小女孩奋不顾身下水抢救溺水的小男孩，也会受到表扬。但是说得坦率一些，除了侥幸的情形以外，不会游泳的人奋不顾身下水抢救溺水的人这样的事情，多半都要付出极大的牺牲。

《北京晨报》的文章婉转地从生存技能和救生技能的角度提出了这个问题，提得很好。我愿意从意识培养的角度作一些补充，那就是：没有一定的把握，不要贸然发动和投入下水救生的壮举。

经济学讲究模型思考。长江大学学生下水救人案例的原始模型，是十几位男女大学生手拉手形成人链，下水勇救落水少年，其中不少大学生不会游泳。《北京晨报》的文章说，如果长江大学这些青年曾经经过良好的游泳训练，也许悲剧就不会发生。这就把模型修改了，修改为手拉手形成人链的大学生都会游泳，然后思考情况会怎么样。自然，怎样才算“会游泳”，空间还是很大。如果我们把它圆整到过来救人的冬泳老人那样的游泳水平，看来并不过分，因为《北京晨报》文章说的“如果”，是这些青年“曾经经过良好的游泳训练”，而冬泳的老人毕竟已经是老人。这样，按照《北京晨报》的模型，悲剧也许真的不会发生。

除了冬泳老人过来帮助救人以外，我注意到事件的报道中还有一个关节，那就是人链中的一位女同学终于支持不住了，脱了手，结果救援的队伍“乱成一团”。悲剧就是从这里开始的。据此，容许我把学生下水救人的原始模型作另外一种修改，那就是那位女同学清楚自己的体力难以承担作为下水救人的人链之一环的要求，出于责任心而退出人链候选者的行列，转而跑去呼唤附近的冬泳老人。这样，救人的人链短了一环，但是人链的强度却提高了，从而后来人链断裂“乱成一团”的可能性得到降低。另一方面，因为人链尚未形成就有她跑去呼唤冬泳老人，热心的冬泳老人会早许多时间过来帮助救人。这样，结局会不会好一些？

历史没有假设的空间，但是生存意识和救生技能的教育，却不该排除不同模型的“比较研究”。近来大家不是常常听到政府部门采取了什么“应急预案”的说法吗，各种应急预案就都是模型思考的成果。

需要体力维持的人链，通常是一种危险的操作。记得一位指导思想命名者曾经告诫人们，链条的强度是由它最薄弱的环节决定的。这个道理的本身其实非常容易领会，关键在于有没有引导同学们想到链条的强度是由什么决定的这个问题，而不在乎是不是有伟人曾经这样说过。

三名全国舍己救人优秀大学生的事迹，使人容易联想到当年的少年英雄赖宁。在中华人民共和国成立60周年的时候，赖宁入选百位感动中国的人物。我体会，这首先因为我们许多人的的确确曾经被赖宁感动，其次至少也因为赖宁故事所引发的思考，帮助我们出台了《未成年人保护法》。

我们仍然需要英雄主义，仍然需要献身精神，但是其中的具体内容，有必要与时俱进。部分因为赖宁，国家已经规定不许未成年人参与扑救山火之类的重灾救援。比照这个精神，在褒奖全国舍己救人优秀大学生的时候，是否应该同时说明尽量避免不会游泳的人下水救人的道理？我想，这个意识普及了，也是对舍己救人的优秀大学生最好的安慰。

［2009年11月9日］

律师在场，方能避免候审室里的罗生门

□王志安

纷纷扰扰的邢鲲自杀事件，正逐渐陷入到一场罗生门之中。先是昆明市警方宣称，犯罪嫌疑人邢鲲用一元纸币打开手铐，然后用自己的鞋带自杀，在媒体的一片质疑声中，昆明检察院介入调查。紧接着，警方在技术上证明，一元纸币确能打开手铐，而鞋带的承重，也的确能够帮助一个嫌疑人成功自杀。但是，媒体仍然不信惯犯邢鲲仅仅因为偷窃行为就在候审室里自寻短见。联系到不久前发生在云南的“躲猫猫”事件，公安机关要想在类似事件中取信于民，是相当困难的事情。

有媒体分析说，民众对公安机关的不信任，是因为警方披露的信息不全面，而以往发生的案例也多数都验证了民众怀疑的合理性，这当然没错。但笔者思考的是，如何在制度上构建一个警方和民众的信任基础？答案很简单：律师必须在刑事案件侦查阶段及早和充分地介入。

经常看美国大片的观众一定都有印象，美国警察在抓嫌疑人的时候，嘴里总是絮絮叨叨说一句话：“你有权保持沉默，你现在说的每一句话都有可能成为对你不利的呈堂证据。”这就是著名的米兰达警告（Miranda Warning）。而在现实当中，警察必须完整表述：“你有权和律师谈话并有权在询问过程中要求律师在场；如果你无力聘请律师，政府将承担费用为你指派一名律师。”在米兰达警告中，这后半句的重要性简直超过了前半句，也就是说，从嫌疑人被警察抓获的第一时间开始，嫌疑人就有权聘请律师，并且在律师的帮助下接受警察的询问。按照美国法律的规定，没有律师在场的询问（除非犯罪嫌疑人主动拒绝聘请律师），不可以当作呈堂证据。

为什么要这么规定？原因很简单，当一个刑事案件的嫌疑人被警方抓获，他面对的是一个强大的国家机器。嫌疑人也许并不知道法律赋予他的各项权利，而警方在封闭环境下讯问，也极容易采取非法的手段进行取证。但如果律师在第一时间介入，并且在讯问的过程中全程参与，警方就绝不敢贸然采取非法手段取证。

说回到邢鲲一案，邢鲲从被警方抓获，到被关进候审室，其间长达 19 个小时，这 19 个小时里到底发生了什么？民众不知晓。警方面对媒体时反复说没有发生刑讯逼供。但警方也承认，在把邢鲲关进候审室之前，就已经发现邢鲲的情绪有波动。邢鲲的情绪为什么波动？波动后警方采取了什么措施？我们同样不知道。现在一般鉴定刑讯逼供的方式多采用伤痕鉴定法，但办案人员的技术也在进步，许多折磨人的方式根本看不出任何伤痕，最简单的办法就是不让嫌疑人睡觉。如果在伤痕上无法鉴定刑讯逼供，那审讯期间发生的一切纠纷，就只能听从警方的一面之词了。这是警方在类似事件中无法取信于民的根本原因。

按照《刑法》和《律师法》的有关规定，犯罪嫌疑人在第一次接受警方讯问之后，就有权会见律师，但律师仅仅能给犯罪嫌疑人一些法律指导，并不能在警方讯问的现场聘请律师为自己提供法律帮助。而且，仅仅这些不够完整的权利，犯罪嫌疑人也多数无从知晓，因为警方在抓捕嫌疑人的时候，并没有主动提醒嫌疑人的义务。进而，即便律师想要为犯罪嫌疑人提供帮助，在现实当中也困难重重。虽然《律师法》明确规定会见嫌疑人不需要得到批准，但事实上没有警方的批准，律师想见嫌疑人基本无望。

有睿智的法学家指出，一个国家的人权状况，就体现在看守所里。因为看守所里的嫌疑人，是社会上不受欢迎的人（邢鲲在被警方抓捕之前就曾受到民众的殴打），而警方又可以合法地使用暴力。所以，对嫌疑人权利的维护，在任何国家都显得格外艰难。也正因为如此，它才成为一个社会人权状况的坐标。而要维护嫌疑人的权利，一方面需要法律赋予犯罪嫌疑人一系列“不合作”的权利，比如沉默权；另一方面，就需要通过律师让犯罪嫌疑人的权利能够得到充分的保障。当然，律师在刑事侦查阶段的过早介入，必定会导致警方取证的困难，但一个社会需要衡量的是，究竟警察机关有组织地侵害人权危害大，还是某些犯罪分子由于警方无法取证脱逃法网更可以容忍。在中国，这还是一个相当有争议的话题。而这个问题不解决，候审室里的罗生门故事还将不断上演！

［2009 年 12 月 24 日］

王石"不行贿"的企业社会责任

□温克坚

在《南方周末》创刊25年活动上，万科集团董事长王石被要求从"企业教父"、"探险家"、"不行贿者"这三个词中选一个作为时代标杆特征的要求，王石选了"不行贿者"。他说，把"不行贿当个标志，对我来讲更有现实意义，因为这个社会比较流行行贿，大家不相信在社会上不行贿也可以把企业做得很好，我是这样说的，我也是这样做的"。

在这个信任稀缺的社会情境中，王石"不行贿"的说法是否能被公众相信，这也许是个问题，不过王石的质问显然值得人们思考，为什么不行贿这个最简单的行为准则，在现实中会那么困难？曾几何时，贿赂变成为商业生存的基本法则之一了？相信很多朋友对此都有部分的答案，制度设计、商业环境或文化层面都可以提供一堆理由。而王石先生从企业经营的角度，提供了反对腐败的一个重要路径，其实就是数年来热门的企业社会责任（CSR，Corporate Social Responsibility）应有之义。

随着全球化进程的深入和国际交流的频密，企业社会责任这个概念开始为政府官员或企业所接受，一些传媒开始对企业社会责任或者企业公民进行排行评选。不过企业社会责任的内涵相当混乱，不同的机构都在有选择性地使用这个概念。

比如很多官员在提到企业社会责任的时候，总是希望企业回报社会，要求企业依法经营、照章纳税和承担环境义务等，不一而足。而很多机构在提到企业社会责任的时候，往往把企业的社会责任等同于公益慈善或者环保义务，比如中国企业社会责任联盟认为，社会层次中的企业社会责任，是指企业需要尽到道德责任和慈善责任，将企业的核心价值观贯彻在以人为本、扶贫救危、帮学助教、建设社区、节约资源、保护环境等企业公益行为中。胡润的中国企业社会责任评奖的标准也是依据公益事业捐赠、公益事业领导力、员工权益保障、就业人数、纳税数额以及环保6个方面的数据和资料。

在当代的情境中，企业的公益慈善行为和环境责任当然很重要，但企业的社会责任有更广泛的含义，《联合国全球协约》（UN Global Compact）对企业社会责任在人权、劳动、环保和反腐败等四个领域提出了十大原则：

1. 企业应在其所能影响的范围内支持并尊重对国际社会作出的维护人权的宣言。

2. 不袒护侵犯人权的行为。

3. 有效保证组建工会的自由与团体交涉的权利。

4. 消除任何形式的强制劳动。

5. 切实有效地废除童工。

6. 杜绝在用工与职业方面的差别歧视。

7. 企业应对环保问题未雨绸缪。

8. 主动承担环境保护责任。

9. 推进环保技术的开发与普及。

10. 积极采取措施反对强取和贿赂等任何形式的腐败行为。

有意思的是，这个十大原则在中文语境中得到凸显的是公益慈善和环保，这背后当然有许多原因，不过全球协约中提到的“积极采取措施反对强取和贿赂等任何形式的腐败行为”的条款，在当下有特别的急迫性和可行性。根据国际私营企业中心（CIPE）跨国别的比较研究，在反腐败的进程中，除了专业反腐败机构和社会组织之外，私营企业部门也是反对腐败的重要参与者：要减少腐败现象，单靠非政府组织和民间社会组织的力量是不够的，企业的参与才是成功的关键。关键是让所有私营部门作出承诺，无论其部门大小、什么行业或在什么地方。经验表明，企业参与意味着协会和商会方面有效和一贯的支持，可以降低腐败的水平，产生更有效的市场和政府。

在去年汶川地震期间，王石被卷入“捐款门”事件，王石和万科的公共形象受损，但是很显然，把公益慈善的责任过分寄托在企业身上，通过公益慈善的数目来判断一个企业的社会责任，这本来就是一个误区。诚如王石先生所言，如果万科这些年的商业运行中遵守了不行贿的底线，那么在净化商业环境、提升商业伦理方面，万科开了一个好头，值得公众舆论为之大声叫好。某种意义上，腐败才是我们这个社会的最大病症，企业家如果能按照企业社会责任的规范，作出承诺，不参与贿赂和腐败行为，那么就是承担了最重要的社会责任之一。让我们期待更多企业在这方面作出承诺和行动，以帮助防止这个社会的沉沦。

［2009 年 7 月 15 日］

改善就业须对中小企业“法”开一面

□ 吴向宏

今年的就业形势之严峻，已经无需我再重复。不久前颁发的《国务院关于做好当前经济形势下就业工作的通知》，就提出多达 26 条措施，试图化解就业困局。就业的最核心问题是雇佣关系。就业就是发生雇佣关系，二者完全同义。要改善就业形势，就不可能回避对雇佣关系的重新调整。

对劳动者权益的强力保护，是社会的一大进步，毋庸置疑。然而，这是否意味着就对大企业和中小企业不加区别，一律适用同样的法规标准呢？

看看国际经验：美国的主要劳动法规，都对中小企业网开一面。我们以涉及平等雇佣的有关法规为例，它们都明文宣示，不适用于一定规模以下的企业。其中，禁止在雇佣关系中进行种族、肤色、宗教、性别和国籍歧视的《民权法案》有关章节和禁止在雇佣关系中歧视残疾人的《美国残疾人法案》有关章节，不适用于雇员少于 15 人的小企业；而《雇佣关系反年龄歧视法案》，不适用于 20 人以下的小企业。不仅如此，对于 20 人以上、但不足 500 名雇员的中型企业，即使违反平等雇佣法规，其惩罚力度也大大低于大型企业。分别是：500 名雇员以上的大型企业，每名受害员工最高赔偿金额可达 30 万美元；201～500 名雇员的企业，每名受害员工最高赔偿 20 万美元；101～200 名雇员的企业，每名受害员工最高赔偿 10 万美元；而对 15～100 名雇员的小企业，每名受害员工最高赔偿金额不超过 5 万美元。也就是说，小企业对其每名员工承担的责任，只是大企业的 1/6。此外，在养老、医疗等福利保障方面，相关法规也对中小企业格外宽松。

发达国家的劳动法规之所以对中小企业网开一面，有两大理由。首先，中小企业是解决就业问题的主力军。在世界各国，中小企业普遍吸纳高达 60%～80%的劳动力。而且其创造就业的效率，要远远高于大企业。2004～2005 年度《世界就业报告》曾指出，中小企业的单位投资容纳的劳动力和单位投资新增的劳动力都要高出大型企业一倍以上。在中国，有人更研究认为，每一单位投入，中小企业创造的就业是大型企业的 8～10 倍。

其次，中小企业由于规模偏小，抵御风险能力差，很容易受到各种外来冲击。抵消其规模劣势的，是中小企业的灵活性优势。这也是它能够生存发展并高效提供就业岗位的一大法宝。一旦用过于僵化的体制框框来套中小企业，使之丧失灵活性，它的规模小、抗风险差的劣势就暴露无遗。中国中小企业的生存环境本来就很差，中小企业的生命周期本来就偏短，如果再加之各种束缚，比如强制要求其向劳动者提供终身合同和各种福利，最终企业破产关门了，这些“终身合同”、劳动者福利还不是全变成了废纸？用大企业的劳动法规标准去套中小企业，表面上是保护劳动者，实际上只会伤害到就业岗位的最主要和最高效提供者即中小企业，最终深深伤害到广大的劳动者。

绝大多数中小企业主，并不是什么大富豪，而属于中等收入阶层。中小企业主在某几年中，或许会赚很多钱，但是你必须考虑到其风险，考虑到其生命周期中收入水平的巨大起伏（例如创业时期可能赔很多钱，将来也没有退休金可拿），其一生平均下来，收入水平往往也就和一个高级白领相当，甚至不如。而他们对社会的贡献尤其是对提供就业岗位的贡献，远远高于一个普通的高级白领。当前中国，贫富分化悬殊的确是严重的问题，的确需要采取措施来保护以广大劳动者为主体的弱势阶层，需要对权贵阶层的无限膨胀予以限制，但那应有严格的针对性。把板子打在既没有合法垄断地位也无能力构建庞大官商沆瀣保护网的广大中小企业主头上，把保护劳动者的负担转嫁到实质为中产阶层之一员的广大中小企业主头上，是完全错位的。

令人鼓舞的是，在《国务院关于做好当前经济形势下就业工作的通知》中，已经明确强调：“大力发展中小企业，保护和提高中小企业吸纳就业的能力。切实发挥中小企业吸纳就业的主体作用。”不过，国务院法规不能逾越到自己权限之外。相关的上位法不改，国务院《通知》中所谓“保护和提高中小企业吸纳就业的能力”就难以落实。

［2009年3月7日］

中国的电视购物为什么这么乱

□吴向宏

电视购物，这些年来一直是鱼龙混杂，消费者很难心安。大概两个星期前，甚至有家电视购物商家宣布设立了200万的“先行赔付保证金”，寄存在北京市消协，可以由消协直接决定赔付给投诉的消费者。这种做法，对该企业自身来说，不失为一种凸显自己的信誉、从同行中脱颖而出的竞争手段。但是对整个行业形象来说，却是一个非常负面的信号。一个行业，商家居然要先拨出一笔钱来准备随时赔给消费者，这就像餐馆要先准备好“痢特灵”，医院要先准备好花圈一样——说明这个行业真的是混乱到难以收拾的地步了。做生意做到这种境地，也够痛苦的。

中国的电视购物行业为什么乱？我的答案是：都是中国的银行害的。这话听起来风马牛不相及，但我一点没有开玩笑。在美国等西方国家，电视购物行业之所以比较可信，是因为几乎百分之百的交易都是用信用卡付款。而信用卡交易，只要消费者收到货品后有任何合理的异议，打一个电话给自己的信用卡发卡银行，便可以止付。将来的事情，完全由银行和电视商家去解决，和消费者基本上没有关系了。从理论上说，如果商家那边搞不定，银行便会替消费者埋单。

有人或许会不屑道：你这是食洋不化呢！中国人的素质低，如果中国的银行也像国外的银行一样，随随便便一个电话就可以对信用卡进行止付，那么中国人天天都会买了东西不付钱，银行很快就垮了！说这种话的人，首先是侮辱了中国人民的素质，其次也是侮辱了国外银行业的管理能力。所谓信用卡，核心是“信用”二字。在国外，发卡行对申请人的信用经历，的确是经过认真审核的。银行既然把卡发给了某个人，就的确说明它信任该人，相信这个人不会是那种买了30美元的东西也要设法赖账的——而绝大多数时候，银行都不会看走眼。如果真的看走眼了怎么办？很简单。如果你一而再再而三进行电视购物而无理地拒绝付款，头一两次银行会替你埋单，但你很快会发现自己的信用记录急转直下，银行可以拒绝续期甚至取消你的信用额度，而且会影响到你今后各个方面的金融信用。

另一方面，银行也并不担心电视购物商家会赖账。这个就更简单：凡是商家能够接受信用卡付款的，通常都和相关银行有各种各样的业务往来，银行可以有效地把关。假若一个商家不停地遭到消费者退货，银行就可能会取消它的信用卡交易账户。事实上，在美国，一个商家能够接受信用卡，通常也就说明它比较正规，因为它已经通过了银行的审核。

可见，信用卡之所以具有“信用”，关键是银行在交易中，扮演了一个重要的“信用审核者”角色。它既保障了买家，也保障了卖家的信用。银行的自身特点——规模大，网点多，可用资金充足，掌握大量金融信息资源——使得银行有能力承担这个角色，并不需要付出太大的努力。而买卖双方之所以心甘情愿来接受银行的审核和监督，愿意为此额外花钱（刷信用卡是另外收费的，而且国外信用卡的刷卡费率要明显高于国内的信用卡），正是因为通常的消费者和商家本身都没有银行这样的能力，不能有效地检查对方的信用。

银行通过发放信用卡来承担上述信用审查角色，绝对是社会整体效率的一大改进。假若让买卖双方自己去互相审核信用，那么一万个买家和一万个卖家之间就有一万乘一万等于一亿种组合可能，最多要进行一亿次审核。有了银行中间人之后，最多只需审查一万加一万等于两万次了。

中国的信用卡则完全没有上述功能。多年以前，我曾写过一篇《中国信用卡的美丽谎言》，就指出中国的信用卡不过是延期支付的借记卡而已。一晃五六年过去了，这个局面几乎没有改善。其根源，当然是因为中国的银行，一直没有足够的压力或动力，对自己目前依靠垄断地位轻松赢利的商业模式作出根本改变。个人授信系统已经谈了很多年了，如果真下决心哪怕天大的困难都已经克服了。可是实际上，中国的信用卡目前还是照常满天飞地乱发。由此导致的就是“信用”卡贬值，拿了卡实际上没有任何信用证明功能。一个简简单单的网站购物，信用卡往往都不接受。像发达国家那样，电话里报一个信用卡号就能完成交易，更是遥远的梦想。

银行业的不作为，倒是在中国私营企业界催生了“支付宝”这种商业模式。支付宝实际上是一种交易托管账户，在国外通常是大额交易才会使用，而在中国国情下，却是阿里巴巴自己开发出来，为了支撑自己的小额网络交易的。目前已经有独立发展的趋势。我认为，对中国的电视购物行业来说，引入“支付宝”或类似的交易托管系统，或许是不得已情况下的一条出路。当然，前提是有关部门能明智地决策，不会突然发一个命令，把此类交易托管系统说成是“非法金融活动”，一棒子封杀。

［2009年5月5日］

“小天使基金”之困与医疗的公益性

□吴向宏

最近马书军私吞善款一案，牵涉到了红十字会下属、专门资助白血病患儿的“小天使基金”。据有关报道，其实在马书军案浮出水面之前，小天使基金就长年处于善款严重不足的境地。近年来，受捐更呈下滑的趋势。马书军侵吞的也就30万元，和报道出来的一些官场和商业贪腐案相比，简直不值一提。可这点数额，已经足以让“小天使”——这个中国唯一的专门资助白血病患儿的慈善基金——陷入生存困局。

这里先要说明一点：儿童白血病和成人白血病有本质不同。一般人经常误认为白血病是不治之症，其实儿童白血病根治率（基本没有后遗症）高达80%，是完全可以治好的。从社会公益角度看，今天治好一个儿童，就是给明天的社会留下一个财富的创造者。拯救一个白血病患儿，不仅是拯救一个家庭，也是为我们每一个人自己创造更好的未来。

虽然如此，我对像“小天使”这样，依赖民间捐赠来为具体患儿提供救助的做法，从一开始就并不看好。作为捐赠者，我曾替他们算过一笔账：中国白血病儿童每年新增病例在3万～5万，每例治疗费用至少在5万元以上，根据病理不同有些需要做移植手术的费用可高达20多万元。即使保守地按平均每人8万元计，每年新增治疗费用在24亿～40亿元。假若资助中国最贫困的10%～20%人口，每年就需要5亿元左右的善款。依据中国目前民间捐赠的现状，显然是不能达到的。对这类困局，我曾提出过两个体制化的解决方向。

第一就是对“慈善”的含义，中国人需要重新认识。目前中国的慈善行为绝大多数还是处在最低级的层次，即直接去救助受害者。这种行为立竿见影，也最容易给行善者带来极大的心理满足和社会声望。国家有关法律法规也主要是认可、支持这一类慈善行为。其实，更有效的慈善行为，应当是从源头上预防贫困的出现、控制苦难的发生，而不是等到事发后再去扶危济困、救苦助难。

以儿童白血病为例，一个显然更有效的做法，是发起类似“儿童白血病研究基金”这样的慈善机构，资助医疗机构研究儿童白血病的预防和治疗。我想起码有两个研究课题，都能收到事半功倍之效：(1) 研究如何降低中国儿童白血病发病率。数据显示，城市儿童白血病发病率，远远高于农村。现已基本证实室内装修污染尤其苯污染可能是重要致病因素。但还有没有其他直接病因？如何有效预防？怎样向广大父母普及预防知识？等等。（2）研制廉价的、治疗儿童白血病的药物，包括设法降低有关手术的费用。

据我了解，发达国家针对某种疾病的善款，多数是用于上述研究活动，在预防、治疗和降低费用等方面下工夫。可惜中国的现状，从公众心理到国家法律法规，都不支持这种更为有效的做法。就算有人有心，成立如上研究基金，筹到善款，恐怕也没有办法把钱发放到有关医疗机构去。因为医疗机构拿着这种来源的钱，都不知道该怎么入账，更不要说如何申报项目、申请匹配经费了，弄不好还会被定成受贿呢。

第二也是很多有识之士一直强调的，中国政府在建立公共医疗保障体系方面财政投入严重不足。不过今年，我国政府在这方面有了一个巨大的进步。新医改方案重新确立了医疗机构的主要性质将是（无论国立或私有）非营利的。根据有关说法，目前国家明确了“非营利”医疗机构的义务权利主要是：（1）非营利是指可以赚取利润但不能分红的机构；（2）非营利机构可以享受免税待遇。

但在我看来，上述两条乃是所有非营利机构的共同义务权利。医疗机构作为一种特殊的非营利机构，仅仅做到以上两点，完全不够。我认为，医疗机构“非营利”的核心内容，应当是明确“拯救生命为医疗机构的最高目标”。国家应当以法律的形式，禁止任何医疗机构以病人不能付费为理由，拒绝实施本来可能拯救病人生命的一般性医疗措施。这里的一般性措施，是指具有相当普及性、不需要动用稀缺医疗资源的那些手段。针对儿童白血病的基本医疗措施，我认为，恰好属于上述范畴。当然，这并不是把医院变成“免费治疗”的纯粹慈善机构，而只是“先治疗，后付费”。如果暂时付不起，可以用低息分期还款等方式，欠着慢慢还下去。事实上，一些发达国家的医疗机构就是这样做的。

这种做法，其实从市场经济的角度看，也有提高经济效率的效果。它相当于医疗机构直接发放贷款，投资于人力资源。不过，由于这种“贷款”的公益性，它未必能盈亏平衡。这就牵涉到非营利医疗机构应当具有的另一种最重要权利：一切非营利医疗机构，无论公立还是私立，都应有同等的权利获得国家拨款和接受社会捐赠。这些资金流入，应当专门用于补贴上述“贷款”造成的亏空。

［2009年6月8日］

希望所有人有尊严地活着

□吴重庆

毋庸置疑，不管是党报还是商业化运作的媒体，它们都是党的喉舌。同时，媒体也是人民的传声筒，因为党不仅代表特定阶层（如工人和农民）的利益，也代表最广大人民的根本利益。在网络时代，纸媒体不再单单是一帮记者和编辑的"工作单位"，也是广大人民联合发声的舞台。它，真正印证了"人民的眼睛是雪亮的"这一箴言。

一般情况下，底层民众是鲜有话语权的。幸好，商业化运作的媒体发明了一个重要概念，叫"报料人"，卖浆引车者之流只要有心，都可以充当"记者"，荣登纸媒体的"大雅之堂"。不过，在权力与资本的厚重帷幕下，凡人肉眼的观察力有限，其所能挖掘到的"猛料"也少得可怜。幸好，借助网络，商业化运作的媒体无远弗届地将"报料人"队伍扩大到网民，凡人肉眼不及之处，尚可赖"天网恢恢疏而不漏"的"网眼"，如陈 Sir 所言，"要真玩网络，谁玩得过良心正义才华一样不缺的千千万万个网民？"

面对新的媒体格局，面对新的社会舆论场域，媒体事件的当事人（官员或者平民）显然还缺乏应对的经验（哪怕形式主义的官话、套话、"外交辞令"），结果出现如广州市政府副秘书长吕志毅在接受媒体就番禺垃圾焚烧发电厂风波采访时生硬的回应——"我不知道"，"这事以后再说"，"这是胡说八道"。问题是，在"搜索引擎"强力无比的网络时代，官民之间信息不对称的格局已得到大大扭转，"我"（官）不知道，但"我"（网民）知道。如果"我"（官）真的不知道，那是你的失职；如果"我"（官）出于隐瞒而故意说"不知道"，便为公务员条例所不容。其实，媒体或网民与官员较真，并非仅仅是为了追究官员个人的责任，而是为了鞭策官员在公众场合更好地树立政府形象，塑造政府的社会公信力。一个缺失政府公信力的社会，是政府的不幸，更是社会的不幸，公众的不幸。所以，无论官民，都应该像爱护自己的眼珠一样爱护政府的公信力。

在"新媒体"辈出而且异常活跃的今天，传统媒体因为与"新媒体"的结盟而被赋予了新的活力和新的功能，在媒体的统一战线中，网民的言论是游离式的窃窃私语，从台下转到桌面，形成看得见摸得着的社会舆论压力，有赖于传统媒体的收集与放大。在海量的网络言论与网络社区行动中，收集什么与放大什么，无不彰显着传统媒体的权力——力量（power）。也因此，传统媒体应谨防“网民暴政”，慎用经由“人肉搜索”而得的素材。这考验着媒体从业者的心智与良知。可以说，媒体自律与官员自律同等重要。在“转型期”的中国，并不缺人神共怒的社会事件，也不缺某些官员拙劣的表演与掩饰。只要媒体从业者本着为党负责、为人民负责、为社会负责的理念，尚不至于在“新媒体”的喧嚣声中丧失选择素材的能力。

作为统一战线的媒体，意味着媒体监督新时代的来临。到处都有媒体的触角，到处都有自发的眼线，到处都活跃着媒体的“轻骑兵”，时刻准备让真相和正义飘扬。在人民共和国朗朗乾坤下，我们希望所有人都能活得有尊严，我们希望所有人都能有尊严地活着。我们不希望官员“夹着尾巴”做人，我们希望他们与洋溢朝气、充满正义的人民一道，堂堂正正地做事！

[2009 年 12 月 5 日]

我们要看到“钓鱼事件”的恶人被惩罚

□五岳散人

上海抓黑车的“钓鱼事件”今天恐怕会有一个能够安抚民心的结果了，在强大的舆论压力之下，以及包括割腕、剁指、上告的这些血色黄昏当中，新华社10月25日发表新华时评，“一定要本着有错就改、有错必纠的原则，实事求是、高度透明地向社会公布调查结果”，并明确批评“（浦东）新区城市管理行政执法局在10月20日发布的所谓调查结论是在未经深入调查、仔细核实的情况下简单草率作出的，与事实不符，误导了公众和舆论，损害了上海和浦东的形象”。这应该算是官方媒体进一步认定上海“钓鱼”抓黑车事件是一种诱惑性的执法，而诱惑性的执法只有两种，一种是装作妓女，一种是装作恩客，一旦承认为诱惑性的执法，两个角色只能选择其一，至于上海有关机关是选择哪种，这样要看他们自己的心态了。

什么叫做有错必改？有错这件事是所有政府机构免不了的，但有错也是有所区别的。一种有错是那种从来没有经历过的环境，出现错误当然是无可厚非的事情。但“钓鱼执法”是不是大家没有经历过的司法环境？我看这根本不是什么没有经历过的环境，而是早就在司法界被唾弃的一种执法方式而已。这根本不是所谓知错，而是明知故犯、背后交易、选择性执法的体现嘛，真的知道错处的话，根本就没有这种执法的方式存在才是。

至于说有错必纠，我们知道，在上海“钓鱼执法”的事件当中，最重要的关键点从来不是“钓鱼执法”的后果，而是真正遭遇到“钓鱼执法”之后，即使你有任何充分的证据，在法院的判决当中，没有任何一个案子能够胜诉。一个行政执法机构，背后站着一个为其背书的司法机构，在长达几年的事件里让所有无论冤屈不冤屈的人都无法打赢任何一场官司，说是什么有错必纠，您能告诉我错在何处、纠在哪里？难道真的如同某判决一样，只有等孩子生下来才能判断是不是强奸犯所为？现代的DNA技术与所有的其他刑侦手段与证据，在这种逻辑下都成为了笑话吧？

到最后，我们就会问到这个所谓的勇于纠错。如果没有极端到割腕与断指的程度，这个纠错会不会出现，都是我们应该打个问号的事情。在此之前，多少已经被大家喊冤的事件被曝光过？而任何一个学习过最基础的法理的学生，都会指出这种“钓鱼执法”的荒谬之处。如果我们把荒谬的纠正都当作一种值得庆幸的纠错的话，我们这个社会基本上就是一种荒唐所组成的共同体。因为我们从来就没有一种正确的价值观，而是把纠正荒谬作为一种功劳在歌颂当中。

最后我要说一下取信于民。什么叫做取信于民？一个政策的实施符合了社会所要求的善良风俗、现代理念，最终的结果才是能够取信于民。但在好心搭载患病的陌生人之后，他能在被罚款的世界里找到任何人与人之间的信任吗？长此以往，除了白痴之外，这个社会在法律的层面，就将没有任何可以信任的东西。一个社会任由行政机构陷害善良的公民，说起取信于民就是个笑谈。

所以，我们还是不要把这种事当作坏事变好事的标本吧，这已经超越了任何法治国家的底线，再怎么夸奖最后的改正过程，也不过是文过饰非的过程，丧事或许真有喜丧，但恶行从来算不上善行的证据。这是基本的逻辑，请杜绝任何糊弄，恶人当得到应有的惩罚。

［2009年10月26日］

被打的不只是记者

□ 肖雪慧

2月1日四川公共台报道成都市成华区政府工作人员群殴记者的消息。“四川在线”一位记者到成华区采访一个副局以上会议，见一些公务员“不在状态”，记者对会场拍照，相机被抢，一人将他按倒在地，其他多人合围上来从不同方向猛踢他。在场两值勤警察冷眼旁观群殴记者，对打人者不闻不问却单单扣留了记者，以对“可疑人员”进行“身份核查”为由将其带回派出所，之后，成华区工作人员进入派出所对记者相机反复格式化。

这个事件触及的问题非比寻常，需要全社会共同关注。

首先，公务员吃着财政饭，掌握着公权力，享受着诸多特权和超国民待遇，上班时间是什么状态，公众当然有权知道，新闻记者有义务为公众提供相关情况。新年上班第一天，“四川在线”派记者了解公务员上班情况，采访也好，拍摄也罢，是记者天职。而成华区政府工作人员阻挠拍照，抢相机、殴打并对相机反复格式化，既是对记者人身和财产安全的严重侵犯，还是对舆论监督的公然拒绝以及对公众知情权的公然蔑视和践踏。

不受监督的权力是社会最大乱源，而该事件中为消除负面报道，逃避舆论监督，使出的手段透出强烈流氓气息。在这起事件中，政府工作人员不但回避正常采访并殴打记者，把不受监督的权力之祸演绎到极致——哪怕需要全民共渡经济难关之时也没闲着利用公权自谋利益，可是出钱的人还不能知道他们的上班状态。

其次，是什么使得一个副局以上官员在会议现场上演了这么一幕？据四川公共频道报道，是一些公务员“不在状态”。“不在状态”虽用词含糊、克制，不过，大家都明白：不在的是工作状态。但记者因为拍照而被群踢、进局子、相机被反复格式化，不惜代价必欲销毁的劲头告诉人们：状态一定相当荒唐，纳税人看了一定很生气！数据销毁了，真相销毁不了，应该公之于众。

再次，整个事件中，警察跟打记者的一帮政府工作人员形成共谋关系——不仅冷眼旁观，过后还用了一个最拙劣的借口把记者强行弄到派出所。有人说警察在“选择性执法”，然而，执的什么法？纵容和放走施暴者却带走被施暴的记者，到派出所以后，工作人员彻底销毁记者相机中的内容，明显涉嫌渎职。如此罔顾法律和公义，无疑是对这一机构的国家公器性质的背叛。

最后，2月1日四川公共频道最后呼吁政府公务员和警察知法守法，然而，政府公务员对记者施暴并毁坏他们工作日“不在状态”的证据，一个知法守法的告诫就能了事？在现代文明国度，政府公务员言辞失当，也往往要去职，更别说行为失当；而暴徒、流氓行径，就绝不仅仅是丢官去职那么轻巧了。

当然，几个施暴和破坏证据的公务员和充当共谋的俩警察够不够刑责，要根据现行法律来判断，但起码，纳税人没有理由继续供养如此拒绝监督且对记者大打出手的公务员。打记者，受伤的不仅是记者本人，还有公众的知情权、监督权。

［2009年2月5日］

“倒钩事件”背后的权力失控

□ 肖雪慧

“倒钩事件”一个多月了，是非曲直，公众看得很明白。事主张军耐不住路边“腹痛者”央求而让其上车，停车时突然被“腹痛者”拔下车钥匙，七八个身穿制服者一拥而上将他拖出车外，卡住脖子，欲打电话报警，手机被抢……这等情景，任何人都会认为是遭遇抢劫了，事实上这也是张军的第一反应。然而，如匪行状的一拨人却是上海市闵行区城市交通执法大队的。他们扣了车，抛下一句：交钱取车！在交通行政执法大队，张军被迫按那里预定的格式条款写下“我放弃陈述、申辩”的声明，交了 1 万元罚款、200 元停车费——扣了人家的车，罚了款，还收停车费！

张军签字、交钱、取车之前，还有两个重要情节：先是向闵行交通执法大队投诉，对方说出了那句著名的话：“他胃痛关你什么事？”张军不服，接下来到建交委要车。在交通科万科长嘴里，用诈术诱车主上钩的“钓钩”成了“有‘正义感’的社会人士配合执法”。

这个事件集中暴露了权力失控、沦陷的现状。栽赃、陷害、抢劫、谋财，都是刑事犯罪。这样的行径在执法的名义下进行，而且给诈术行骗冠以“正义”美名，是对执法与犯罪、正义与非正义界限的颠覆。颠覆出自公权机构，对道德、法律、人性良知、公序良俗、正常人际关系的破坏、瓦解，非个人劣行所能及。实际上，这样的公权机构每示范一次，后果都会在全社会立刻显现出来，不断逆向示范，恶劣后果也不断叠加。

但最引人注目的是，这个部门顶着公众的谴责而不收手。习惯性的权力傲慢和嚣张当然是原因之一；司法无底线也使这种“执法”有恃无恐——交通行政执法部门以制造证据、陷民入罪的不法手段扣押私车、索要钱财，不断官司缠身再自然不过，却很不寻常地从未败诉过。除此之外，部门私利这个驱动力是其不肯罢手的最直接原因。

据《闵行区交通行政执法大队 2007～2008 年度创建文明单位工作总结》披露，该大队两年来有如下“战绩”：“查处非法营运车辆 5000 多辆”，“罚没款达到 5000 多万元”，“超额完成市总队和区建管局下达的预定指标任务”。有人计算过：逮一辆车罚一万，两年逾 5000 万的罚没款，意味着平均每天抓 70 辆车以上。

一旦执法有罚款指标、罚款金额跟部门私利挂钩，“执法”行为成为对法的颠覆就不可避免。在不可遏止的罚款冲动下，行政部门自己制定规则、执行规则，还随时变更规则，变着法子算计民众。以下现象，城市人肯定不陌生：一是交通标志经常变更，诱人犯错，一“错”就罚。我就亲眼目睹过马路旁排一长串等待罚单的车，这些车的车主全都因为没注意到不能直接右转的临时规定而中招。那是年底的一天，是变更交通标志最频繁的时节。二是凡开车人容易出错的地方，多半有警察（或协警什么的）守候。

这中间，行政部门制定规矩是特别需要警惕的。在缺乏有效制衡的情况下，行政部门本来就呈权力失控状态，制定规则被一些部门演绎成自我授予了合法与非法、黑与白的冠名权，无异于找到一条最方便的寻租途径。以“倒钩”手段堂而皇之上演的所谓打击“黑车”，本身就是权力寻租的表现。“黑”车很大程度是政府对出租车市场的管制逼出来的，管制的背后有着隐秘而强大的“部门利益”。政府高价出售出租车的营运权给特定公司，事实上就在抬高出租车运行成本的同时，制造了一个跟政府机构结成利益同盟关系的行业垄断者。开出租车这个在20世纪八九十年代可以实现小康的行业，近年来已经成为一个勉强养家糊口的工作，而且不时因超时驾驶、疲劳驾驶发生过劳死。交不起或者不愿交这么高费用但又要靠开出租车解决一家生计的人，就成了“非法营运”的打击对象。

如此管制加垄断，抬高了出租车行业入行成本，损害了出租车司机和消费者的利益，还制造出一大批“黑车”。有这些“黑车”随时供有关部门打击、罚款已经不够，涉嫌公力抢劫、公力构陷的“倒钩执法”就应运而生。这种情况下，任何一个有私家车的人都可能成为被钓的鱼。值得注意的是，这种“执法”还是公权对私域的肆意侵入。对车主来说，汽车是私产，车内是私域，无论作为私产还是私人领地，要不要跟人拼车，或者有人想搭车，搭不搭，搭了人要不要对方分担汽油费，车主有自主权。利用“钓钩”拦截私车，跟侵入私人卧室，查年轻夫妇有没有看黄碟，有相同的逻辑和性质。

［2009年10月23日］

成都拆迁事件必须有人负责

□ 笑蜀

蝼蚁尚且偷生，况乎人，况乎弱女子唐福珍。但唐福珍最终还是不能不选择死路，尽管她有一万个不情愿，一万个不甘心，一万个不服气。

我大体上同意唐福珍被逼而死的判断，她不是暴力抗法，而恰恰是被暴力逼上死路。但如果要表达得更精确，那么我想说，唐福珍不是一般的被逼而死，而是被捂死的。

假设有一点点空间，假设有一丝丝光亮，唐福珍，这个追求美的女子，这个有着爱的女子，这个直到临终仍要配合医生顽强求生的女子，会选择死路，会选择那样惨烈的结局吗？答案是显而易见的。当打手破门而入时，当至爱的家人一个一个倒在打手的钢管下时，她不是还在楼顶大喊只要撤人就可以坐下来谈吗？

想象一下吧，那是怎样声嘶力竭的呐喊。纵然是铁石心肠，也该被那呐喊所震撼吧，也该有片刻的犹疑吧，这震撼这犹疑总该可以换来暴力拆迁的稍稍停顿吧？

但是没有。没有停顿，没有退让。唐福珍无疑还是太高估了对方的人性。喧闹的四周是死寂，血腥的四周是沉默。那是怎样无边的死寂和沉默啊。应该已到天将放光的时辰，但唐福珍看不到一缕光亮，她求生的最后希望被对方的决绝无情地掐灭。

还原11月23日这个血色的黎明，不难发现，唐福珍就是被逼死的，捂死的。切割，包围，把唐福珍一家同整个社会隔离开来，再以整个机器的力量摧毁之。这是对付唐福珍一家的全部战术，也是现在城市暴力拆迁通用的战术，所向无敌，百战百胜。

反思唐福珍之死，固然需要谈到整个征地制度，整个拆迁制度，乃至整个私产保护体系。但是，仅仅谈到这些层面，仍然是不够的，仍不足以遏制悲剧的重演。更需要反思的是总体性权力。以是不是驯服把公民分成三六九等，不驯服者一概划为麻烦制造者，然后整合全部的行政资源、法律资源、舆论资源，从四面八方把他们捂起来，随时定点打击，某些地方政府对这种总体性权力的依赖，已到了瘾君子离不开鸦片的程度。只不过此次成都表现得最为极端罢了。

受制于这种总体性权力，社会不公的每个受害者都沦为孤岛，几乎一切自由表达的空间，几乎一切有效的博弈渠道都被切断，公民就唯有自己的身体可以运用，而有所谓“跳楼秀”的此起彼伏。不跳楼无人关注，但跳多了就不稀奇了，只好开胸。不开胸无人关注，但很快开胸也过时了，就只好断指。身体的表达就这样不断推高，不断刺激着公众的神经，最终不能不令公众彻底疲惫。而当公众彻底疲惫时，这最后的表达也就不能不归于无效了。

无边喑哑中，唐福珍唯有一死。有记者称，唐福珍一直生活在被跟踪和监视的阴影中，甚至吃饭时也被莫名查身份证。今年 4 月某日，更有上百人打上门来，她浇汽油以死相逼，才吓退他们。她也知道自己的孤岛境地，也想突围求援，便找到媒体，但，她那些故事太平常了，没有媒体感兴趣。

这就是身体表达的吊诡。不断推高的身体表达，不但不可能拓宽，反而只会让公民自救的路愈走愈窄。因为这个市场是只有第一没有第二的市场，苦主竞争过于激烈，没有新意不能超越前人就根本不能吸引社会的注意，所以重复别人注定是死路一条。这么一来，身体表达的竞争就愈来愈尖端，难度和成本就愈来愈高。每一个先前的得救者，事实上都等于客观上剥夺了后来者得救的某一个机会。每找到一条突围的路，那条路就会在成功突围者的身后瞬间关闭。所以，前面突围的苦主愈多，则后面苦主的选择就愈少，突围成功的机会就愈少。

唐福珍正是这个悲剧逻辑的印证者。以前遭遇这种捂的如果说往往集中于底层，那么唐福珍之死则说明，纵然中产、纵然企业家阶层也一样不能幸免，但凡遭遇总体性权力的围追堵截，谁都是弱者，谁都会走投无路。唐福珍不仅死前被捂得昏天黑地，即便以死抗争，也没能挣脱捂的天罗地网。从她自焚到她去世，其间整整 16 天，那 16 天是怎样的炼狱！那 16 天是怎样的撕心裂肺！那 16 天是怎样的惊天地泣鬼神！但是所有这一切，除了当事人还有谁看到？还有谁知道？所有这一切都被捂得滴水不漏，甚至家人探视也遭拒绝，真是惨绝人寰！

这一切，无疑是需要有人负责的。区区一个现场指挥官的停职，还担不起这样的问责。唐福珍已经付出了自己的生命的代价，她的至亲也都付出了身陷囹圄的代价，把唐福珍捂到死甚至死后还要捂的一干地方官员，难道就不该负起他们该负的法律责任来吗？难道生命的分量竟可以如此轻飘？权力机制的转型，即从总体性权力转到一个有限的均衡的权力机制，需要从有人对生命真正负责做起，那就何妨从成都开始？我们且拭目以待！

［2009 年 12 月 7 日］

权势侵蚀教育，改革刻不容缓

□熊丙奇

今年高考将至，连续两周来冒名顶替上大学事件接连曝光，浙江的航模加分政策又被指权势独享。在惊讶冒名顶替者的胆大妄为，权势阶层的无孔不入时，舆论强烈呼吁深入调查真相，严厉惩罚违法人员，加强对权力的监督与约束。

笔者相信，在舆论的压力之下，“罗彩霞事件”终会水落石出——即便现在当事学校的有关人员还企图编织谎言，应付公众——浙江也会通过复测获得加分者，“尽力维护”业已公布的加分政策之公正。这体现了舆论监督的力量。但遗憾的是，这只是事后监督，而且，如果不是诸多“偶然”，不是家长执著地给教育部门写信，这些事件还会继续“潜伏”在大学和教育部门。

舆论监督自然是监督的一种方式，法律对违法者的惩罚，也会给蠢蠢欲动者以警戒。但是，更为有效的监督与约束权力，在于对教育进行改革，让教育摆脱行政力量的制约，中学校本管理、教育决策民主、大学自主办学。

分析冒名顶替案，看似打通如此多的环节，实在需要很大的本事。但如果了解当前中学、教育部门、大学的运行方式，就会发现，这并不需要“太大”本事，“罗彩霞事件”主事者王峥嵘的行政级别至多不过“副处”，却办成了“这么大”的事，已在一定程度说明这个问题：今天的中学，受地方教育行政部门管理，校长听教育部门的，老师听校长的，一校之内，普通教师和学生没有参与教育决策的权利；今天的大学，普遍没有办学自主权，而与之对应，校长有行政级别——贵州师范大学的行政级别为正厅，校内管理由行政决策，教育资源与学术资源的配置被行政力量主导，在招生、培养等纯教育事务上，行政力量往往具有说一不二的权力。也就是说，教育行政部门、中学、大学、公安部门放在一起，简直可以视为一个大行政部门，中学是其中的“中学部”、大学是“大学部”。能做通一个环节的工作，很容易就可以做通所有环节的工作。

而权势通过加分政策谋求有利的高考竞争地位，则因为教育行政部门本应执行立法机构审议通过的教育政策，现在却变成行政部门自己制订政策自己执行，可以不顾教师、家长和学生的反对。

假使中学不受教育行政部门的“指挥”，而是依法实行校本管理，校内有教师委员会、家长委员会和学生会等代表教育者和受教育者权利的组织，参与讨论学校的教育事务，监督办学者的办学行为，行政官员要通过学校办成一件私事，必经教师委员会、家长委员会“过堂”，那是很不容易的。

假使大学没有所谓的行政级别，实行自主办学，在校内推行学术自治、学生自治，有教授委员会负责教育事务和学术事务，学生会既开展学生活动，同时代表学生向学校争取教育权利，那么，学校的各项办学信息必然公开，校长、院长根本无法凭关系录取一名学生——那意味着他们马上就有被教授提请董事会或理事会罢免的可能。

在这种情况下，要“摆平”中学、大学、行政机构，那才真是一件大难事。同样，假使教育决策都有严格的制订程序，先调查，广泛听取意见，然后制订出方案，提交人大机构听证、审议，在通过之后由教育行政部门执行，那么，怎么可能有专门为权势服务的，诸如高官子弟升学加分、买房加分、参加高额费用培训通过低水平测试加分等明显违背教育公平权利的政策出台呢？

说实在的，近年来我们听到的“加强监督”的声音不少，也看到教育部门主动表态要实行阳光高考，但由于权力集中在行政，学校高度行政化，教育信息的公开极其有限，阳光高考经常遭遇阴雨天气，各种丑闻不时发生——更令人不安的是，这还仅仅是被媒体曝光的，依据当前的制度，这些丑闻给公众留下无限的想象空间，远非教育部门“个案”的定性所能涵盖。

我国中长期教育改革和发展规划纲要即将出台。我们期望，在规划的制定中，能真正直面上述教育问题背后的制度原因，启动对基本教育制度的改革，通过赋予学校办学自主权，改革学校内部管理模式，改革教育决策机制，切实保障教育者的教育权和受教育者的受教育权。

[2009 年 5 月 19 日

大学去行政化改革，需要政府面对四道难题

□ 熊丙奇

刚刚从深圳市代市长王荣手上接过聘书，担任南方科技大学创校校长的朱清时院士在接受采访时表示，南方科大将强调去官化和去行政化，按照教育规律办事，实现教授治校。

对于朱清时“去官化”、“去行政化”的上任宣言，人们寄予厚望。一条很重要的理由是基于朱清时先生本人的人格魅力、教育家办校的情怀——他在担任中国科技大学校长期间，用“原生态”应对行政评估，以及接受记者采访，批评教育积弊，给公众留下深刻印象。

在我看来，将拥有先进教育理念，很强教育管理能力、社会影响力的人士遴选到校长岗位，这是办好一所大学的第一步。深圳市代市长王荣在聘任仪式上，鼓励朱清时探索和推出一套好的体制和机制，并认为“这将可能是对中国高等教育最大的贡献”。不过在我国当前社会环境与教育环境之中，大学要做到“去官化”、“去行政化”，单靠校长的个人努力远远不够，最为重要的是处理好政府（作为举办者）与大学（作为办学者）之间的关系，政府也要参与到探索好体制和机制的实践中来。

南方科技大学作为政府出资建立的一所公办大学，探索建立现代大学制度，将为中国高等教育改革积累宝贵的经验。其中，有几个关键的问题，亟须在立校之初就得到解决。

其一，大学是否有行政级别？校内是否有若干享有处级待遇的行政机构？大学是否取消行政级别，也是国家中长期教育改革和发展规划纲要制订中一个备受关注的问题。这也是构建现代大学制度、高等教育体制改革无法绕开的第一步。但是，这涉及庞大的既得利益调整，改革者颇有顾虑，包括大学的地位如何体现，干部怎样交流培养。新建的南方科技大学不存在已有行政级别人员的安排问题，没有阻力，但是政府部门如何对学校定位，则十分重要。如果仍旧用行政级别去套大学，则“去官化”、“去行政化”就可能成为一句空话。一直以来，政府部门对公办学校的管理，都是按照级别的方式，省立本科为正厅、市属本科为副厅，如果南方科技大学没有了行政级别，政府部门在干部任用、交流，会议、文件等具体事务中，都要探索新的管理方式。如果公立的南方科技大学没有任何行

政级别照样办好，将为中国高校取消行政级别提供改革样本。

其二，政府按照怎样的机制向学校拨款？对于公立大学来说，如果财权受控于政府部门，没有一定的财政独立性，办学自主权其实很有限。从财政角度考量公办大学的自主权，一方面需要大学拓宽资金渠道，不能完全靠政府拨款——这对于新建的南方科技大学来说是难题；另一方面则需要建立不受政府干预（根据政府官员的喜好和亲疏关系）的教育拨款委员会，教育拨款委员会严格按照预算给学校拨款，这会给学校更大的自主性。当年朱清时在中国科技大学敢说“真话”，有一种观点就认为中科大的人事权和财权不属于教育部，而属于中科院。在教育拨款方面，不少专家建议建立国家教育拨款委员会，深圳在这方面如能尝试，对于理顺政府与大学的关系，也是贡献。

其三，公办大学能否顺利过渡到“公立大学”？“公办”与“公立”，仅一字之差，但相去十万八千里，前者政府既是举办者，又是办学者、管理者，学校是政府部门的“下属”；后者政府只是举办者，履行投入责任、监管责任，但具体办学权在大学，政府部门不得干涉学校具体办学。南方科技大学能否建立全新的大学治理结构，令人期待。对于公立大学，比较成熟的治理模式是理事会治理，理事会可由政府官员、人大代表、社会贤达人士、学校领导、教授代表、学生代表、校友代表组成，负责学校的重大战略决策，既理清了政府与学校的关系，同时又保证学校的办学方向。与此同时，政府能否严格尊重理事会决策结果，不越权干涉大学的具体办学，也是一道考验，我国《高等教育法》早就明确了所有高等教育机构的7项办学自主权，但至今却未得到落实，就是政府部门“太关心”学校、不愿放手的结果。

其四，大学校内能否真正实现学术与行政分权？自主办学、学术自治、教授治校、学生自治，是现代大学制度的基本特征。大学用好办学自主权，离开学术自治、教授治校与学生自治是不可想象的。在教授治校的办学环境中，教育资源和学术资源的配置，将转向由教授主导，校长的行政权力将大大削弱，变为真正率领行政人员为教授搬凳子的人。而且，随着现代大学制度的构建，今后遴选校长，将由对学校理事会负责的校长遴选委员会进行，遴选出来的校长，首要对学校教师和学生负责，而不是对政府部门负责。

一套完善的大学管理制度，将不会因为某个人的离去而推倒重来，近年来，不少大学的章程在重新制订、校训在重新修改，就是因为来了一个新领导，就搞新的一套。新创的南方科技大学，肯定会打上朱清时院士的烙印，但是，如果办学一开始就坚持理事会治理、教授治校、学术自治，明确界定政府、学校、行政、学术的权界，将会因其制度与文化的优势，在中国所有公办学校中脱颖而出，稳健发展。如是，对深圳来说，收获了一所好大学，而对中国来说，则探索出高等教育改革、建立现代大学制度、提高办学质量的可行路径。

［2009年9月17日］

有权者如何“与百姓接轨”

□ 熊培云

我曾经批评那些手握垄断资源又无视民意的人，一方面，他们在理屈词穷时“言必称国际”；另一方面，当民众因为某种正当理由要求他们“与国际接轨”时，这些人又会以“国情何其特殊”等缘由义正词严加以拒绝。这样的时候，你真不知道他们此前的“与国际接轨”究竟接的是“第几国际”。

这样的例子屡见不鲜。比如，当国际油价上涨时，国内油价紧跟着井喷，待到国际油价跌到谷底，国内油价仍旧日日坚挺，在高山上站岗，赚一天是一天。同样，若是与国际接轨，手机早该单向收费，然而时至今日，中国人还要拿着手机“进出厕所，双向收费”。

还可援引的例子有，为有效防止腐败，大多数国家都实施了官员财产申报制度。20 多年来，许多有识之士也一直在努力促其在中国早日确立。2009 年的“两会”，这一制度设立与否再次成为媒体关注的焦点。对此，全国人大常委会法工委副主任安建表示，有关部门正在试点公务员财产申报。此前，全国人大代表、中纪委副书记何勇也表示，中纪委正在想办法制定官员财产公示的有关条例或者规定，新疆阿勒泰的试点经验，将是重要的参考。

尽管如此，同期而至的另一些负面信息还是让人看到了一些傲慢的阻力，难以乐观。几天前，财经网登了一篇记者手记。“两会”期间，记者询问某省一位高官“怎么看待官员财产公示制度”以及“是否会提这样的建议或者议案”时，谁知道得到的回答竟然是这位官员的反问：“不会。如果要公布，为什么不公布老百姓财产？那些（私营）企业老板的利润为什么不向工人公布？”

此真可谓“史上最牛的反问”。如记者所感慨，“降低了要求，把自己等同于普通老百姓”是一些贪官落马后反省自己的常用语。“看来在财产公示上，部分官员又把自己等同于一般老百姓了。”众所周知，设立官员财产申报制度本是一个国家走向政治文明的标志性事件。为了让社会和监察部门对从政者的“政治性收入”一目了然，核查有据，许多国家或地区早已设立了这一制度。而且，这一切本应成为官员获得权力与政治信用时需要交付的成本，与社会财产数目并无干系，更不存在只有先公示老百姓财产方能公示官员财产之逻辑。

当说，上述反问及其夹带的傲慢或多或少解释了为什么官员财产申报制 20

余年来在中国一无所成。在水性杨花、三心二意地“与国际接轨”之后，“与百姓接轨”终于横空出世，从此对外对内，接轨合璧，所向无敌。面对这样的诘问，老百姓或是既喜又愁了。喜的是，一不小心自己倒成了有些官员拒绝财产申报制度的“保护伞”，“学习百姓好榜样”，倍儿有面子。愁的是，若非自己不肯公示财产，官员财产公示哪会拖到今天？都怪自己不积极，把官员们给带坏了。

可以想见，为了建立一个吏治清明的社会，倘使老百姓公示财产能立即换来官员财产申报制度之实施，恐怕许多人都愿意放弃这种私权利。遗憾的是，他们的这一如意算盘恐怕也要落空了。毕竟，那些要求一视同仁公示百姓财产者，并非真想知道百姓有多少财产，而是虚晃一枪，好借这把“保护伞”滞交自家的账簿。

财产公示要“与百姓接轨”，让人们看到的不只是逻辑上的荒谬，更有公开的蛮不讲理。值得追问的是，就算公众承认一部分人在经济上先富起来，不主张让官员与老百姓接轨贫穷、接轨读不起书与看不起病，但就公务员拥有的特权来说，是不是该放下来与老百姓接接轨了？比如，和老百姓接轨同一体系的社保，在同时候涨工资，不再享受消耗几乎占中国财政收入1/3的“三公”消费？

致力于推动中国转型的人，是该好好研究一下“接轨政治学”了。综上，当下中国有两个接轨的学问，一是与国际接轨，另一个是与百姓接轨。它们的共同点是，有权者有利时就接轨，无利时就脱轨。归根结底，这都是不受约束的权力在越轨。

[2009年3月12日]

说说我为什么不高兴

□ 熊培云

据说，在金融危机之下，世界已经进入一个“炫耀肌肉”的时代了。国外媒体最近注意到中国的一个新变化：虽然中国业已超过德国成为仅次于美国和日本的世界第三大经济体，它还成功举办了奥运会并进行其首次太空行走，大家理所当然地认为中国会很快乐的，但中国高兴不起来。

原因很简单，最近有几人合写了一本书，向世界宣告“中国不高兴”。

在以前的一篇文章中，我谈到今日中国的一些知识分子对时局的思考过于封闭与偏执，与20世纪初的开放与包容精神相比可谓“一代不如一代”。我举的是胡适的例子。胡适那一代人虽然也知道中国要建立“有兵的文化”，但并不把中国之落后简单地归罪于国外势力或者“帝国主义”，而是首先从内部找中国落后的原因。在胡适看来，那个时代的当务之急是完成文化与制度上的改良，一方面要“整理国故，再造文明”，另一方面实施宪政这平常人的政治，以清除“贫穷、疾病、愚昧、贪污、扰乱”这困扰中国几千年的五大祸害。

当说，不高兴是一项基本人权。问题在于，谁能代表“中国不高兴”?

众所周知，中国作为一个国家组织，本身并无情绪。既然中国是无数中国人组成的，如果有情绪，有喜怒哀乐，那也是具体每个中国人的事。早在若干年前，龙应台先生写过一篇流传很广的文章——《中国人，你为什么不生气?》。在这篇文章中，龙先生说：“在一个法治上轨道的国家里，人是有权生气的。”而且，“不要以为你是大学教授，所以做研究比较重要；不要以为你是杀猪的，所以没有人会听你的话；也不要以为你是个大学生，不够资格管社会的事。你今天不生气，不站出来的话，明天——还有我、还有你我的下一代，就要成为沉默的牺牲者、受害人！如果你有种、有良心，你现在就去告诉你的公仆‘立法委员’、告诉卫生署、告诉环保局：你受够了，你很生气！你一定要很大声地说。”

“不高兴派”可以告诉国际社会你很生气，但不要冒充中国。我在国外也经常见到“一个人的示威”，比如有一年在柏林的马路边上便看到一位中年男子举着个纸牌——“反对美国人侵伊拉克”。但是他只代表自己。如果他自诩代表德国，代表所有德国人的意志，那他就已经是一个“侵略者”、一个“意淫犯”了。

每个人都有不高兴的事情。借这个机会，我想说说作为一个中国人同时作为一个人，有哪些事情让我不高兴。当然，在此我只代表自己。即使许多人看完我的“不高兴”而感同身受，我仍要强调我所说的只代表我自己的经验与感受。

细想下来，今日世界与中国让我不高兴的事还挺多，不妨略举数例：

我的父母在乡下吃了一辈子苦和亏，被征了一辈子的皇粮国税“剪刀差”，到老年却没有社保，以致我不得不像“临时政府”一样为他们尽责，不同在于我不向他们征税。为什么21世纪的中国仍要“养儿防老”而不能做到“养政府防老”？那么多的财政收入究竟要用到什么紧要地方？政府不养纳税人。为此，我不高兴。

我回到乡下，看到村庄空空荡荡，道路坑坑洼洼，一片萧瑟景象，家乡长了几百年的大树被掌权者贩卖。在那里，我真切地感受到故乡沦陷。为此，我不高兴。

走在城里，我看着新修的马路被一次次挖开，虽然GDP因此增长，有人因此赚钱，但既然总要这样折腾，为什么不给马路预装一根拉链，而且只在半夜拉开？为什么人民（当然包括行人）没有免于被折腾的自由？为此，我不高兴。

开车时，我看到三三两两的妇女抱着租来的孩子站在马路中间乞讨；不开车时，我看到司机从不知道礼让斑马线上的行人，有时甚至将人撞飞。

在一个代议制国家，我的利益被人堂而皇之地代表。然而，代表我利益的人姓甚名谁我竟不知晓——即使是那隐姓埋名的佐罗，我也知道他的刀剑与相貌。他们从来没有向我询问过我需要什么利益。为此，我不高兴。

我照章纳税十几年，没有收到过一张税单，更不知道自己所缴的税款最后用在哪里。为什么有税务局，没有“税权局”？为什么宪法里只有纳税的义务条款而无权利条款？都说预算是众人之事，但是我从来没有看到过公共预算。我偶尔也捐了一点小款，但据说有善款在一些地方被挪用截流。没有预算的政府就是“看不见的政府”。为此，我不高兴。

今日中国，“拆迁党”四处招摇。在没有《物权法》时，我盼着《物权法》出台，以阻挡“推土机经济”扫荡民宅；然而，《物权法》出台后，扫荡民宅的事仍然时有发生。我曾经一厢情愿地讴歌“‘钉子户’引导人民”，然而事实却是“更多的‘钉子户’倒在路上”。穷人家的房子，“风能进，雨能进，推土机更能进”。为此，我不高兴。

独坐书房，读西欧财政史。读到17世纪英国中央政府给社会带来的经济负担不到5%，想到2007年中国财政收入占GDP比例达到了20.80%，而且财政收入的1/3被用于“三公消费”，大学生不去创业，而是争考公务员。国富民穷，权力诱人。为此，我不高兴。

我时而文思泉涌，给一些媒体写文章，谁知文章发表后里面有几句话不是我写的。为此，我不高兴。

打开电脑，我做网站有人不高兴。下线之前，我看见周久耕说不让房价下跌是为人民服务，我知道他在说谎。为此，我不高兴。

深更半夜，我打开电视，无数影视明星和药贩子混在一起，像吃了春药一样亢奋，他们从早到晚贩卖假药，将当代中国人想象成最易上当受骗的“东亚病夫”。为此，我不高兴。

网络销售大行其道，如今实体书店一家家倒闭。偶尔逛书店，发现几个“不高兴”的人偷梁换柱、以偏概全，以中国的名义冒充我在不高兴。为此，我不高兴。

[2009年4月4日]

你怎好意思对“身体维权者”道谢？

□ 熊培云

2009年的平安夜，网络比往年似乎更清静。我在微博上偶尔看到肖雪慧老师和几个网友在为媒体的年度人物评选“拉票”——“请为身体维权者投一票，这是一个虽弱但绝不怯懦的群体！”“虽然喜欢韩寒，但还是奋勇投了身体维权者一票。”

在该媒体的网上投票站列有十个候选人（群体），包括韩寒、周立波、赵长青、湖北救人大学生、伍皓、王帅，等等。其中，对“身体维权者”的描述是这样的：

“孙中界，砍下手指向‘钓鱼执法’说不，在维权所抵最高处留下标记；张海超，为求真相开胸验肺揭穿谎言，以满腔的炙热映衬出外界的冰冷；唐福珍，为抗拒拆迁最终点燃自己。他们以鲜活的生命为权利而斗争，在刀锋和烈火中伸张正义，他们是为生活奔波的小人物，是权利运动的悲情践行者。”

读到这，我不禁悲从中来。实话实说，我当时心情坏透了，尤其当我看到唐福珍这个名字。就在此前，那场“屋顶上的矿难”曾经让我做了整整两晚的噩梦。

其一，我非常不认同这样的投票互动。

由于唐福珍出现在“身体维权者”名单中，在客观上意味着将明星与死者放在一起来竞争“年度人物”。悲情还未消退，许多拉票者却把这个搞成了一个嘉年华。我觉得，媒体可以搞个专家委员会选出年度人物，倡导其精神与价值，而大可不必如此兴师动众，让一帮网友敲锣打鼓。若是搞民意调查，那就不要冠以媒体的名义，变成什么“××年度人物”。

其二，“身体维权”是否值得鼓励？

此次“身体维权者”包括孙中界、张海超与唐福珍三人，他们无一不是伤害自己的身体以维权。的确，面对这些“身体维权”者，媒体时常会陷入两难。记得胡适先生曾经说过：“自由平等的国家不是一群奴才建造得起来的！”我同样认为，一个自由平等的国家不会建立在一群被怂恿的“烈士”之上。

当然，我这里并不是说唐福珍是被怂恿的“烈士”。我只是强调社会舆论在这方面不要鼓励大家去作牺牲，以自残明志，以悲情为旗。我的基本看法是，媒体可以不遗余力鼓励公民维护自己的权利，但不要高标自杀、自残在救济社会方面的意义。

有网友善意地反驳：“这并不妨碍我们给予唐福珍们所应得的尊敬和感谢啊！”尊敬我是认同的，对于任何一个勇于捍卫自己权利的人，都应该尊重。问题在于，你怎么好意思对唐福珍道谢？唐福珍是想舍生取义以死废除拆迁条例吗？她的家还在吗？谁都知道，她不过是想守住家园活下去，我们却要不断在她身上赋予意义，证明她“死得其所”，死得“重如泰山”，这不荒谬吗？

身处同一时代，每个人都应该尽自己的公民责任，谁也不要鼓励或者赞美他人多作牺牲，鼓励他人以血肉之躯捍卫自己的权利，即使这在客观上会推动社会进步。毕竟人的生命只有一次，手指也不过十根。所以我说，如果需要在拆迁条例死掉与唐福珍活下来之间作选择，我宁可选择后者，因为在一个死人身上追求社会进步是可耻的；一切建立在这之上的进步也是可耻的；自己无所作为而高歌他人牺牲是可耻的。

我记住唐福珍，绝不是记住她对废除拆迁条例作了多大贡献，而是要记住这个时代有着怎样的耻辱。在唐福珍死前，那些自称有良知、有知识的人都到哪里去了？唐福珍死后，这个条例终于要被废除，这不能证明唐福珍“死得其所”，只能证明本来有能力废除这个条例的人集体失语、失职。

转天晚上，肖雪慧就拉票一事在微博上给我留言：“是不公正，唐福珍已无法为自己拉票，孙、张也没有能力拉票。但起初我是很欣赏……能把这个群体提出来，对投票形势也有误判。受这几种伤害的人太多，各社会阶层都有，连信访主任退休后被强拆也无力自保。所以以为这个群体会触动很多人，投票情况却远不是这样。”

我承认，2009年没有比“身体维权”更惊天动地的事情了；我相信，如萧瀚所说，“正义必须被炒作，否则它将被活埋”；我更相信，甘地当年之所以能有所作为，不在于他反对的英国人多有正义感，而在于后者被甘地唤醒了羞耻心。在此意义上，另一方面我也希望媒体的这个年度人物评选能唤起整个社会的羞耻心。如果能有此觉悟，得票率高的韩寒与伍皓，又怎好意思在这场竞争中为自己拉票，去与唐福珍争一个哀名？

［2009年12月26日］

奥巴马就任总统宣的是什么誓

□徐贲

1月20日，美国第44任总统奥巴马宣誓就职，他的就职宣誓是美国宪法第2条第1项中规定的："我庄严宣誓（或'宣告'）我将忠实、忠诚地担任美利坚合众国总统一职，我会尽我的能力维护、保护、保卫美国的宪法。"在此之外，另加上一句："上帝助我！"

这个誓言由4个部分组成，是美国公职宣誓的基本模式。第一个部分是宣誓人承担个人责任。"宣誓"（oath）一词原本有宗教含义，指的是由神来见证宣誓者的诚意和誓言的真实。在美国，有的宗教群体，如基督教的贵格派，反对对神发誓。还有的人则信奉其他宗教，或者是无神论者。所以宪法规定，宣誓者可以就"宣誓"和"宣告"任选其一。

第二个部分是职责承诺（"尽忠职守"）。第三个部分是宣誓者效忠的对象（支持和保卫的是"宪法"）。1789年宪法原先的誓词中只说"支持"宪法，"保卫"是1862年，在南北战争中添加的。美国第一任总统华盛顿在他的告别演说中传达了"支持"的原意："我们政治制度的基础是，人民有权利确立和改变政府的章程。但是宪法在任何时候都是存在的、神圣的，所有人都必须服从的。人们有权利缔造政府，它的前提是，每一个人都有义务服从那个他参与缔造的政府。"对公民来说，支持宪法就是服从由宪政民主程序所缔造的政府。

第四个部分表示宣誓者心目中的更高道德引导（"上帝助我"）。美国宪法中规定的总统誓言中并没有这句话，但第一任总统华盛顿在宣誓时就已经加上这个说法。在《葛底斯堡演说》中，林肯总统直接引入了神圣指引的观念："这个国家，在上帝的指引下，可以获得自由的新生。"1953年，艾森豪威尔总统这样解释"在上帝的指引下"："我们以此来肯定在美国传统和未来中的超然宗教信仰……使之成为国家在和平与战争中最有力的资源。"即使非宗教信仰者也可以把这句话理解为，人需要更高的道德指引。这就像不信神的人也可以有神圣感一样。

美国宪法第6条规定："参议员及众议员，各州州议会议员，合众国政府及各州政府之一切行政及司法官员，均应宣誓或宣告拥护本宪法；但合众国政府之任何职位或公职不得以任何宗教誓言作为任职的必要条件。"担任这些公职者的宣誓词也与总统宣誓词是同一模式。例如美国参议员的宣誓词是："我庄严宣誓（或'宣告'）我将维持和保卫美国宪法，不受国外、国内敌人的侵犯。我对宪法保持忠实和忠诚。我无保留、不回避地自愿承担这一义务。我将对自己的职务尽忠职守。上帝助我。""无保留地自愿承担"表示的是荣誉感。

美国联邦法官的公职宣誓分为两部分，因此需要作两次宣誓。第一次宣誓是："某某庄严宣誓（或'宣告'）对所有的人都秉持正义，无论贫、富皆有平等权利。我将遵照美国宪法忠实、公平地执行我担负的所有责任。上帝助我。"第二次宣誓的誓词与参议员的一样。

美国公职誓词的最显著的特点是，它的效忠对象不是国家，不是政府，不是国旗，而是宪法。美国宪法用短短52个字，在"前言"中规定了国家的性质。"前言"一共只有一个复合句。主句是"我们美利坚合众国的人民……为美利坚合众国制定和确立这一部宪法"。这是说，宪法是由人民制定的。从句是"为了组织一个更完善的联邦，树立正义，保障国内的安宁，建立共同的国防，增进全民福利和确保我们自己及我们后代能安享自由带来的幸福"。这是说，国家有国家的责任，而且国家的理念是正义和自由。效忠宪法不只是效忠国家，而且是效忠这个国家的理念。

公职宣誓是一种公开承诺，承诺接受宪法和法律的约束。然而，它不只是一种外在的约束，庄严的宣誓帮助宣誓者把外在的公职和法律规范要求内化为个体的荣誉感、责任心、神圣感，成为一种内在的约束。许多国家因此都形成了政治领袖向公众宣誓的惯例。

［2009年1月22日］

“不高兴”先生要学会说理

□徐贲

读《中国不高兴》，令我想起了一件事：几年前，一位在南大当教授的朋友对我说，中国公共理性话语危机已经严重到了非采取行动不可的程度，他想编一本给大学生用的写作课本，帮助训练他们基本的逻辑说理能力。

在国外，这种训练从初中就开始了，经过高中，再到大学，不断加强，让学生培养与他人交往时必不可少的说理习惯。且不说高中、大学教育，单以加州初中一年级（相当于中国小学6年级）学生使用的英文课本（Sharpen Up!）为例，就有“逻辑说理”和“提防宣传”的章节，帮助学生了解如何在写和读的过程中，不骗人，也不被人骗。其中许多“逻辑谬误”和“宣传手法”（带有欺骗性的说法）在《中国不高兴》中随处可见，这里就用这个初中课本列出的谬误举几个例子。

过度简单化：“实际上，次贷危机也好，美国贸易赤字也好，说穿了，就是美国人消费得太多，生产得太少，形成了缺口。这个缺口怎么补？一是抢，二是骗。”要真如此，为什么还有经济学家主张用刺激消费来帮助尽快走出金融危机？

浮泛空论：“这次金融危机体现了美国社会从上到下的全面腐朽。”美国社会真的从上到下“全面腐朽”了吗？这种不留例外的普遍概说，只要有一个反例即可不攻自破。

巡回论证：“说到萨科齐的表演，他是有着明显生物性的，他的翻云覆雨，看起来有滑稽性的特点。”有生物性，所以滑稽；滑稽，所以是生物（不像人）。

虚假两分法：“这几十年中，中国压根就没人，没有像样的作家，没有像样的思想家。钱钟书，韩寒，算个什么？他们被吹成这样，其实没有任何像样的原创性东西。”要么十足地“有”，要么一点“没有”，原创性真的是这么比量出来的吗？再说，《中国不高兴》的五位作者自己是不是也包括在这几十年的“不像样”人群中呢？

无凭据推理：“我们处于一个长期被遮掩的真相中。中国人以最大的热情欲图拥抱西方，以最亲善的姿态告诉西方：‘我们在向你们靠拢’。”有凭据吗？中国拥抱了西方的两党制或多党制了吗？接受了西方的普遍人权论了吗？

谩骂、粗口、唱衰：“你看他们（读书人）或一头扎当权者怀里，或歪坐在资本家腿上，或一人一夜、被俩主儿轮包。”把人骂成“狗”或诬蔑为“妓女”，有教养吗？“奥巴马拯救不了美国”，既然“肯定没有好结果”、“注定要失败”，又何必还要去讨论呢？

不当类比：“俄罗斯就是老黄瓜没刷绿漆，美国人是老黄瓜刷了绿漆，其实在本质上都是老黄瓜，半斤八两。”国家和黄瓜没有必然的类比关系。说国家是黄瓜，又是老的，是说历史长远吗？美国不过 200 多年的历史，那么有 5000 年历史的中国呢？

从 Sharpen Up！这样的初中教科书就可以看到，学校教育的一个重要部分是语言教育，不只是读写的技能，而且更是通过学习使用文字语言，养成公共说理的理性思考习惯。只有说理的社会才是正派、宽容的社会，这就需要尊重与自己不同意见的说理对方。对对手要宽容、厚道，陈述对方的论辩时应该尽量做到全面、准确、心平气和，不要一开口，就“我不高兴”、“我生气”。这些都是《中国不高兴》作者们需要补的功课。许多读者受蛊惑而浑然不觉，他们虽受过教育，但缺乏基本的理性辨析能力，是不是学校教育中有了严重的疏忽和失败？

公共说理不是吵架，不是如《中国不高兴》作者们所说的，要“刺激”什么人或者要出什么气。吵架越成功，说理越失败。吵架是一种恶性激化人际意见对立的话语行为，而说理的目的则恰恰是要尽量消除人际意见对立，化解分歧。公共说理是要通过交流、说服来达到共识。公共说理是公共文明的成就，也是良好社会关系、民主政治秩序的根本条件。中国的公共说理机制还不健全，提高公共话语理性的自觉性应该成为各阶段学校教育的一个重要项目。

［2009 年 4 月 2 日］

何不重启人大质询权

□ 鄢烈山

广州大道绿化升级改造工程做到了我们单位门口——我每天上下班的人行道上。我说不清当忧当乐：道路扮靓我是直接受益人，似乎该为之欣喜，但这工程华而不实，远不如早日开辟自行车道更符合“以人为本”、“和谐社会”的宗旨；马路过不多久就开挖一次，单位新大楼工地围墙边防护架下国庆前才栽的绿色植物，叶还没长舒展，节后就拔了个精光，纳税人的血汗钱就这么慷慨地糟蹋了，令人心疼又心急……

于是，总想起前些天关于路边景观石引发的议论，广州市市政园林局回应媒体和省人大代表朱列玉等人的质疑时，竟然宣称“造价若有问题，纪检部门会介入”，意思是用不着你们多管闲事，没有义务向你们解释工程招投标和采购施工中的疑问。对此，省政协委员孟浩援引政务信息公开原则说纳税人有权知道；省人大代表朱列玉说政府部门无权选择纪检监督而回避媒体监督；而《南方都市报》在16日的社论中，也提到了人大行使质询权的问题。

读了近日本埠数家媒体关于“投资六千万，广州公交监控摄像头八成是摆设”的报道，我又想起了这个人大质询权。在这样的问题上何不重启人大质询权呢？

请看《新快报》关于此事报道的版本：这套让广州公交公安部门“伤透了脑筋”的视频监控系统，是市交委于2007年年底在全市376条公交线8000多辆公交车上陆续安装的；据市交委当时向媒体公布的消息称，该监控系统不仅可以盯紧车厢犯罪，确保乘客安全……该系统在当初推行中，全部招标都是由交委完成的，而所有10多家公交企业甚至在招标后根本不知情；同时，在推行过程中，所有公交企业都不得不让交委所招标的企业进行安装工作，“就算是质量不过关，技术有问题，作为企业也只有忍气吞声了”；系统中标价（每辆车）超出市场价3000元，设备商承认系统存在硬伤……

时至今日，项目招投标出现权钱交易的案例不胜枚举，要人们相信这项总价6000万元的工程没有猫腻，必须拿出令人信服的证据，市交委有义务自证清白。公众有权质疑，但问题在于谁有权来追问。除了同级的党政纪检监察审计部门，地方最高权力机关人大常委会应该是最有力的追问者，一旦人大依法提出质询，政府部门就没有了装聋作哑不理睬，或者打马虎眼说自查没问题的可能。

《南方都市报》本月16日那篇社论中对行使质询权的法律依据与程序已有论列，本文不必重述。我还想说的是为什么这么多年来基本没有听说有人大行使质询权了呢？

毋庸讳言，20世纪90年代以来，权力过分集中的痼疾不仅没有消除，反而更加强化了，其弊病也更加严重。其中一个表征是买官卖官的案件层出不穷。最近，中组部部长李源潮在《人民日报》发表文章说，干部人事制度不改革，党就会有危险。他提出的贯彻民主公开竞争择优干部选拔任用原则，应该也包括人大切实行使对行政官员的审查和监督权吧？人大有对行政和司法长官的任用审查权、地方重大事项的决策权，这是“事前”的权力，还有对行政司法过程和结果的监督权，其中就包括质询权。孟浩在批评广州市市政园林局的回应时曾指出，如果在施工过程中不接受监督，等工程做完了再由纪检部门介入就可能为时已晚。就单项工程来讲是这样；从长期看，像公交监控视频系统这样的工程项目，如果对其效果启动事后的质询监督，那么，对于这种系统的重装和别的重大公共工程项目，也可以算是“过程”监督，乃至威慑警示意义上的“事前”监督。

权力越来越集中，从思想认识上讲，可能是迷信权力集中带来的行政高效率，怕民主监督包括人大监督添乱。但是，权力缺乏制衡使严重腐败难以遏制，社会矛盾和官民冲突尖锐化，这样的“效率”靠得住、可持续吗？

重启人大质询权，当然要一应人大代表特别是人大常委会成员有质询的意愿和胆识，这又取决于他们对民意的代表意识和政治责任感——不会有人说我提出这个问题是很傻很天真吧？

［2009年10月22日］

民主的分谤功能

□鄢烈山

官是越来越难当了！不论政府作出什么样的决策，总会有反对意见，甚至有骂娘的，不是有人质疑决策的合理性、合法性，就是有人怀疑决策的动机，乃至是否与什么利益集团联手，慷纳税人之慨而从中分肥。

这是必然的，也是正当且正常的，它表明我们社会的政治文明在加速进步。说必然，是因为世上任何决策都是权衡利弊得失的选择，其结果对各人的损益并不完全相等——恰如广州市常务副市长苏泽群近日所言，社会少不了殡仪馆和变电站，但谁都不乐意它们建在自家附近。这就有个风险评估、防范、减灾和利益补偿问题，公共决策的过程必然是利益攸关方博弈包括讨价还价的过程。从前，貌似长官一锤定音，其实也有上下级政府或政府部门之间的密室讲条件；现在公共舆论相对开放，利益相关方的表达权也还是有大有小，农民的声音可能是最弱势的。说正当，是因为民主政治的重要表现就是民众可以监督政府，若不心存质疑，不从政府决策的动机、过程到结果，用怀疑的眼光全面审视，那还叫监督吗？

害怕监督，不愿听逆耳之言，承受不了被人当贼一样审来审去的“人格侮辱”，那就不要从政，专制时代人们都知道宰相肚里要能划船。你不愿“挨骂”了，有大把的人等着顶岗补缺呢。

但是，公共决策也可以不用行政首长来承担公众的谴责，它的前提就是决策民主化。如果事涉公众利益，在公众知情并且自由表达的前提下，经过合法的真正代表民意的程序作出决策，无事不可对人言，行政首长不过是执行这个决策，“礼义之不衍，何恤人之言”？大不了就是照章法修改决策，与为政智愚有关而无涉人品清浊。

据《新快报》11日报道（我注意到，这篇报道的通讯员署名“穗仁宣”，即广州市人大的宣传工作人员），在以依法行政为主要内容的部分人大代表和政协委员座谈会上，大部分代表和委员认为，广州依法行政中的最大问题是：“重大项目的上马不够尊重民意，缺乏事后评估”；“对于政府近期对LPG公交车、番禺生活垃圾焚烧发电厂等公共事件的处理，代表和委员普遍表示不满”；“BRT、治水投资未经人大审议”；“对东风路改造30年来未停过，今年搞绿化带明年就改隔离带，再过一年又换绿化带，劳民又伤财”……这些意见毫不含糊，“直指官心”。

广州市人大代表刘莲香直言，落实市民的知情权、参与权、监督权是目前最待解决的问题。其实，如果像 BRT、治水投资这样的市政大工程都未经人大审议，还谈什么普通市民的知情权、参与权和监督权？须知，早在 2001 年 8 月 8 日，《广州市人民代表大会常务委员会讨论决定重大事项办法》就印发执行，规定涉及人口、环境、资源等方面的重大措施和市财政预算变更等重大事项，必须经市人大常委会讨论决定；而《广州市规章制定公众参与办法》已从 2007 年 1 月 1 日起实施近三年。

为什么两个关于民主决策和民主参与的“办法”都没有照办，而行政部门还是想怎么办就办了呢？除了党政机关权力仍然没有受到切实有效的制衡，毕竟也与官员的观念有关，即他们没有意识到民主也有分担谤议的功能（“谤”在这里如同民谣的“谣”是古义，批评谴责的意思，不是今天“诽谤”的“谤”；“诽谤”在古代不是罪，天安门前的华表就起源于上古的“诽谤木”，即群众刻字批评朝政的柱子）。“民主是个好东西”这是毫无疑义的，否则我们先前就不会搞“民主革命”，官员也不会标榜自己“作风民主”；但利弊相生，民主起来，决策前七嘴八舌地先辩论一通，行政效率的确可能不高，办事更不会有快刀斩乱麻的“痛快”，更毋论什么都让老百姓知情，众目睽睽想勾兑点私利有多难了。

然而，如果心底无私，又无“天纵英明”的自负，在民众参与公共决策的积极性空前高涨的今天，手握重权者不想受太多的舆论谴责，那就请自觉地遵守职责，让人大代表及其组织，让公众更广泛更有效地参与公共决策：那样，一旦决策在执行中发现有什么问题，也轮不上你承担指责，谁都明白权责对应的常识，公众对效果不佳的决策会有悔无怨。

陈说民主决策有分谤的功能，当然是为领导作想，恰如战国策士的游说人主。如果你说，民主本来就是人民当家作主的意思，公民能否参与公共决策，不仅关系他们的利益，更关系他们的生活价值和人格尊严，这是我们人民共和国国体所决定的，这是宪法所保障的基本人权，云云，我恭喜您正确，“得分”！

［2009 年 11 月 12 日］

2009的警醒：谁能超然于现实之外？

□鄢烈山

一年将尽，照例媒体又盘点。我应新旧媒体之约，分别写了回顾新世纪10年的《十年一觉：鸟枪换炮?》，写了2009年度人物《率性的韩寒》，写了《我所感知的2009时评》，却感到最想说的感觉尚未说出来。

立意写这篇文章之时，我心底忽然响起了罗大佑《恋曲1990》的旋律。那是一首忧伤而不乏甜蜜的失恋者之歌，“黑漆漆的孤枕边是你的温柔/醒来时的清晨里是我的哀愁”。它与我共鸣的是什么呢？1990与2009数字相近？是“轻飘飘的旧时光就这么溜走”的人生易老的古老感慨？应该是“轰隆隆的雷雨声在我的窗前”这句话，触动了我的心弦吧？

我觉得回想2009年新闻事件，有一个最大的共同点，就是我们社会任何一个人、任何一个群体，都不可能超然于中国社会现实；今年众多事实一再警醒我们，如果听凭无法无天的强权为所欲为，践踏社会正义，中国没有谁可以高枕无忧、确信自己能够永远平安无事。

去年轰动一时的杨佳案，有人以为那种不尊重公民权的限制人身自由的盘查，是对付外地人的，只是碰巧北京人杨佳比外省人脾气大，一定要讨到什么“说法”。2009年曝光的交管“钓鱼执法”案，告诉我们，某些“执法”人员并不分本地外地，“一视同仁”地收拾。无疑，“钓鱼执法”已有多年，被钓的私家车主“张军”们，也以上海本地人居多。

警察们奉命捉拿王帅这样的举报人是常有的事。《南方日报》12月26日报道说，该报记者到本省廉江市，去采访该市公安局主管治安工作的副局长陈锡照乔迁豪宅的大宴，好不容易才从当地警察的监视中逃脱。今年有报道《15名中层干警集体举报山东一公安局长》。

北大教授孙东东说99%的“上访专业户”有精神病。而据《中国青年报》报道，广西桂平市有个叫吴宗明的老同志，7年以前他是市信访办的主任。这名在市检察院干了11年、在司法局当了7年副局长又在信访办当了3年主任的老干部，最终成了“上访专业户”。到市里不行，到自治区，又到广州找两广督察组，找北京媒体喊冤……而内蒙古呼伦贝尔市公安局大兴安岭农垦公安分局下辖东方红派出所民警高作喜，因为不服领导徇私枉法对自己的不公正处理而上访，干脆就被领导强行送到了精神病院。

发生在云南省晋宁县看守所的“躲猫猫”事件，被打死的犯罪嫌疑人李荞明原是一介草民；可是莫名其妙死在看守所的乌小青，却是重庆法官进修学院原院长，官至正局级，也算是“人上人”了。

何祚庥院士理直气壮地说“谁叫你不幸生在中国”时，他指的是矿难中丧生的底层人，为生活所迫不能不冒死下井。而在强拆中自焚的唐福珍，却不是底层人。她通过多年奋斗，本已跻身先富起来的阶层，是成都有名的民营企业家。昆明螺狮湾被强拆的数以万计的商铺老板，也不是最底层的人群。至于前两年被整合了的陕北油田老板，今年正在被整合的山西煤老板，一度呼风唤雨，自以为是能人。现在看来，在所向披靡的行政权力面前，也不过是“屁民”。孙志刚惨死在收容所时是打工者身份。而据《瞭望东方周刊》今年第51期报道，河北蔚县煤炭工业安全管理局原副局长任智斌极可能是“被自杀”。湖南省武冈市常务副市长杨宽生死得也很可疑，现在公布的他的遗书上说“我不想死”……

这些案例充分表明，不仅普通公民等所谓弱势群体，就是警察、公务员、官员和百万亿万富翁，这些一般认为属于强势群体的人，也随时可能身家性命不保。因为强弱总是相对的，是因时因地而变的。没有对权力公开透明行使的约束和全面有力的监督，没有程序正义，谁都有可能变成下一个窦娥。30多年前经历了那么多人整人的政治运动，特别是经历了无法无天的“文革”，有了周扬、陆定一、彭德怀、贺龙这些文武大员，刘少奇、邓小平等党和国家领导人，忽而九天之上忽而九层地狱之下般的遭遇，我们本该懂得民主与法治对于驯服强权的重要性。可是，我们似乎并没有真懂。重庆掀起“打黑”风暴时，不少网民居然连律师依法为犯罪嫌疑人辩护都要开骂，正如赵长青老先生所说，这表明我们的普法失败了。

我们应当牢记，对任何一个人的不公正，就是对所有人的不公正；不驯服公权而维护社会公正，任何人包括我们自己随时都有可能成为下一个不公正的牺牲品。古话说得好：“欲加之罪，何患无辞?”我们就是要看牢那只欲加人罪名者、有权加人罪名者的手，要让他的说辞经得起天下人的质疑。

罗大佑的《恋曲1990》最后两句是复沓的：“永远无怨的是我的双眼”。我们都是历史的亲历者和见证人。我们活在社会转型期的中国，这个“历史”远未终结，每天纷纷攘攘的中国，让我们瞪大双眼看着上演精彩的人间沧桑吧！

［2009年12月30日］

正确理解物业税，房地产才能健康发展

□叶檀

让房地产摆脱原罪枷锁，健康发展，开征物业税是个契机。

5月25日，中国政府网公布《国务院批转发改委关于2009年深化经济体制改革工作意见的通知》，提出“深化房地产税制改革，由财政部、税务总局、发改委、住房和城乡建设部四部委研究开征物业税”。早在2003年，中共十六届三中全会就明确提出：“实施城镇建设税费改革，条件具备时对不动产开征统一规范的物业税，相应取消有关收费。”

从税费改革与建立公共财政的高度征收物业税，将使中国房地产业走上阳关大道；以投机主义色彩将物业税单纯视为提高居住成本、打压房价的手段，将使中国房地产业在原罪的羊肠小道上越走越远。

物业税与现行房地产税费不同，现行房地产税费着重在交易、流通环节一次性收取重税，占房价的比例各地不同，从35%到60%都有。在交易流通环节征税可以产生两个结果，一是地方政府刺激房地产流转，以便收取更多的税费；二是在卖方市场中，出售一方将成本转嫁给购买者，加重了购买者的负担。

物业税是以不动产为课税对象、在不动产占有环节课征的税收，不动产拥有者按照市场评估价格，每年缴纳不同的税收。税收行为不是一次性的，而是长期的。

物业税有三个主要功能不能遗忘。

首先，物业税是公共财政透明化运作的产物。如丛诚先生所说，物业税是地方税收的最后来源，在公共财政收支倒挂和盈余之间起到调节作用。地方政府核定的物业税总额和税率，是根据每年地方财政盈缺而定，充裕则少征，不足则多征。美国、加拿大、英国、新西兰等国莫不如此。在北欧一些国家，比如瑞典，物业税是财产税的一种，甚至被赋予了调节社会贫富差距和抑制社会财富分配不均的作用。

物业税有一定的弹性，对于地方政府公开财政的透明度有极高的要求，同时对于地方财政的支出有刚性约束，这样业主才能缴得心服口服。在征收物业税之前，政府得看看自己建立公共财政透明度的约束有多大。

其次，物业税有抑制房地产投资的作用。政府根据每年的评估价在持有环节

按年征收，也就是说政府直接进入了收益环节获取购房者的部分红利，并且税率根据房价与公共财政情况每年不同。

这把剑的锋利之处在于，每年根据市场价格评估，税率每年调整公布，计征税额大小取决于持有物业的当年估价和公布税率的乘积，一年一收，也就是说，政府每年都会根据市场价格取走物业增值部分的红利，对于投资者来说，就是一年一落的达摩克利斯之剑，如果政府要抑制投资，可能提高税率，增加保有环节的成本，成为红利获得者，投资者的风险系数大大增大。除非房地产进入显而易见的涨价轨道，否则，购房投资者将三思而行。

第三，开征房地产物业税意味着房地产税费的彻底改革，意味着去除土地财政，改变一次性收取70年土地出让金的格局。否则，所谓征收物业税就是在交易、流通和保有环节重复征税。

目前，房地产税费数不胜数，成为公共财政的黑洞，连业内人士都难以厘清。2008年两会期间，10位全国政协委员批地方政府的过高税费抬高了房价。委员们已经在“河南省房地产协会”的帮助下，对重庆、四川、江苏、安徽四个省市房地产项目成本的构成以及房地产、建筑两个产业各项税费对当地政府财政收入的贡献率进行了调查，发现各地政府在房地产开发过程中所征收的费用，除了土地出让金和双重配套费外，还要收蓝图审查费、防雷检验费等多达50余项、涉及25个部门、总计占房价15%～20%的费用。所谓蓝图审查费不过是索取一份图纸，就要收取几十万元人民币的费用。

可以明确地说，不进行房地产税费清理，而出于解决地方财政不足、抑制房价过快增长的短期目的，物业税不仅无法起到正本清源的作用，反而会税上加税，让普通工薪阶层望房兴叹。

［2009年5月27日］

吴英被判极刑，民间金融何时停止血祭

□叶檀

12月18日下午，金华市中级人民法院依法对浙江东阳吴英案作出一审判决，以集资诈骗罪，判处被告人吴英死刑，剥夺政治权利终身，并处没收其个人全部财产。

吴英被一审判处极刑并不奇怪，此前的8月5日，浙江缙云女老板杜益敏同样因集资诈骗罪被判处死刑。杜益敏以高息集资款项7.09亿元，至案发有1.28亿元未能归还。同一年，乐清高秋荷、陈美兰等人均因相同原因被起诉，据称，温州当地掌握有10多起上亿元的非法集资案，涉及金额37亿元，将陆续处理。

围绕吴英是否应该被处极刑的激烈争议，事实上是对于民间借贷行为是否合法合理的长期争议。

江浙民间集资盛行于当地，有几个案件高发期，典型的是20世纪80年代开始的抬会和最近几年的高息集资。民间集资是跟着经济周期走的，上世纪是当地市场经济发轫时期，草创时期的企业主急需资金，因此抬会集资等方式盛行，甚出现20余万人同时参加的“盛况”。而2007年之后，由于当地的实体经济逐步走下坡路，集资者资金链越绷越紧，允诺的利率越来越高，很容易整体崩塌、东窗事发。

民间抬会与集资是粗糙原始的，大多数情况下是在熟人社会体系下的现金来往，既没有完善的财务规章制度，也没有出纳和会计，仅靠白条、会单和流水账运作，甚至在事发后会计师事务所面对无头烂账无从审计。

我们应该反思，一次又一次血的代价，为什么没有能够取缔民间集资？中国经济不需要血祭，需要的是机制。预防犯罪要靠市场高效的运作体系与严格明确的法律条文，恰恰在这两方面，存在巨大制度缺陷。

我国现有的银行体系与市场需求之间存在极大的差距，高效的民间资金运作弥补了这一缺陷。按照中国人民银行杭州中心支行统计，浙江民间资本规模为7000亿～8000亿元，而民间融资规模在1300亿～1500亿元。另据温州中小企业发展促进会会长周德文调查：“在民众手里的温州民间流动资本大致有6000亿元人民币，温州估计投资在房地产上的资本就达到了2000多亿元，光在上海和北京两个城市，就几乎达到1000亿元的民间资本。”

虽然从规模上来说，与正规军不成比例——浙江正规金融机构目前的年贷款发放规模在1.5万亿～2万亿元之间，民间融资规模不足正规金融机构贷款规模的10%——但当地中小企业的创业、当地企业与投资者调头寸走的都是高效而活跃的民间借贷之路。

民间的高利贷有损社会秩序，但硬币的另一面是合法金融机构长期将存款利率压低在接近于零的水平，存款等同于财富缩水。虽然银监会等部门联手推进小额信贷公司，以期盘活民间资金，但两条硬杠使小额信贷公司无法发展——小额信贷公司不能吸储，在税费等方面不能享有金融机构的待遇，还会收到地方政府的行政指令性贷款。更要命的是，在小额贷款公司股东千辛万苦将公司做大、可以升级为村镇银行之后，必须由国有金融机构控股，让外来者轻轻松松摘了桃子。

可以肯定，只要不合理的资金使用体制不变，只要国有金融机构盘剥式的存贷差不变，民间金融就不可能消失。民间金融四处开花，正是我国信贷管理体制存在巨大缺陷的活写照。

我国法律对于民间借贷的规定是模糊的，国务院《非法金融机构和非法金融业务活动取缔办法》规定："非法吸收公众存款，是指未经中国人民银行批准，向社会不特定对象吸收资金，出具凭证，承诺在一定期限内还本付息的活动。"向多少个公民借贷或者借贷多少属于合法范围，在什么条件下触犯《刑法》，法律没有给出明确规定。明知是高利贷借款还要主动借出款项者应该担负什么责任，法律同样茫无头绪。正因为法律的模糊，导致人们对吴英等案件持截然相反的两种观点。如吴英的辩护律师认为是企业经营的正常借款，而公诉人则定性为集资诈骗。

中国的民间金融直到现在依然原始粗糙，曝光的案件牵头集资者或是下岗女工或是不认识多少字的农妇，难道中国民间缺乏金融人才？难道中国民间企业家的创新能力不如200年前的票号掌柜吗？显然不是。正因为我国民间金融遭到打压，一次次被连根拔起，无法在法律的轨道下形成明确预期，无法形成行业发展所需要的制度性、市场性根基，才会出现短期化、原始化现象，永远在蛮荒的丛林中艰难跋涉。

［2009年12月19日］

养老基金沉淀上万亿元是最大的浪费和不公

□叶檀

始于2006年的中国经济结构转型，社保体系的基础性建设是其中最值得鼓励、最有价值的改革，社保体系的改革目标在于建立统一的国内劳动力市场，建立公平公正的社会保障体制。

第一代从农村转移到城市的务工者是悲惨的一代，20年之后他们面临养老难题，虽然在城市工作了一辈子，却不得不回到农村接受低水准的农村新农保。社保制度是束缚中国劳动力转移的最后绳索，我国现有的户籍制度，人为地将劳动者按照身份划分成农村与城市两部分，就算是城市也划分成大中小城市，原因是不同的城市之间社会保障水平参差不齐。按照身份而不是按照能力决定个人的收入、养老是野蛮与不公的旧体制存留。

不合理的制度有了破冰曙光，第二代打工者有望摆脱现行不公平社保体制束缚下的“下等人”标签。

12月22日，国务院总理温家宝主持召开国务院常务会议，决定从2010年1月1日起施行《城镇企业职工基本养老保险关系转移接续暂行办法》，实施城镇企业职工基本养老保险跨省转接制度，建立全国统一的社保机构信息库和基本养老保险参保缴费信息查询服务系统，发行全国通用的社会保障卡。参保人员在各地的缴费年限合并计算，个人账户储存额累计计算，对农民工一视同仁。

以往工薪阶层在跨地区就业时，只能带走养老保险的个人账户，却带不走原单位为其缴纳的养老保险，由于农民工流动性大只能要求退保。有研究表明，广东省农民工退保率长期维持在95%以上，单位缴纳的养老金就沉淀在流出地，不知所终。

由此，社保资金入不敷出与低效浪费奇妙地集于一身：一方面各级财政补贴社保，2007年各级财政对养老制度补贴的总额高达1100亿元，全国社保基金缺口8000亿元以上，必须通过国有资产变现与股市投资弥补资金缺口；另一方面却是养老基金巨额沉淀，2007年全国养老基金沉淀7000多亿元，作为外来务工人员聚集的广东一地，就有1300亿元。加上2008年、2009年两年，初步估计我国养老基金沉淀资金在万亿元以上。

不仅如此，企业与机关事业单位的养老待遇天悬地隔，距离越来越远。1990

年企业单位人均离退休费是1664元，事业单位是1889元，机关是2006元；但到2005年，企业是8803元，事业单位是1.6万元，机关是1.8万元，事业单位和机关分别比企业高出87%和110%，成为典型的逆向激励机制。

如此不公、低效与浪费的社保体制必须改革。

虽然制度上正在改进，却是一个艰难的过程，应该坦白地对流动性较强的务工人员说，社会保险全国通存通兑目前还不可能实现，将期望拔得过高，有可能在他们久经歧视的伤口上撒盐。

第一个问题是，社会保险还不可能实现全国通存通兑，社会保险包括基本养老保险、基本医疗保险、失业保险、工伤保险、生育保险等五大类，新制度中除了基本养老保险外，其他医疗失业等保险还没有提上议事日程。即便是基本养老保险的通存通兑也存在极大的障碍，目前我国基本养老保险部分地区实现省级统筹，大多数地区只实现了县级统筹，彻底的小区域画地为牢的保障方式，这意味着多数人劳动关系转出县外就存在很大的障碍。

在全国范围内转移，需要建立全国统一的社保机构信息库和基本养老保险缴费信息查询服务系统，也需要缴费、年限等相关计算细则，还需要一定的时间。

基本养老基金的跨地区转移，还取决于地方政府的积极性。地方政府积极性高，则可以减少计算时间；如果地方政府积极性不高，完全可以用种种技术借口敷衍塞责。发达地区的地方政府和民众积极性不可能高，中西部的一些省份养老基金缺口很大，年年要向中央财政申请补助；而在广东，2006年全省养老基金滚存结余1361亿元，如果统筹意味着东部地区的养老保障水平下降，普通民众首先会表示不满。

为了提升地方政府的积极性，在今年2月征求意见的《城镇企业职工基本养老保险关系转移接续暂行办法》草案中，转移养老金时规定的是按“实际缴费工资基数的12%转移”，并不是把企业替职工缴纳的20%全部转移过去，在某种程度上，可以视为对地方政府的“绥靖”，让地方政府有继续使用部分沉淀资金的余地。

公平并不意味着实行一刀切的共产方式，在各地养老水平参差不齐的情况下，对各个地区的养老保障水平强求一律毫无意义，关键是建立账随人走的体制，政府保证每个人所缴纳的保障金，以及单位为特定个人缴纳的保障金能够用到这个人身上，个人的钱为个人所用，而不是让农民工的养老金被莫名其妙的第三者所用，为政府所用，这是对个人产权的最大保护，也是最大的公平。满足这一前提，再根据财政收支考虑养老金的基本标准也不迟。

［2009年12月26日］

如何破除山西省长们的宿命

□ 于建嵘

山西省长王君泪洒屯兰矿事故调查会，是最近各类媒体的热点新闻。据《南方周末》报道，煤炭专家出身、国家安监总局前局长王君，自去年9月因“山西襄汾溃坝事故”接替请辞的原省长孟学农而成为山西省长后，无论大会小会，有机会就讲安全生产；他深入矿山调查研究，调研问题细致到包括设备、操作等繁琐层面；出台的相关检查制度，技术细节详细之极；他还组织对山西全省矿山企业安全生产进行为期12天的专项督查，督查报告后来被全部公开；他发动了一场名为“山西省集中开展煤焦领域反腐败专项斗争”的清查活动；他甚至决定为各市和所有产煤县选配市、县（市、区）长的“安全助理”，他们都是煤矿行业中的安全专家，等等，如山西省府的官员说：“在监管行政手段上，能用的几乎到头了。”然而，恶性事故仍然发生了，王君也要在劳累的同时流下了悲伤之泪，不得不代表山西向中央作出深刻检查。媒体将这称为是山西省长的宿命。

看着王君流泪的照片，我有些伤感。几年前，我就曾撰文指出，如果要真正减少矿难对矿工生命的危害，就得从矿工权利维护方面着手，让劳动者有能力保护自己。今天，为了让王君这些省长不再流泪和检查，我不妨老调重弹。

我们知道，在矿工权利方面是有国际标准可以遵守的。1995年6月22日，国际劳工组织通过的《矿山安全与卫生公约》就规定，从事矿业生产的工人应拥有下列权利：向雇主和主管机关报告事故、险情和危害；在有理由关心安全与卫生状况时，要求并得到雇主和主管机关的监察和调查；了解和被告知可能影响他们安全与卫生的工作场所中的危害；获取由雇主或主管机关掌握的与他们的安全或卫生有关的资料；在经合理判断可能发生对他们的安全或卫生造成严重危险的情况下，从矿山的任何地点自行撤离；集体选举安全与卫生代表。

这是国际劳工组织以社会公正为基础制定的国际劳工标准。毫无疑问，这种以工人生命安全为本的标准，对于保障矿工在工作时免受生命之险是十分重要的。作为具有广泛社会影响的国际组织的正式文本，这些标准是人类对劳动保障的一种宣示，集中体现了政府、雇主和劳工等各方面的共同智慧和意志。在这些标准中，最为核心的价值在于把工人当成了与政府和雇主平等的主体，让劳动者有能力维护自己的合法权益。为此，国际劳工组织还特别强调工人集体谈判能力，认为劳工的权利需要真正代表工人利益的劳工组织和工人代表来维护。上述公约就列出专门条款规定“安全与卫生代表”应拥有包括“参与雇主和主管机关在工作场所进行的监察和调查”、“监视和调查安全与卫生事务”等方面的权利。

中国是承认和遵守这些以保障工人生命权为核心内容的国际劳工标准的。然而，我们的一些地方政府和企业似乎并没有把这些标准当成必须遵守的规则，自然也就不会把工人在保障安全和卫生方面的权利看成是重要的、不可侵犯的。那些黑心的矿主，为了获得超额利润，不会投资去改善关系到工人生命安全的生产条件；那些肩负监督之责的个别政府官员，为了寻租获利，对关系到工人生命安全的事故隐患就视而不见；而我们矿工呢，由于没有代表他们利益的组织，就成了没有维权能力的弱势人群，即使他们发现了危险的存在，也没有能力促使矿主进行必要的改进，甚至还被迫签下“生死合同”。

可见，在当下的中国，矿工要通过正当的权利来保护自己的生命安全，还有许多工作需要做。这不仅需要社会承认并遵循国际劳工标准，而且还要为实施这些标准制定符合中国实际情况的规章制度。这些规章制度有许多，最为重要的则是让工人有自己的利益组织。

然而，在目前的主流意识和地方当政者的决策理念中，如何最大限度控制社会组织资源一直被视为最为重要的工作方向。为此，他们把一切试图实现群体利益组织化的行为视为不正常，甚至定性为犯罪行为。在我看来，利益组织化对于社会稳定来说是把双刃剑。对目前的中国而言，让工人有自己的利益组织不仅是工人的基本权利问题，而且对社会长期稳定的发展是有益的。因为，工人有能力主张自己的基本权利，可以在一定的程度上制约处于强势的资本所有者和公共权力掌握者对工人的侵权行为，使社会处于相对均势。而如果我们不许可工人具有集体谈判的能力，而把工人的命运交给那些只为获得最大化利润的工矿主及个别进行权钱交易的腐败官员，那就会有更多的工人在矿难或其他危险的工作中失去生命。

正是基于这些理由，我认为，中国要真正遏制住矿难，就要让工人有能力对黑心矿主和追求政绩的矿长书记们说不，对进行权钱交易的官僚说不。

［2009 年 2 月 28 日］

没有理由剥夺购房者获得当地户口的权利

□ 于建嵘

日前，我到一著名网站去讨论“两会”，主持人询问如何看待有代表委员提出“住房落户注册的提议”。一位经济学博士认为，“纯粹从公共政策上来讲，户籍是不能买卖的，购房落户等于买卖了，等于做交易。如果说要过户落户的话倒不如卖户口，卖户口的钱归公共财政，但是购房落户这个收益归了房产商，这违背了公共政策不能交易的原则”，“是一个恶政”。我当时反问道，我都在这个城市买了房子了，你还不让我入户，我只能在自己的房子里暂住，这又体现了什么样的公平呢?

我是不同意为了刺激房地产市场来解决户口问题这种方案的，但是，我认为这样的政策是不是一个恶政，则是一个值得讨论的问题。而要了解这一点，就有必要具体分析中国户籍制度的历史演变。

从本质上来说，户籍制度是一种根植于农村自然经济和家族传统的行政管理方式。因此，到近代商品经济和城市化有了一定的发展规模之后，户籍制度便随之没落，自由迁居和大批人口流动成为历史的必然。然而，新中国成立以后，由于重工业优先发展战略目标的选择，由于高度集权的中央计划经济体制的确立，为了减轻城市人口压力，建立了限制流动迁徙的户籍制度。具体来说，这种户籍制度主要有四个方面：其一，它把户口分为农业户口和城镇户口（非农业户口）两大类，而一旦这种社会身份被确立，其后代子女均按照这一身份确定户口类别。其二，这种户籍制度与每个人的基本生活消费品定量配给相结合。拥有城市户口的人可以凭粮证和副食供应证等享受国家低价供给的各种生活必需品，而农村户口的拥有者不享受这些供给。客观上形成了吃商品粮和不吃商品粮的区别。其三，这种户籍制度与国家垄断下的劳动人事制度相结合，国家只负责城市非农业人口在城市的就业安置。1957年12月国务院发布的《关于各单位从农村中招用临时工的暂时规定》要求城市各单位一律不得私自从农村中招工和私自录用盲目流入城市的农民，甚至还规定临时工亦必须尽量在当地城市中招用，不允许农村人口进入城市寻找工作。其四，这种户籍制度与社会福利制度结合在一起，确立了城乡完全不同的医疗、劳保、退休、住房、子女上学等福利保障制度，为城市居民提供各种优先权。

虽然，这种户籍制度所确立的城乡社会二元结构对于实现我国经济的工业化起到了一定的作用，但是，也产生了许多负面影响。进入到上世纪80年代，随着家庭联产承包责任制的实行，农村居民获得了一定程度的生产和生活的自由，而城市工业的复苏却增加了对劳动力的需求。农村剩余劳动力自发地向城市转移也就成为了必然，产生了世界上独一无二的农民工大军。面对这种社会现实，执政者不得不对户籍制度及在此基础上形成的以城市为中心、以保障城镇劳动者就业为目标的二元劳动力市场进行调整和改革。比如，1984年10月，国务院发布《关于农民进入集镇落户问题的通知》，规定凡在集镇务工、经商、办服务业的农民和家属，在集镇有固定住所，有经营能力，或在乡镇企事业单位长期务工，准落常住户口，口粮自理。1985年7月，公安部决定对流动人口实行《暂住证》、《寄住证》制度，允许暂住人口在城镇居留。同年9月，全国人大常委会颁布实施《中华人民共和国居民身份证条例》，规定凡16岁以上的中华人民共和国公民，均须申领居民身份证。1992年，国务院成立了由国务院办公厅牵头、公安部等部门参加的国务院户籍制度改革文件起草小组，并于1993年6月草拟出户籍制度改革总体方案，提出了包括“取消农业、非农业二元户口性质，统一城乡户口登记制度；实行居住地登记户口原则，以具有合法固定住所、稳定职业或生活来源等主要生活基础为基本落户条件，调整户口迁移政策”的改革目标。此后，通过试点，在2001年3月国务院批转公安部《关于推进小城镇户籍管理制度改革的意见》，小城镇户籍制度改革全面推进。2004年9月公安部废止了《城市户口管理暂行条例》。各地的改革是具有开创性而有成效的。1986年安徽滁州市天水县秦栏镇首先实行“绿卡户籍制”；1992年，浙江温州推行“绿卡制”；接着在上海、深圳、广州、厦门、海南等一些改革开放的前沿城市，普遍实行了“蓝印户口”，以吸引人才和资金。与此同时，各省就小城镇户籍改革也进行了广泛的探索。到2001年，全国许多省市都宣布城乡居民粮油关系与户口脱钩。

应该说，改革开放30年来，户籍制度改革总的方向是积极和正确的。但需要看到的是，附加在户籍制度之上的相关社会经济政策以及由此形成的社会利益分配格局错综复杂，使这些改革很难取得最终突破。如广东省2001年10月出台政策提出建立城乡统一的户口登记制度，但由于有关配套政策的调整不及时，最终在2002年3月暂缓执行户籍制度改革的有关内容。之所以如此，一个重要的理由就是相关条件不成熟。现在金融危机来了，有些地方政府为了救楼市，企图把户口与房子绑在一起。由于户籍与迁徙自由这一公民权有关，而房屋买卖则是典型的经济活动，把这两者联系在一起，当然会受到各种批评。问题是，如果我们从公民权的角度来分析，也就没有理由剥夺那些购房者获得当地户口，总不能让那些购得房屋的公民因没有户口而长期暂住下去。在这个问题上，走一步总比不走好，解决一部分总比不解决好，更何况这也是买房公民的基本权利。只要是基本权利，就不应该因还有许多人没有得到，就干脆剥夺所有人的。

［2009年3月16日］

精神病学专家孙教授的拍脑袋学术

□ 于建嵘

北京大学教授孙东东最近表示，“对那些老上访专业户，我负责任地说，不说100％吧，至少99％精神有问题——都是偏执型精神障碍”（见《中国新闻周刊》3月18日）。这个说法，对长期关注信访问题的我来说，直觉上是不能接受的。因此立刻去查找孙教授得出结论的依据，当看到“（老上访户）就坚持他的某一个观点，这个观点就是精神病的妄想症状。他们为了实现一个妄想症状可以抛家舍业，不惜一切代价上访”，我实在是百思不得其解，坚持观点为什么就等同于妄想？是因为“他反映的问题实际上都解决了，甚至根本就没有问题”吗？

2003年时任国家信访局局长的周占顺接受《半月谈》杂志采访时亦指出：“当前群众信访特别是群众集体信访反映的问题中，80％以上有道理或者有一定实际困难和问题应予解决。”这和孙教授的说法显然存在矛盾。要用理性来分析的话，孙教授首先欠我们一个解释，他是如何得知老上访户反映的问题都解决了，甚至没有问题的？这个前提条件如果是想当然的，其推论显然也站不住脚。孙教授如果仍坚持这一结论，不能光靠“我负责任地说”这种拍脑袋学术。孙教授应该给我们提供的，是支持他观点的事实依据，包括老上访专业户的定义、调查样本的数量、范围，调查人员的背景，以及偏执型精神障碍的认定程序和标准、对样本的诊疗记录，等等。

我之所以纠正这个问题，更因为孙教授坚持“偏执型精神障碍属于需要强制（收治）的一类。因为它扰乱社会秩序”。如此一来，可以得出一个隐含的结论：老上访户都是精神病，都应该要被强制收治。而反对的人按其说法，都是“缺少基本的精神卫生知识”。我当然不是精神医学的专业人士，但常识告诉我，一个性格执著的人、一个有偏执型人格障碍的人、一个患了偏执型精神障碍的人，会有着多么大的不同。执著是品质上的优点，人格障碍属于心理疾病，而老上访专业户中，在我看来，前两者要占大多数。上访是条艰辛又希望渺茫的路，老上访户中，很多是对公平正义特别敏感的人，对信念的追求超过了对庸俗的利益得失的计算。但在漫漫上访路上，在挫折失望冷眼之中，有些人变得心理失衡甚至发展成精神病，也不是不可以理解。

我并不是反对精神医学介入信访研究，相反，我一直在呼吁，心理学专业人士能够在处理上访问题中发挥更重要的作用：比如客观、专业地甄别出患上精神障碍、心理障碍的上访户，并给予必要的治疗；比如对所有上访户，像对汶川大地震的幸存者一样，给予大范围的心理疏导或心理辅导；比如进行长期的跟踪调查，掌握上访者心理变化的数据等。这一方面体现对弱者的人文关怀，另一方面也是科学解决信访问题的基础之一。这方面的工作，现实中还远远不够。孙教授的发言，在客观上或许能引起公众和有关部门对精神病人，包括对上访户精神状态的重视。但是，我绝不能同意他所说的，“把精神病人送到医院是（对其人权的）最大保障”。更害怕会被某些人利用来强行送治老上访户，或将这种行为合理化，以减轻对良心的拷问。

这句话，貌似公允，实际上已经偷换了概念。法院宣判之前，罪犯只是嫌疑人。精神病院确诊之前，没有精神病人。初次被送到精神病院的，只能被看作是正常人，最多是疑似精神病人。要保障他们的权利，首先要保障他们不会因政治、经济、家庭矛盾等原因，被政府、单位、家人错误地送到精神病院，被精神病院错误地诊断、收治、禁止出院。而现在实践中的做法，并不能保证这一点。2008年山东新泰上访农民孙法武被镇政府送入精神病院，就是一个例子。因此，在法律明确规定精神病人的初诊程序和标准之前，把一个你认为反常的人强行送到精神病院，不可能是对其权利的最大保障。而法律也不是天然存在的，一部法律是“良法”抑或“恶法”，其起草者及其代表的利益方，作用不容小觑。据说孙东东教授是《精神卫生法》立法起草的成员之一，这还真是让人有点担心。

这件事也触动了我内心深处长久以来的一个想法。作为常识，现代学科的细致分工和日益专业化，使对世界、社会、现象、事件的认知和解释，出现了多元化的趋势。各专业内部的术语、理论等，甚至常常是不相容的。打个简单的比方，用现代心理学知识分析代表隐逸文化的陶渊明，大概属于“社会适应不良”，清末、民国时热血的革命者，似乎是“反社会人格”。技术消解了价值和意义。具体到每个学者，有限的知识背景，使其结论也可能是有限的。肩负重任的专家，更要意识到自己身上的局限性，以免落入盲人摸象的境地。而更多的社会责任感和人文精神，比如对弱者的同情，可能会帮助专业人士弥补技术的局限，获得更大的视角。

用“我负责任地说”而不是严谨的学术来对公众、决策层负责任，是教授的耻辱。如果老上访户的最终结局因此都是终老精神病院，那更是我们这个社会的耻辱。

［2009年4月6日］

中国需要清晰的社会政策理念

□ 岳经纶

在中国改革开放从“而立”走向“不惑”之际，在国际金融危机来势汹汹之时，今年的“两会”具有独特的意义。“两会”是我国政治生活的重要事件，也是中国公共政策过程的重要特色。面对国际金融危机的冲击和经济增长放缓的严峻形势，我国政府如何评估国际金融危机及其对中国带来的冲击，以及中国政府如何回应这些冲击，既是今年“两会”的重要议题，也是国内外舆论关注的核心。从世界经验来看，回应经济危机和经济周期带来的失业及其他各种社会问题和社会风险，既需要有效的经济政策、财政政策，更需要社会政策。

社会政策是西方发达市场经济体系中的一个常用概念，既是政府职能的主要表现，也是社会研究的重要内容。在过去，社会政策的主要任务是为满足社会需要、解决社会问题而进行资源的再分配；在今天，降低社会风险并提升个人抵抗风险的能力则成为社会政策的主要功能。在我国，虽然官方文件和话语中绝少使用“社会政策”这个术语，但是，自党的十六大以来，在关注民生、发展社会事业、注重社会建设等概念的支撑下，社会政策已蔚为大观，成为历届政府工作报告中的重要内容。面对国际金融危机带来的出口下降、失业上升、内需不足等社会经济挑战，保增长、保就业和保民生成为了我国2009年公共政策选择的基本目标。那么，在这一基本总体目标之下的社会政策，又是怎样的景观呢？我们尝试比较一下温家宝总理2008年和2009年两份政府工作报告，试图分析国际金融危机下我国社会政策的基本特色。

在这两份政府工作报告中，都有对于我国社会民生状况和年度政府社会政策的具体宣示。在2008年政府工作报告中，在“更加注重社会建设，着力保障和改善民生”的小标题下，共列出了“坚持优先发展教育”、“推进卫生事业改革和发展”、“加强人口和计划生育工作”、“努力扩大就业”、“增加城乡居民收入”、“完善社会保障制度”、“建立住房保障体系”等具体社会政策内容。在2009年的政府工作报告中，相关部分的小标题改为了“大力发展社会事业，着力保障和改善民生”。从具体政策宣示来看，2009年政府工作报告列出了如下内容：“千方百计促进就业”、“加快完善社会保障体系”、“优先发展教育”、“推进医药卫生事业发展”、“做好人口和计划生育工作”、“大力发展文化体育事业”、“加强民主法制建设”，以及“加强社会管理，维护社会和谐安定”。

两相比较，我们可以看到，在两份政府工作报告中，虽然目标和落脚点都是“着力保障和改善民生”，但手段的表述有些差别，2008 年用的是“发展社会事业”，2009 年用的是“注重社会建设”。“社会事业”与“社会建设”可能是两个可以互换的政策话语，但是，从具体的政策宣示来看，两个词似乎还是有相当的区别。2008 年报告中的政策宣示囊括了经典社会政策的五大主要部门（教育、医疗、就业、社会保障、住房），具有清晰的社会政策思路。其中，特别值得一提的是，2008 年的政府工作报告把“住房保障体系”列入了社会建设范畴。2009 年报告中，在“社会事业”概念下纳入了“文化体育事业”、“民主法制”、“社会管理”这些内容，超越了常规社会政策的范畴。而从政策的优先次序来看，2009 年报告具有明显的时代特色，“促进就业”成为社会政策的首要选择，而“维护社会和谐安定”则成为了社会政策的主要目标。更特别的是，2009 年报告中，住房政策的宣示不是放在社会政策领域，而是重新纳入了房地产市场政策的范畴，恢复了 2006 年以前的做法。这一变动可能是基于经济现实的一种权宜之计。因此，可以说，就社会政策的学理性而言，2009 年政府的社会政策宣示较之于 2008 年带有一定的权宜性。究其实质，2008 年的政府工作报告之所以能对政府社会政策范畴作出比较全面的宣示，应该与中共十七大报告提出的“学有所教、劳有所得、病有所医、老有所养、住有所居”指导思想有直接的关系。而 2009 年的相关政策宣示则更多地反映了国际金融危机下我国社会经济的现实挑战。

尽管如此，笔者对温家宝总理在 2009 年政府工作报告中的这段话非常赞同：“越是困难的时候，越要关注民生，越要促进社会和谐稳定。坚持把保障和改善民生作为经济工作的出发点和落脚点，实行更加积极的就业政策，把促进增长与扩大就业、改善民生紧密结合起来，让人民群众共享改革发展的成果。”我认为，总理的这段话很好地体现了我国发展社会政策的现实需要和基本原则。为此，我国政府需要把“社会政策”纳入官方政策话语体系，并且发展出清晰的社会政策理念和体系。

［2009 年 3 月 20 日］

针对流动人口的地方立法原则

□ 岳经纶

日前，《广东省流动人员服务管理条例（修订草案）》提交省十一届人大常委会第十次会议审议。这是该条例自1999年实施以来的第二次修订。第一次修订出现在2003年，删除了与“收容遣送”有关的规定，而本次修订则旨在变暂住证制度为居住证制度。

一国之内的流动人口具有多重身份。首先，他们都是同一国家内部的公民，享有宪法和法律规定的权利和义务，就此而言，他们与本地常住人口无异；其次，他们也是劳动者，要享受劳动法律赋予的权益。任何一个地方政府要对来自另一个户籍地的本国公民作出规范和管理，第一必须处理好政府与公民的关系，要尊重流动人口作为国家公民的身份和权益，要体现出政府服务公民的本质职能。因此，规范和管理的出发点应该是协助客籍公民在本地的生存、生活和发展。第二要处理好公民与居民的关系，或者说是身份证与居民证的关系。公民身份与国家相联系，居民身份与地方政府相联系，公民身份要高于居民身份，不能用居民身份来限制甚至否定公民身份及基于公民身份而享有的相关权益。过去的暂住证制度存在的最大弊端是没有对流动人口的公民身份给予应有的尊重以及对公民权益作出有效保障，不利于具有公民身份的流动人口取得地方居民身份。第三，鉴于我国在户籍制度上存在的公民身份碎片化的现状，任何关于流动人口的地方立法都应该有利于统一的公民身份的建立，这也应是我国社会改革的基本目标之一。

根据前述原则，笔者认为这次修订应该强调以下几个方面。

第一，要突出地方政府对作为国家公民的流动人口的服务职能。从草案来看，这次修订似乎对流动人口的多重身份有了一定的认识，突出了政府对流动人口的服务意识，减少了旧条例中的管制意味。据报道，修订草案对流动人口的界定、对办理居住证的资格以及居住证的有效期都有了新的规定，而且取消了首次办理居住证的收费，不办理居住登记也不用罚款。此外，条例还规定，各级人民政府应当将流动人员的服务管理工作纳入经济社会发展总体规划，逐步实现基本公共服务均等化。流动人员服务管理所需经费纳入各级人民政府财政预算予以保障。此外，条例的名称还专门在“管理”前面加上了“服务”两字。这些规定与旧条例中有关暂住证的规定有了实质性的差别，减少了政府的强制和蛮横，开始摆正了地方政府与国家公民的关系，体现了地方政府对公民的尊重。这种突出政府对流动人口的服务——至少是服务与管理并重——的立法精神是值得肯定的。

第二，要对流动人口的公民权益给予有效的保障。据报道，本次修订突出了五个方面的转变，即从暂住证到居住证，从“管人”到“管事”，从单一功能证件到多功能证件，从规定流动人员义务到规定其权利，从管理到提供服务。具体而言，持有居住证的流动人口在广东可以享有九大权益，包括公益性就业培训和职业介绍服务、社会保险相关待遇、国家规定的免费计划生育基本项目技术服务以及传染病防治和儿童计划免疫保障服务等。这些权益，有的体现了对流动人口公民权利的保障，有的体现了对流动人口劳动者权益的保障。当然，仅仅列出相关的权益还只是第一步，更重要的是要确保这些权益的落实。

第三，地方政府要有让符合条件的流动人口融入本地社会的真情实意。本次修订的一个亮点是有关流动人口“五年入学，七年入户”权益的规定，它被媒体视为“最引人注目、最令人期待”的内容。这一规定，以流动人口的有效居留期限作为取得本地居民权益和身份的基本条件，不仅合乎迁移的国际惯例，也体现了广东的开放性和包容性。如果这样的规定得到有效执行，无疑具有巨大的示范作用，并对我国的流动人口融入客居地产生重大而积极的影响。不过，我们对此只能抱谨慎乐观的态度。因为这样的规定在修订前的条例中同样存在，而据说在过去几乎没有一个流动人口因为这样的规定而得以成为本地居民。

这次修订的文本固然有令人欣慰的内容，但对最核心的内容，即是否给予流动人口“五年入学、七年入户”的权利，还存在不同的意见。笔者希望我们的立法者能够从我国社会改革和社会建设的战略高度出发来审视本次修订，以更加开放和包容的心态来对待流动人口，通过制定具有可行性的法律，为流动人口提供有效的公共服务，并为其有序融入本地社会创造条件。

［2009 年 4 月 8 日］

无案由传唤记者乃法治社会大忌

□展江

正当本人应法国有关方面邀请，对新闻法制相当健全的法国进行专题考察之际，有国内媒体人通过电子邮件转发了《长江商报》深度调查记者姚海鹰收到武汉市江岸区检察院的传唤要求、无奈之际在网上发帖求助的消息。完成了对法国知名新闻媒体、该国特有的新闻法庭和有关律师事务所的访问回国之后，我又从《南方周末》报道得知，姚海鹰事件在他本人发帖的第二天就由于中宣部和最高人民检察院的迅即干预而得以峰回路转：江岸区检察院的官员被有关领导严厉批评，遂向记者姚海鹰作出道歉。

这一切对我来说像香港电影中节奏飞快的一幕：在上一个镜头中，观众对检察院为何传唤他还没有清楚，下一个镜头传唤者就认错了。为了衔接上这些镜头，我不得不补一些功课——报纸上就此发表的评论不多，而网民则群情四起。我想理清这样两个问题：第一，根据现有法律，江岸区检察院是否有权传唤姚海鹰，乃至于现有法律能否保障记者的职务行为。第二，在现代国家，媒体记者是否既是公民，又是各国宪法、有关国际法保障的言论自由和出版自由的象征，因而一旦被无端限制人身自由总会引发汹涌舆情？

我从网上看到，多数网民批评检察院的行为，但也有人为其辩护。网民“亚伯拉罕”就说：“接受传唤是每个公民的义务……难道记者就拥有比普通公民更高的权利，可以拒绝司法机关的司法行为吗？根据我国刑事诉讼法的规定，‘对于不需要逮捕、拘留的犯罪嫌疑人，可以传唤到指定的地点或者他的住所、所在单位进行讯问，但是应当出示人民检察院或者公安机关的证明文件。’……如果检察院没有向该报社提供消息，而这样的消息又见了报，作为检察院的纪检部门对记者进行调查，以弄清事实的来龙去脉，以便对自己的工作进行梳理，我想这不仅是正确的，还是必需的！”

网民“亚伯拉罕”似乎从程序正义的角度肯定检方做法。但是上述貌似专业的观点经不起推敲。第一，检方以记者报道的标题“一起‘侵犯商业秘密罪’事件的调查”为案由传唤记者，公然违反了《刑事诉讼法》先立案、后侦查的原则。第二，正如姚海鹰所言，江岸区检察院违反了《刑事诉讼法》第八十三条关于案件属地管辖的规定。第三，检方称他们根据《刑事诉讼法》第九十七条发出询问通知书，而第九十七条规定的是询问证人，而不是如以上网民所说的犯罪嫌疑人。第四，检察院的纪检部门应该负责内部纪检事务，无权对包括记者在内的外部人士进行调查。显然，江岸区检察院一再违反刑诉程序，因此无权传唤姚海鹰，但有鉴于刑事诽谤等刑法罪名的存在和近期实践，我们恐怕还不能得出现有法律能够保护记者职务行为的结论。

至于“亚伯拉罕”所提出的“作为一个新闻记者，是不是有高人一等的权利，是不是就可以做太上皇”的质问，我觉得应该加以认真思考和回应。人们讲到新闻自由，经常以实行判例法的美国的《宪法第一修正案》为楷模，看到的是该国记者巨大的工作和批评空间。但是，美国也会有记者因为在常人看来并无违法的情况下坐牢的事情，那就是有可能犯下藐视法庭罪。美国最高法院恰恰持有与“亚伯拉罕”类似的看法：它早在1872年就作出判决，新闻记者像所有公民一样，不享有允许其拒绝在大陪审团前作证的《宪法第一修正案》特权。当然，所有刑案的程序都须严格遵守，不可能出现发生在姚海鹰身上的未立案、先侦查的怪事，坐牢往往也只有几十天。另一方面，美国只有民事性的侵害名誉，而没有刑事诽谤罪，加上“公众人物”和“实际恶意”等原则的限制，公权力想对媒体兴讼是很不容易的。因此可以说，除了藐视法庭一项以外，媒体和记者拥有免于刑责的广泛自由度。而即便是被判藐视法庭，记者也因保护了消息来源而为其职业生涯添彩，受到同仁和舆论的强大声援。这样的案件大概十年有一宗，而每次记者都成了牢狱中的英雄。

再看实行与我国相似的大陆法系的法国。法国1881年制定的《新闻自由法》至今被奉为圭臬，得到媒体、司法界和社会各界的极大尊重。《新闻自由法》表面上尽是对于报刊的限制，甚至是对相关违法行为的刑责。但是这种“排除法”恰恰给予了报刊极大的自由，也就是“法无限制即为可行”。法国刑法中虽然仍有诽谤罪条款，但是由于新闻自由的社会地位，半个多世纪以来虽然刑事诽谤诉讼不断，记者中却无一人坐牢。反讽的是，法国记者公会倾向于接受刑事而不是民事诽谤诉讼，因为前者程序简单，赔偿金额也低。此外，法国法院还设有专门审理新闻诉讼的新闻庭，社会上有一批专门代理媒体官司的名律师，这些都有效保护了记者和新闻界的权利。虽然对新闻界道德水准多有微词，但一说到言论自由和新闻自由，社会共识立即产生。如果有公权力侵犯象征基本人权的上述自由（例如偶尔发生的警察搜查报馆和记者住所），立即会在全国和欧盟范围内引起轩然大波。

因此在现代社会，在一般公众看来，无案由传唤记者乃法治之大忌。在整体上法制建设成绩不小的中国，被寄予舆论监督期待的新闻媒体和记者受到公权力打压时，也引起了社会的关注和舆论压力，这是社会的进步。当然，我们一方面希望司法机关等公权力遵守现有法律和程序（包括对刑事诽谤的特殊限制）；另一方面更期待中国出现针对新闻媒体的专门立法，以全面保障公民的知情权、表达权、参与权和监督权，并向世界真切地展示中国人权立法的进步。

［2009年11月6日］

周森锋市长变成了难解的题

□ 张鸣

29岁的“80后”市长周森锋，一上任就引发网络热议。目前实行的官员选拔制度，是党委组织部推荐，然后人大通过。按照这个程序，周森锋做市长，没有什么瑕疵。至于年龄更不是问题，别说29岁，就是20岁，也合法。当初得知这个消息的时候，我第一个担心，是周市长的背景，如果像过去几桩年轻官员破格提拔的例子，每个人都有强大的父母背景，那么这个最年轻的市长，也没什么可以称道的了。可是，据目前得到的消息，周森锋的父母，乃至其妻子的父母，都是农民。

可是，凡事上了网，就不免啰唆，有好事者搜出了周森锋夫妇在清华大学读书期间发表的论文，发现其中有抄袭的嫌疑，据说白纸黑字，证据确凿。如果是这样的话，那么，这个年轻市长该不该坐这个位置，还是有问题的。

首先，如果此事放在一个发达国家，周森锋的市长肯定是做不成的，不仅做不成市长，连带着任何好一点的工作，恐怕都没他的份。诚信，是一个发达国家公民的起码素质，如果在这个问题上出了事，好事就别想了。可是，据我所知，即使在清华北大这样的学府里，研究生论文的抄袭，也并不是一件稀罕事。那个防抄袭软件如果真的安装在大学的话，那么，大学肯定会因此引发地震——至少七级以上。从网上看，周森锋的抄袭属于部分抄，这样的抄袭，那就更多，早在十几年前，大学里的研究生就习惯于这样写文章，眼睛是A的，鼻子是B的，脖子和屁股则是C的，一篇不长的文字，里面居然可以找出十几个人来，在当时来讲，这样抄，属于高手。这样的高手，在我们的顶尖大学里，不乏其人。我们要怎样批评这些学生呢？很难。更何况，这样的抄袭，在某种程度上，是学校逼出来的，不发论文，不让毕业。如果同时也是教授的校长和一些所谓大牌教授都这样抄，豺狼当道，安问狐狸？我们有什么理由单单责备学生呢？

但是，周森锋是在做市长，做一个几十万人口的县级市的市长。当年，湖北省从清华大学引进人才的时候，如果当时就发现了周的抄袭问题，湖北肯定是不会引进他的。当年的清华大学，堂而皇之地推荐了他们的优秀毕业生来到了湖北，不仅导师没有觉察，连层层把关的学校当局，也让他安然通过审查。最后，在五年之后的今天，周森锋做市长了，事情才得以被网友“人肉”出来。

那么，怎么办呢？如果严格按照干部选拔标准，周森锋肯定不能做这个市长。即使在中国，在很多人眼里，诚信似乎不是一个特别重要的问题，但拿到面上，似乎还就是说不过去。就像发达国家，虽然人们都嘲笑政客是职业撒谎者，但真的有官员撒谎被披露，依旧过不了关，非下台不可。

显然，周森锋是个难题，一个现行大学体制给我们的行政当局出的难题。大学里把诚信当儿戏，却把诚信有亏的学生当诚实孩子推到了社会上，推到我们的政府机关，直到当了大官才被揭发，你让我们精心选拔年轻干部的组织部门怎么办？本来是打算放一个卫星，一个足以震撼媒体的卫星，结果，却发现放到天上的卫星缺个零件。

［2009 年 6 月 26 日］

续期有偿无偿都得给个说法

□张千帆

最近，新的《土地管理法》修订案征求意见稿对住宅到达70年期限后的土地使用权改变了说法，从原来的“无偿自动续期”变成“按照国家有关规定自动续期”，从而给有偿续期“留了一手”。许多人都认为这是制度上的退步，国土资源部官员也被迫出来表示是否有偿尚无定论。也有人认为这是目前制度下的最佳选择，至少明晰了住宅使用权的界定。我认为这个问题其实没有一个正确答案，而两种论点也都没有什么根据。

明晰产权论是可笑的，因为无偿续期本来是一种简单而明确的制度安排，就像银行的自动转存，到时候继续住着就是；有偿续期则打开了一个潘多拉盒子，“有偿”究竟是多少、交一次钱管多少年、以后还交不交、交多少一概不知，按现在的情形也不可能准确预料。在这种情况下，请问有偿续期如何能“明确产权”呢？在我看来，它只能使原本模糊不清的国有土地所有权和使用权更加不明晰、更加不确定。当然，这未必意味着有偿续期一定是“制度上的退步”；土地使用权当然还是可以收费的，不过前提是政府可以拿出像样的理由，说明为什么要收费、收的钱要拿去干什么。换言之，无论续期有偿无偿，政府都得给一个能站得住脚的说法。

不错，1982年《宪法》第10条确实规定了“城市的土地属于国家所有”，但《宪法》第9条也规定“自然资源都属于国家所有，即全民所有”，可见城市土地在性质上也是属于“全民所有”，而不是政府所有；人民才是拥有土地的主体，政府只是代表人民管理土地使用权而已。问题当然是在于“人民”只是一个虚构的概念，在一般情况下是不具备行动能力的。这样，属于人民的土地所有权实际上旁落到管理土地的政府手上，管理者成为事实上的所有者，从而衍生出中国土地上的许多悲喜剧来。

既然政府实际上控制着土地，那还有什么好说的？但是不论现实如何，道理总还是要说的，而且中国人强调“名正言顺”；既然《宪法》规定了土地是全民所有，而不是政府自己想动就动的私家财产，对土地使用权续期收费必须“师出有名”。在我看来，有偿续期和征收物业税属于同样性质的行为，而是否征税、征多少税显然是应该交给人民及其代议机构讨论的公众话题；政府当然是可以征税的，只不过征税必须具备人民可以接受的正当理由，没有理由的征税显然是不正当的征收行为。既然如此，有偿续期也必须具备正当理由，否则人民无论在道义上还是法律上都没有义务对使用本来就属于自己的财产交费。

事实上，既然政府替人民打点这块土地，即便无偿续期也要给个理由；如果确实能保证“取之于民、用之于民”，政府收了土地使用费之后会投入对社会更有利的公共事业，进而增加社会财富和公共福利，无偿续期岂不是反而让人民自己损失了吗？当然，在不能保证税费开支不花在“三公”消费和楼堂馆所等政府“自肥”项目的情况下，人民对任何新增税费的第一反应是表示反对也属于自然之理。由此可见，无偿续期或许应该作为土地全民所有制的初步推定；要改变这个推定，政府得拿出正当理由，而且这个理由不能是一般的、笼统的、模糊的，而必须是具体的、清楚的、令人信服的。

总之，大家且别忙着给有偿无偿下结论，先让政府给个说法；如果连政府自己都不知道，似乎最好是在和人民对话的过程中把这个问题弄清楚。

［2009 年 3 月 27 日］

假如换一种方式“钓鱼”

□张千帆

上海闵行区“钓鱼执法”受到社会一致声讨，法院已经在没有悬念甚至没有实质性辩论的情况下判决原告胜诉、“钓鱼”违法。最近，深圳社保局又涉嫌“钓鱼”，执法人员假扮患者用他人就诊卡就医，并整治了18家不核卡的定点医院（见《深圳“钓鱼”展现的法治意识和公众阴影》，《南方都市报》11月20日），使这个名词再次成为热闹的话题。一时间，“钓鱼执法”似乎成了违规执法的代名词。其实，“钓鱼”未必一概违法，是否合法则要看钓的什么“鱼”和怎么“钓”的鱼。

要证明“钓鱼”可以合法并不难，不少法治国家都存在“钓鱼执法”现象。譬如美国不少地方规定只有成人才能进入色情影院，而这些影院只有在核查观众的身份证并确认其达到年龄之后才能放行。为了保证影院老板遵守规定，“钓鱼执法”就来了：警察雇几个未成年人去影院，如果影院为了牟利或出于疏忽不核查也不阻止，立刻就成了钩上之“鱼”。同样，几乎所有的州都规定只有达到法定年龄才能买酒，如果超市或酒店不核查身份年龄就任其把酒拿走，完全可能成为“钓鱼”对象。有时，我们也在电影上看到女警察假扮妓女，勾引嫖客上钩，如果这一幕在中国上演，又不知会引发怎样的社会议论……无论是哪种情况，“钓鱼”确实只是一种正当的取证方式而已。

因此，“钓鱼”是可以合法的，而合法“钓鱼”有几个共同点。

一是目的正当，也就是“钓鱼执法”确实是为了公共利益而执行合宪的法律或合法的规定。如果真实目的是为了警察自己敲诈勒索，那么动机显然不正；或所谓的“打击黑车”其实只是为了维护垄断行业的既得利益，那么所执行的规定本身就违背了公共利益，虽然表面“合法”，其实只是黄宗羲所说的“非法之法”。如果属于这些情况，那么有关部门只是在“钓鱼”，而不是在执法，或即使执法，所执行的也是侵犯公共利益的“非法之法”。由此衡量，“钓鱼”执法的目的首先成问题，“打击黑车”的正当性也大可商榷。

二是手段合理，也就是“钓鱼”作为一种执法手段必须能合理实现正当的法律目的。如果所采用的“钓鱼”方式并非有效的执法手段，真正的“鱼”钓不上来，甚至“钓”上来的都是合法良民，那么即便目的正当，也不可能通过这种方式实现。以上列举的雇用未成年人进入成人影院或去商场买酒都可以算是合理“钓鱼”，而“钓鱼执法”抓黑车之所以受到一致声讨，主要是因为这种方式不只是不合理，而实在是太恶劣了，简直就是在设局陷害还有善良之心的公民。当前，中国的社会道德本来就已经是一种稀缺资源，很多人都害怕救人不成反被栽赃索赔而不愿意出手相助；在这种情况下政府再用这种方式“钓鱼”，引起社会质疑乃至责怪岂不很正常？不合理的“钓鱼”方式不仅不能促进正当的法律目的，反而是进一步损害公共利益的祸首。

三是手段必要，也就是“钓鱼”应仅限于不“钓鱼”就无法执法的少数情形，即便在法治国家也应少用慎用；只要可通过正常手段有效执法，就不应采取这种非常方式，尤其不得通过“钓鱼”诱导公民违法。这是因为“钓鱼”本身让政府扮演违法者的角色，通过违法的形式实现合法的目的，因而一不小心就可能“弄假成真”，为公权力的滥用创造机会。“钓鱼”对执法人员的素质要求很高，“钓者”必须能够拒绝“钓鱼”带来公权私用的腐败机会；如果这个条件满足不了，即便必要也不能采取这种手段，否则只能像闵行“钓鱼”那样危害良民。因此，同样是“钓鱼”，在法治国家可能是有效的执法手段，但是到了法治条件不成熟的国家就成了陷害公民的圈套，各地必须根据“国情”量力而行。也许闵行“钓鱼”的初衷并不错，之所以一用起来就出大错，都是因为决策者没有充分考虑执法者素质这个基本“国情”。

在很多人看来，中国“国情”就是农民多、素质低，似乎永远停留在康梁那个“制度未立、民智未开”的年代，所以不适合照搬西式选举或司法独立之类的东西。我同意中国和其他任何国家一样都有自己的“国情”，但是完全不同意这种自我贬低。恰好相反，我认为中国最基本的“国情”不是人民素质低，而是执法者素质低和公权力不受有效控制，因而制度设计必须考虑这层因素。闵行钓的“鱼”本身就很说明问题：它选择的对象是生活在社会下层、背着违规黑锅因而只能默默辛苦谋生的“黑车”司机，而不是有权有势的政要、老板或哪怕是高级白领。掌握公权力的决策者当然不会钓自己的“鱼”，那些有足够实力和“钓者”讨价还价甚至称兄道弟的当然也不会成为“鱼”。这样一来，“钓鱼”成了一门相当有选择的艺术；弄不好，普罗大众的公共利益反而成了公权力钩上之“鱼”。

总之，“钓鱼”未必一概违法，具体情况须具体分析，譬如深圳“钓鱼”的性质似乎就和上海不同，是否合法仍有商榷余地。既然如此，公众也没有必要一概反对“钓鱼”。我在想，假如换一种方式“钓鱼”，假如钓的“鱼”不是小老百姓，而是像上海陈良宇、江宁周久耕、郑州逯军那样“雷人”的官员，社会不但不会反对，恐怕连拍手还来不及吧。

［2009 年 11 月 21 日］

以“更高的法”去衡量法规

□张千帆

如今的公众事件，非要出了人命才可能受关注。继成都唐福珍自焚抗拆之后，前日天津静海县部分运营电动和燃油三轮车的车主因对集中治理“非法运营”的措施不满，闯入京沪铁路线卧轨，被快速行驶的列车撞上造成4死5伤。报道称，静海县对非法运营电动和燃油三轮车展开集中整治，是因为这些“黑车”扰乱了出租运营市场，引起交通事故频发，给群众出行带来了“极大的交通隐患”。总之，报道似乎是想表明，禁止“黑车”是有充分理由的，而“黑车”车主既已违法在先，然后又试图以非理智行为要挟政府，即便死伤惨重也是咎由自取。不过按照这种逻辑，唐福珍之死也同样是“活该”，因为她的房子其实是一个“违章建筑”，按规定即便不给任何补偿也是可以强拆的；要严格依法论事的话，她的全部抵抗行为包括自焚都是“非法”的，最后因此丧命，又能怪谁呢？

如果大多数人不能接受这种逻辑，那么要怪的话最后就只能怪这个“法”了。我们之所以不认为唐福珍咎由自取，不只是出于对其命运的同情，而更在于对拆迁条例自身是否合法的根本质疑。当然，理论上，拆迁暴力直接来自执法人员，而未必归咎于拆迁条例，但如果条例授权下的拆迁产生了那么多的暴力冲突和社会悲剧，我们就不得不思考条例本身乃至整个城市发展模式的缺陷了。换言之，唐福珍的屋子是“违章建筑”并不足以为整个事件盖棺论定，我们还要进一步追问：究竟违的什么章？犯的什么法？这些“章法”本身是否正当合法——是否符合宪法、法律等“更高的法”（Higher Law）？如果拆迁条例在不符合宪法要求的“公共利益”和公正补偿的情况下就授权拆迁，那么条例本身就已违宪违法，当然不能被用来为公民的行为定性。

同样，地方整治“黑车”的措施，也不仅仅因为某个规定将出租车垄断行业之外的运营车辆统统贴上“非法”的标签而自动合法；就和广东商贩并不因为被称为“走鬼”而成为“鬼”一样，“黑车”也不因为被地方政府规定贴上“非法”标签就“黑”，出租车垄断行业也不会仅因贴上“合法”标签就“白”。法治国家的公民要养成一个习惯，那就是但凡有政府措施出台，首先不是拿这个规定衡量自己的行为是否“合法”，而是用宪法、法律等“更高的法”去衡量这个规定本身是否合法。如果规定符合“更高的法”，那么它就是国家法律体系的正当组成部分，理应严格遵守；但是如果规定本身不合法，那么它至多是形式合法、实质违法的“恶法”，本来就不是有效的法，应该通过各种合法途径取消之，即便表面上不取消也不应再实施，通过执法“冷处理”使之名存实亡。20 年前，我们还经常打击“投机倒把”；按此逻辑，今天在各大城市经营的流动商贩应被统统取缔。但是时代不同了，中国进入市场经济之后，对“投机倒把”的禁令反而成了“非法之法”，因为它不正当地限制了公民的经济活动自由，即便这类规定还在纸上存在，也对商贩经营失去约束效力。

经济活动自由是市场经济的一个基本前提，并经过历次修宪而成为中国的基本宪法原则。1982 年《宪法》第 16、17 条规定，国有企业和集体经济组织“有独立进行经济活动的自主权”。但我理解，这种自由并不局限于国有或集体企业，而是适用于每一个公民，因为修正后的《宪法》第 11 条规定“个体经济、私营经济等非公有制经济，是社会主义市场经济的重要组成部分”，因而也应该享有《宪法》为国有或集体企业保障的自由；否则，如果个人没有经济活动自由，那么中国经济体制的市场特征究竟体现在何处呢？我们的“市场经济”和计划经济的区别又体现在何处呢？市场经济的基本推定就是个体经济活动自由：自由是不需要理由的，对自由的限制则是需要理由的。如果有人将自己拥有的车辆用于载客或载货等商业目的，那么这种行为首先应被假定合法；“假定合法”并不等于“合法”，法律或规定还是可以限制或禁止的，但是不能为了限制而限制，而必须“师出有名”——确实为了公共利益而有必要限制，并不抵触上位法。因此，如果“黑车”运营行为受到禁止，我们首先要追究的不是“黑车”违法，而是禁止“黑车”的合法性与合理性。

说“黑车”扰乱了“出租运营市场”，很可能只是打破出租车行业垄断的另一种表达；至于“交通事故频发”是否确实由黑车引起、“极大的交通隐患”究竟体现在哪里，也不应只听和出租车垄断利益有纠葛的地方政府一面之词，而是必须摆出确切的证据来。没有事实和法理的支撑，静海县整治“黑车”的行动本身便涉嫌违宪，真正需要规范整治的恰恰是表面合法的垄断行业；“黑车”只不过是被抹黑的经济活动自由，而剥夺了这个自由和车主赖以谋生的手段，那么就和剥夺商贩崔英杰的活动自由或拆掉唐福珍的“违章建筑”一样，杀人、自焚、卧轨等形形色色的社会悲剧就不可避免了。

因此，黑白并不像看上去那么分明，但是孰黑孰白，倒确实是要弄清楚的。

［2009 年 12 月 31 日］

纪念海子须先澄清误读

□赵勇

海子离开我们已整整20年了。他去世之后，每到其祭日，往往都有一些纪念活动。而据我粗略观察，今年的纪念活动似乎更加隆重一些：《海子诗全编》再版发行。多家媒体刊发纪念海子的专辑。好几个地方举行海子诗歌朗诵会。海子的生前好友西川接受几家媒体的访谈。还有数不清的诗歌爱好者写出了关于海子的文章。这些纪念活动又一次把海子推向一个宣传的高潮。但是，我们今天纪念海子，究竟还应该做些什么呢?

这就不得不谈到海子诗歌的接受过程。在纪念性的文章中，有篇《一首诗的阅读史》让我很感兴趣。此文所谓的"一首诗"，指的是海子那首知名度最高的《面朝大海，春暖花开》。文中写道，1998年以来，随着房地产市场化的进程，这首诗也被各地的房地产公司频频用于广告方案。"面朝大海，春暖花开"被印在海景房和"高尚别墅"的大幅户外广告板上，煽动着人们对宜居的欲望。另一方面，从2001年开始，这首诗又被选入人民教育出版社出版的高中语文必修课教材中，结果，全国的中学生都对这首诗耳熟能详。与此同时，有了网络之后，此诗又越来越多地出现在网络论坛和QQ的签名档里，或是被"取其精华"、掐头去尾地用作博客名称。在一些论坛里，这首诗被列为"小资必读"；在另一些地方，它常被引用作为职场励志的格言。而我在王一川先生的《重新召唤诗意启蒙》一文中也读到过这样一个有趣的事例：新世纪的某一天，某电视台的多名主持人曾集体朗诵和表演过这首诗歌，场面壮观，盛况空前，但王一川先生却实在是看不下去了。他认为，"超豪华的电视主诗人朗诵阵容换来的却是诗歌文本内涵的严重误读"。

以上事例表明，自从海子离开人世后，其诗歌就开始了两种进程：消费化（娱乐化）和经典化。所谓经典化是指它进入了中学语文教材。而既然进了教材，海子的诗和海子的死就会被无数个中学语文老师所解读。对于海子诗歌的传播来说，这自然是一件好事情，但问题是，老师能讲解到什么程度，学生又能理解到什么程度，却是大可怀疑的。此种情况正如西川所言："'面朝大海，春暖花开'这句，几乎是家喻户晓，所有人将它认为是很明亮的诗，实际上它背后是非常绝望的，这是快要死的人写的诗呀！这种东西，收到中学课本中，中学生只能看到最表面的一层，不知道背后危险的冲动，老师也不敢讲，老师也不一定理解。”

所谓消费化我已不需要过多解释。在一个拉动内需、消费至上的时代里，把海子的诗做成广告方案，或者被电视主持人当成励志诗篇放声朗诵，自然是不足为奇的。只是，那句诗游离了那首诗的具体语境，那首诗脱离了海子的写作语境之后，必然会大大地变形走样。其结果是，海子的诗经过整容，便以暧昧模糊的模样出现在人们的视线之中，形象怪异。此种情况也印证了我的一个观点：什么东西一旦被大众文化或消费主义加工再造，它也就必然会面临一种“去博物馆化”的危险。但写到这里，我还是忍不住要为那些准备购房者提个醒：一旦看到“面朝大海，春暖花开”那个大广告牌，您可千万当心。因为在那个表面温暖的字眼背后，隐含着一种浓郁的死亡意象。跟死亡比肩而邻，估计不是您的本意吧？

海子的诗被消费化后已然误读，被经典化后则有可能误读，于是今天对海子的纪念就有了特殊的意义。所谓纪念，自然是要缅怀，但也给我们提供了一次澄清误读的机会。这样，把海子的诗还原到20世纪80年代的历史语境中，把海子的死还原到他自己的个人化语境中，就显得非常重要。在我看来，海子的诗之所以能被接受流传，不仅在于诗与诗人的纯粹性，也在于它触到了我们的痛处。其实，我们中的许多人都像海子一样，其文化之根也是与土地、麦子等等（这是海子诗歌中经常出现的意象）联系在一起的，然而，我们却已不再关心粮食和蔬菜。或者只有当发生了毒大米、毒牛奶事件后，我们才想起了我们的生命之源。于是，海子的诗穿越20年的时间隧道之后并没有扑空，而是与我们今天的现实世界狭路相逢。它唤醒了我们遥远的记忆，也让历史与现实形成了一种紧张的对话关系。

海子去世五周年时，西川曾写《死亡后记》一文。现在回过头来看，此文对海子的解读依然是很靠谱的。而每当想到这篇文章，我也会想到西川在文章中讲述的那个故事：海子生前住在北京的昌平，非常寂寞，于是他走进一家饭馆与老板商量：“我在这里给大家朗诵诗歌，您能否给我酒喝？”老板倒是很痛快，他说：“我可以让你喝酒，但是请你别在这儿给我朗诵诗！”这个令人辛酸的故事隐藏着诗歌乃至文学嬗变的许多秘密，也隐藏着一个历史的拐点。我想，参透这个秘密，我们对于海子、对于海子的被利用和被误读，或许就变得更容易理解一些了。

［2009年4月3日］

上海楼房倒塌与狂欢话语分析

□赵勇

6月27日，上海市闵行区莲花南路莲花河畔景苑一幢在建13层楼房神奇倒地后，引发了众网友的一句话评论："2009年流行词语：一座楼说：'我倒!!!'于是它真的倒了。""第一次见到房倒得这么有性格的。""大楼说是它自己不小心摔倒的，它还说从哪里跌倒了，还会再从哪里爬起来。放心住吧。""站着商品房，躺下骨灰盒!""变形金刚到上海了。""高层不流行了，规划局同意它躺下改成平房卖。""扶起来，洗洗干净继续卖。""这是开发商的行为艺术吗?""此楼倒塌的意义在于，我国将多了两个支柱产业，楼房倒塌预测业、扶楼业——扶大厦于已倾。""房子没有倒，它只是在做俯卧撑而已。""含泪劝告其他楼房……""肯定是一小撮不明真相的混凝土干的，周围其他楼情绪稳定。""它其实没倒，是各位的观察角度不对。从此楼的角度来讲，是各位倒了。"与此同时，一些网友还撰写文章予以评论。有人戏仿鲁迅先生《论雷峰塔的倒掉》为文，有人惊呼"中国玻璃质量震惊世界"，有人说："这种喜出望外的愉悦，犹如看见一位穿纱裙的美女从你面前婀娜多姿地走过时突然来了个倒立，春光乍泄，一览无余……"

笔者没有能力关心这幢楼房倒地的原因，却对它倒地的喜剧性效果与众网友的评论兴趣大增。按理说，无论里面住没住人，房倒屋塌都是一个悲剧性事件，但为什么上海楼房倒出了一种喜剧性效果呢？我的看法是它倒得很滑稽。英国的赫斯利特在谈到滑稽时说："发生了一起出乎意料的事情，当这件事情与对象不谐调时就能引起人们发笑。当这个不谐调与社会习惯相悖，并且由于和人们所期望的结果相矛盾而显得更加突出时就成为滑稽。"根据这个说法，我大概可以想象大家看到这座仆地之楼的潜意识心理：上海不是汶川，今年又没闹大地震，那座本该戳在那儿的楼为何改成了卧姿？一般来说，人们都是期望楼房能够"万里长城永不倒"的，但它却出师未捷身先死，这就形成了巨大的滑稽，喜剧性效果也由此而生了。

而众网友的评论则是对这种喜剧感效果的及时捕捉和迅速回应。当一起滑稽事件发生后，人们就憋不住要笑，只有笑出声来，积累起来的紧张情绪才可以释放。谁说国人没有幽默感？在这些评论中，我们分明看到了庄词谐用、大词小用、隔山打牛、皮里阳秋等技巧的娴熟运用，那应该是笑声的延续。当年住在上海的鲁迅先生说：喜剧是将那无价值的东西撕破给人看。楼房一倒，底部毕现，仿佛确有无价值的东西被撕破了，让人逮了个正着。那就让我们面对那幢长卧不起的楼，重温鲁迅先生的谆谆教导吧。

当然，面对这种狂欢话语，我也意识到它背后隐含的更为丰富的信息。很长一段时间以来，公众对于公共建筑的质量问题、豆腐渣工程等等相当关注。而豆腐渣工程背后的官商勾结、偷工减料等等问题却无从缓解。然而，上海这座楼的倒地一下子唤醒了人们的记忆，让人们与曾经发生的事情形成了紧密联系。当人们无法以正常的方式讨论问题时，讥讽、幽默、搞笑等等就成为人们不得不使用的话语方式。因此，这种狂欢话语看似没心没肺，其实却是痛彻心扉之后的一种扭曲表达。

明乎此，我们也就不必对网上的言辞大惊小怪了。依笔者判断，这种含蓄、幽默又充满智慧的表达，也许就是现有条件下所能达到的最大限度的真实。

［2009年7月1日］

“钓鱼查黑车”事件频发是谁之耻

□周俊生

继一位名叫张军的公司职员被上海闵行区交通执法人员用“钓鱼执法”放倒以后，又一位来自河南的打工仔孙中界因搭载路人而撞入上海浦东新区交通执法人员布下的“法网”之中。孙中界为了自表清白，不得已采取自残肌体的极端方式。上海市政府无法坐视施行多年的“钓鱼执法”带来的舆论抨击，昨日上海媒体报道称，上海市政府已明确要求浦东新区政府迅速查明事实，并将调查结果公之于众。

可以相信，只要这种调查是公正并且彻底公开地进行的，事实真相将不难查清。比如，只要把那个被交通执法部门以“保护隐私”为由隐藏起来的“倒钩乘客”找出来，与搭载他的司机当面对质，回答公众的一连串疑问，自然真相大白。

上海市政府的这个态度，比之早先交通执法部门面对舆论质疑的骄横，无疑是一个巨大的进步，但目前公开报道的信息中给我的印象却是，政府对待此事态度依然暧昧。在上海各大媒体昨天同步刊发的简短新闻稿中，上海市政府强调：“必须依法行政、文明执法，依法维护正常的交通营运秩序，依法维护经营者、消费者的合法权益。”这种态度当然不能说错，但是却已经为调查预设了一个立场，这一立场与饱受指责的交通执法部门说法如出一辙，但是却偏偏遗漏了维护正常的人际社会秩序这最重要的一点。

对上海有关部门来说，更为重要的并不是孤立地调查这一起孙中界事件，而是将近几年发生的一系列此类事件放在一起调查，比如，前一阵子被媒体广泛报道的张军事件，尽管张军已向法院提起行政诉讼，但交通执法部门已经扬言，他们在此类诉讼中从来没有输过。我相信交通执法部门这样说的时候是底气十足的，但在我听来，这种底气更多地来自他们在行政权力保护下的神采飞扬，显然是白领张军或打工仔孙中界作为普通的个体所无法比拟的。正是从这一点上说，我对有关部门的调查，不能抱以十足的乐观，因为我在这份简短的新闻稿中，没有看到行政权力决心保护公民合法个人利益的决心，尤其是当公民与其辖下的机关发生冲突的时候。

“倒钩执法”最大的危害在于，它利用现代文明社会中的人类所具有的帮助他人的善良本能，将乐于帮助人的一些私家车司机打成开黑车牟利者，从而对助人为乐的风尚构成了颠覆性的破坏。欺诈行为出现于市场经济社会本不奇怪，人们在受骗后可以依靠政府的力量来得到正义的庇护，但是，当这种“倒钩”与执法部门成为“联合体”的时候，保护这个社会安全秩序的最后屏障却再也没有了，“送人玫瑰，手有余香”的美好愿景成了痴人说梦。这种状况如果蔓延开去，人与人之间的互相信任将不复存在，人们对政府的信任也就荡然无存，人类社会除了弱肉强食之外没有其他生存法则。接连发生在上海的“倒钩”事件，由于有政府执法部门参与其中的嫌疑，已经使政府形象受到了很大的损害。如果有关方面看不到“倒钩”事件真正的危害，而只是为了应付孙中界的自残行为造成的尴尬，那么，这种调查很可能只是走过场。只要将一部分真相屏蔽起来，比如，让那个关键的“倒钩乘客”依然处于蒸发状态，那么调查就不可能达到应有的目的。

“钓鱼查黑车”事件在上海接连发生，我作为一个工作、生活在上海的公民，深深地为我生活的这一片蓝天下发生这种事情而感到忧虑。因此，我期待浦东新区政府的调查能够秉公进行，期待其调查结果能够经得起公众质疑和拷问。我更期待这种调查能够不局限于发生了过激事件的浦东新区，而是应该在整个上海市进行。

［2009 年 10 月 19 日］

“倒钩”案的教训能否真正纠错

□周俊生

轰动一时的上海浦东新区“倒钩”案，在孙中界获得清白之身后，已经沉寂了一段时间，但是，有关方面对于这一起严重损害政府诚信的事件的处理并没有停止。据最新报道，依照《行政机关公务员处分条例》，经上海市监察局局长办公会议讨论，并经市人民政府批准，决定给予浦东新区副区长陆月星、浦东新区城市管理行政执法局主要领导吴福康以行政警告处分。

上海市监察局的处分决定指出，原南汇城市交通管理行政执法大队对驾驶员孙中界非正常执法取证的“10·14”事件发生后，陆月星作为浦东新区负责“10·14”事件处理的副区长、吴福康作为浦东新区城市管理行政执法局的主要领导，没有对该事件的事实真相深入核查，轻信了基层执法大队对该事件的情况报告，并同意根据这一报告撰写新闻统发稿向媒体发布，以致公布的调查结论与事实真相不符，误导了社会公众，损害了政府形象。

从这个决定可以看出，陆吴两人的错误，在于他们签发了那个违背事实、将孙中界诬为“黑车”司机的新闻统发稿。巧合的是，在浦东新区的“倒钩”案发生的前几天，上海闵行区同样发生过一桩类似的案子，尽管事主也大呼冤枉，舆论质疑也没有中断，但闵行区政府没有展开任何调查。显然，如果没有孙中界事件所产生的连锁反应，那么，闵行事件即使按照事主的愿望走上了法庭，其最终的结果也是可想而知的，因为此前大量发生的同类案例已经证明了这一点。

把这两个案子放在一起比较，极富意义。陆吴两人真正的错误，并不在于签发了那个违背事实的新闻稿，这只是他们按照政府在处理同类事件时的惯常做法罢了。浦东新区政府在舆论的压力下要对孙中界事件展开调查，完全是孙中界自残手指的作用。他们的真正错误，是在于根本不应该被这种“要挟”所吓倒，不应该组织那一场假模假样的调查。对于孙中界自残手指的这种行为，政府完全可以置之不理，或者像成都金牛区对待自焚的拆迁户那样，给他安上一个“暴力抗法”的罪名也未尝不可。现在，面对陆吴两人所受的处分，闵行区政府的有关领导也许还在庆幸自己没有展开什么调查，或者埋怨陆吴两人搞什么调查，终于连累到了闵行。之前发生的一系列“倒钩”案，正是由于事件没有通过所谓调查或统发新闻稿而放大，一切按有关部门的设计步步为营，即使事主告上法庭，也由于有关部门已经预先设计好司法框架，使“倒钩”案的导演者能够立于不败之地，政府的形象也始终可以保持光鲜。

回顾“倒钩”案演变过程，我们又可发现，尽管浦东新区政府作出的这个调查结果完全违背了事实，这种荒诞性甚至凭一个人用常识就可得出判断，但这一场先期展开的调查对于整个事件恢复本来面目是起到了积极作用的。因为这个调查事件的荒诞程度进一步放大，使事件的进展已经无法按有关部门预先设定的轨道运行，终于直接引发了引入独立力量的再次调查。没有这第一次的调查，没有那份荒诞的新闻统发稿，就不会有第二次调查，孙中界即使把自己的十根手指一起断掉，估计也没有什么用处。

从这一点来说，我又认为，陆吴两人是“有功于”浦东新区“倒钩”案的纠错，他们的功劳不仅在于通过他们的错误，最终引发了孙中界恢复清白，还连带让闵行区的张晖也一起沾了光。更重要的是，沿着他们的错误轨迹追溯下去，最终暴露了普遍存在的“钓鱼执法”现象纠结着的种种内幕，当内幕全面曝光的时候，也就意味着“钓鱼执法”无法玩下去了。迄今为止，有关方面仅仅对这两起“倒钩”事件作出了纠正，对于以往发生的大量同类案件仍未有明确态度，但我们可以相信的一点是，这两起事件的纠错，至少在上海这一个地域，至少在近期一段时间内，事实上已经终结了原来蔚为壮观的“钓鱼执法”。

［2009 年 12 月 8 日］

如何避免开胸验肺式的双输

□ 朱健刚

河南人张海超“开胸验肺”事件在卫生部督导以及有关领导的批示下终于有了结果，政府相关职能部门的负责人相继收到撤职等处罚，而相关公司也受到重罚。事情终于有了说法。如果从旁观者的角度来看，这样的结果固然令人欣慰，但是如果站在当事人各方去体验，其实这样的结局仍然是不能承受之重，相关职能部门的负责人瞬间前程尽失，相关公司也蒙受重创，而张海超虽然赢来了尊严和补偿，但是却以开膛为代价，未来就业还不知道路往何方，这不能不让我们在肯定之余，也要进一步思考我们在职业病防治方面如何能够让工人维权的结局不必总是这样惨烈。

避免这样的双输其实很简单，就是企业和政府相关部门不要把这样的事件积累到无以复加，以至于权益受伤害的一方不得不铤而走险。而要避免双输、达成双赢的前提就是当事各方在法治的框架下要形成一个可以平等对话协商的机制，寻求妥协和共识。而谋求这种双赢机制，就要求我们社会治理的相关制度和组织能够及时回应维权者的诉求，尊重维权者的权利，只有权利得到保障，协商才能完成。而这就需要民间有专业的维权机构来依法支持工人的维权，形成平等的协商谈判机制。

国家支持和保护公民合法权利，可通过民间的组织化方式，先在公民社会领域内部处理和调解相关权益问题，再通过政府、企业和维权组织的多方沟通来更为理性地解决相关议题，只有协商不成才终由法院判决。这样的社会合作治理既可以减轻政府的压力，又使得协商成为可能，这样的合作治理实在是善治政府所需要的。

在有些部门的眼里，维权就相当闹事，闹事就是和政府对抗，其实，如果他们稍微深入地调研一下，就会发现正是维权的组织化可以一方面使得维权者走入法治的轨道，认同国家的权威；另一方面维权组织化也可以使得维权变得有序和可以控制，最终也使得相关部门和企业在相关侵权事件曝光以后，不至于最终沦落到领导被免职和企业被重罚的地步。否则，未来会有更多的张海超由于缺乏维权的制度和组织保障，而只能通过自戕来证明自己的清白。

公民权的保障和弘扬越来越成为这个国家建设的合法性根基。张海超事件反映的恰恰是这一过程，相关部门和企业当事人漠视公民权益，而政府的强力惩治反映出国家力图通过维护张的权益来彰显国家的权威。这都说明公民维权不但是来自民众觉醒的心声，而且也是这个国家建立自身合法性的关键步骤。真切地希望有更多的维权组织能够得到政府的承认和规范，也真切地希望有更完善的法律和制度来保障维权者的权益。

［2009年8月3日］

NGO变法将引发社会组织发展的浪潮

□朱健刚

近来，有报纸报道有关NGO的新法规已提交国务院，原有的民办非企业单位将变为“民营事业单位”，并且将对它们取消双重管理制度，只需民政部门批准即可。与此同时，也有报道《基金会管理条例》已经启动修改，明年完成，预计将有更多政府扶持基金会管理的条款。这两个消息虽然只是放风，但却彰显出长期困扰民间公益组织的紧箍咒终于开始出现了松动迹象。

中国NGO在最近的20年间一直处于层层限制中艰难成长的境地。政府虽然逐步认识到它的重要作用，也意识到公民社会是现代国家建设的全球趋势，但是出于种种疑虑和担心，相关部门一直处于“不支持，不反对，不承认”的观望态度，并不能从资源和政策上给予放宽和支持。因此，长期以来，NGO一直处于政府认受程度低、资源不足以及动力不足等的困境中，这一方面使得社会活力和民间资源难以激活，另一方面也导致了社会组织自身虽然数目庞大，但是却普遍能力不足的局面。

2008年汶川地震救灾中，社会组织和志愿者的积极参与给全国乃至世界留下了深刻的印象，人们所称道的“慈善井喷”现象其实见证着改革开放30年后，中国民间早已蕴含着丰富的慈善动力以及组建志愿者组织的强烈愿望。但是双重登记管理制度却成为遏止这一动力和愿望的紧箍咒。因为NGO注册需要业务主管单位批准，而作为业务主管单位的相关政府部门一般并不愿意对所属社团和民办非企业单位的行为负责，因此，大量的民间资源和力量难以释放，结果造成许多社会组织只好工商注册，乃至不注册。这种合法性不足现象使得一方面NGO难以获得充分的信任和资源，另一方面也使得目前对于民间组织的管理政令各出，无人协调。最近的NGO变法消息的传出，终于让很多社会组织嗅到了春天的信息。虽然这春天有些迟到，而且目前变法也主要限制在社会服务类的民办非企业单位，但是不管怎样，在千呼万唤中它终于出来了，可以为社会变革的阀门打开一个小口子。在深圳今年的社会组织改革试点中，短短一年已经有近千家社会组织登记，相信在未来几年里，一旦取消双重管理，将会在全国引发更大规模的社会组织发展浪潮。今日中国的国家建设已经不能只限于政府动员，而更多地要依赖于社会活力的激发，正因为此，必须要有畅通的管道和政策来鼓励和支持民间资源的自我配置以及公益力量的自我组织。而在那个时候，社会将真正成为国家建设新的主体，其能力的迅速提升以及所引发的活力将会带给公众什么样的惊喜，我们正拭目以待。

［2009 年 12 月 15 日］

亨廷顿眼中的世界变迁

□ 庄礼伟

1968年，亨廷顿的《变迁社会中的政治秩序》一书（以下简称《政治秩序》）出版。1988年，该书中文版在中国发行，激发了对"新权威主义"的大讨论。2008年，亨廷顿辞世，中国知识界和媒体对他作了有节制的赞扬，主要是赞扬他超冷静的观察力和不依附"政治正确"教条的治学态度。

这是一位有点倔、有点酷而容易被人误读的学者。他曾被误读为文明间冲突的鼓噪者，也曾被误读为权威主义政治路线的倡导者。这些误读都相当草率。作为一名老牌民主党人，亨廷顿一向坚持自由主义的核心价值；作为一位睿智的策略家，亨廷顿又一向主张务实的、保守的中间道路（无论是在国内政治还是在国际政治方面），这也常常使他两头不讨好，以至于在国际学术界和国际媒体上，常常发生"Hunting Huntington"（围猎亨廷顿）的现象。

1989年亨廷顿在回答一位留学哈佛大学的中国学生的提问时，明确表示权威主义可能促进经济高速增长，但它只能是一个很短暂的现象。他认为民主也能很好地促进经济增长，民主制度下经济发展非常成功的例子是"二战"后的日本。他特别提出：一个政府的合法性如果仅仅是依靠经济成效的话，当它在经济上失效时就会面临许多问题，因为经济有上升期也会有衰退期。他还举例说：有一个权威主义体制曾获得过高速经济增长，但在这个体制中政治参与并没有扩大，结果引发了革命，这个例子就是巴列维国王统治下的伊朗。

不过，作为一位现实主义策略家，在《政治秩序》一书中亨廷顿强调了"政治秩序"、"政治权威"、"政治稳定"这类概念。那么在他的论述体系中，它们是指封闭型的秩序、单向集中的权威，以及束缚自由和创新的稳定，还是另有所指？细读此书，可以发现亨廷顿所关注的目标，指向的是能够保障政治参与和社会流动机会的秩序、通过制度化的政治空间创造出来的权威，以及有利于自由和创新的稳定。

《政治秩序》一书中提到的"必须先有权威，然后才能对它加以限制"，曾让亨廷顿背上了赞同专制统治的恶名，但这句话是有前提条件的。在亨廷顿撰写此书的上世纪60年代，发展中国家大多刚刚独立，许多"民族国家"被匆忙拼凑或切割出来，国家建构或国族建构尚未完成，社会动荡涣散，过快的民主化和分权可能被地方割据势力和分离主义势力利用，进而引发社会动荡乃至战乱，此时民众反而渴望政治上的铁腕人物出现，削弱权威的结果可能是导致独裁。

时至今日，亨廷顿的这句话对于那些社会涣散、军阀割据的国家来说仍然有效。但对于那些集权传统深厚、权威已经够多够强的国家来说，当务之急就只能是限制权威和开放政治空间，满足民众的政治参与愿望。亨廷顿在《政治秩序》一书中认为，当政治参与愿望随着经济发展、社会流动而成为一种无法人为阻遏的客观趋势时，只有提高政治的制度化，才能减少政治秩序的不稳定。

什么是政治的制度化？笔者的读后感是，这意味着建立有威望的、制度化的政治运作空间，在这个空间里，有稳定的政治组织，这些组织的价值观是稳定的（从而可以展开明确的价值竞争），此外还有稳定的政治程序；一个政治体系的制度化意味着它有因时而变的适应性，有超越具体利益集团的自主性，有包容各种政治参与愿望的开放性，在此情形下，这个政治体系也就拥有了政治权威（它来自认同而不是强制），国家也就拥有了政治稳定。当此时，政治的制度化成为了一项超越社会各阶层、各集团的公共利益。

从而我们也就可以理解：民主也是建构权威的一种方式，关键是如何定义权威。民主所建构的权威不是指禁止这个禁止那个的强权，而是指具有能够提供有效公共服务、保障公民自由和权利的能力和威信。

20 年前，当《政治秩序》这本貌似主张权威主义的书进入中国时，亨廷顿已经在构思他的新书《第三波——20 世纪后期民主化浪潮》，描述一种如滚雪球般的世界政治演进态势。20 年后，或自 1968 年以来的 40 年后，我们思考政治保守与政治开放的参考环境，与当年又有了很大的不同。经济发展、信息时代、全球化使中国出现了急剧的社会变迁，社会各阶层、各集团的利益日益分化，城市化使占中国人口多数的农村人口纷纷进入城镇打拼、漂泊，受教育人口的增多使自由、开放的价值观越来越被接受，民众参与公共事务的愿望不断增长。这就需要在现有的政治体系中开辟出更多的制度化空间来容纳、协调各方诉求，特别是弱势群体的诉求。时过境迁，我们应当对政治发展作出新的结论和预期。

亨廷顿在《第三波》一书中表达了他的预期：经济发展产生了更多的公共资源和私人资源可供在各个团体中分配，使得政治变得越来越不是你死我活的零和游戏。换言之，开放政治空间的风险已经降低了。

不过亨廷顿又认为，20 世纪后期的第三波世界民主潮仍然只是完成了民主形式（选举）的普及，但没有达到西方自由民主的深广度和稳定性，甚至，某些选举导致了反民主势力和守旧势力的胜利。他悲观地认为，植根在个人自由、个人尊严思想中的自由民主是一个西方的产物，非西方文明无法完全做到这一点。由此，他又开始酝酿他的下一个轰动世界的观点：文明间的差异无法抹平，文明间的冲突难以避免……

在半个多世纪的学术生涯中，亨廷顿一直以其现实主义者的悲观眼光探究着人类文明中和人性中的那些悲观层面，同时也受尽了攻击、责难。这老头儿，看问题为什么不全面一点？说话为什么不周全一些、中听一些？这并不难啊，尤其是对我们中国人来说。可是一把好剑，它必然有冰凉薄锐的锋刃，一套令人生畏的剑法，必然有自由决绝的偏锋，亨廷顿治学时所奉持的，就是这样的“剑道”。

[2009 年 1 月 7 日]

肯尼迪家族对“美国梦”的诠释

□ 庄礼伟

最近去世的美国参议员爱德华·肯尼迪一生中有不少负面新闻，包括贪杯、好色（好色是肯尼迪家族的一种家族病），1969年那件离奇的汽车落水案更让他有了一个说不清道不明的人生“灰点”。但他用47年的努力，赢得了“美国当代最伟大参议员”的称号。

爱德华·肯尼迪是一个从上世纪60年代的美国走出来的典型自由派政治家。自从1962年当选联邦参议员以来，他所关注并大力推动的公共议题包括：投票权、教育、移民制度、最低工资制度、兵役制度、艾滋病、少数族裔、妇女、残疾人、同性恋者、医疗保健，等等。由于他在参议院的不懈努力，无数美国人，包括儿童、老年人、残疾人、少数族裔，享受到了良好的医疗保健服务。处于脑癌治疗过程中的他在今年7月18日出版的《新闻周刊》上写道：“你能得到何种医疗保健服务不必看你是贫是富，也不必看你做什么工作，每一个美国人都应当享受和联邦参议员一样的医疗保健服务。促成这些事情，是我毕生的事业。”

此外，他也是一个坚定的和平主义者和人道主义者，他反对越战，反对美国对伊拉克的战争，为许多国家的人权事业奔走呼吁，参与爱尔兰和平进程。

他是立法大师，在参议院历任多种重要职务，以“参议院之狮”而闻名，在他身上，体现了政治既讲求妥协同时也比拼意志的游戏规则。他来自显赫的肯尼迪家族，但他一直都是弱势群体、少数群体的朋友和利益守护者。奥巴马总统称爱德华·肯尼迪的去世，结束了美国历史性的一章。上世纪60年代风格的激进自由派政治家在当今美国政坛基本上找不到了，即便是奥巴马也不属于这种风格。

在参议院，爱德华·肯尼迪有一个长达30年的冤家，即极端保守主义者杰西·赫尔姆斯（2008年去世）。这两人属于当代美国政治的截然两端，前者来自富豪显贵家族，30岁成为联邦参议员，是激进自由派的典范人物；后者是小镇警察的儿子，从普通的新闻记者做起，日后成了死硬的保守主义者。在两人的争斗中，常常是由赫尔姆斯扮演进攻的一方，他把参议员肯尼迪描绘成一个自由派妖怪，当然肯尼迪自身的一些缺点也给赫尔姆斯提供了充足的炮弹。在民权问题上两人长期争斗：出身显贵的爱德华·肯尼迪是民权运动的坚定支持者，出身寒微的赫尔姆斯则歧视少数族裔和同性恋这样的文化上的少数群体。不过，随着赫尔姆斯与爱德华·肯尼迪的相继离世，上一辈那种为理念而彼此死掐、各执一端的剧情长片看来要结束了，务实的中间路线将成为新一代政治家在政坛上的生存之道。

但是，由肯尼迪兄弟们所不懈推动的“美国梦”将稳定地成为美国政治文化的主流，这个美国梦就是：不受歧视地追求个人幸福。受肯尼迪兄弟影响甚深的奥巴马在一次演讲中把美国梦解释为：不管你在哪里出生，不管你的父母有多少钱，不管你长得什么样，不管你信仰什么，你都能成为你想成为的人，你都能去做伟大的事情，和追求你憧憬的幸福。

1848年，一个贫穷的爱尔兰人帕特里克·肯尼迪移民到波士顿，他的第一份工作是制桶工人。112年后，他的后代约翰·肯尼迪当选美国总统。19世纪，随着大量的贫穷的爱尔兰人拥入美国，对爱尔兰移民的歧视、羞辱随处可见，在招工广告牌上，有一条很流行的告示叫“No Irish Need Apply”（爱尔兰人不必申请）。这个NINA典故在肯尼迪家族代代相传，在肯尼迪兄弟这一代人中，这个与祖先有关的典故鞭策着他们献身于民权运动。

爱德华·肯尼迪生前推动落实的最后一项法案是《服务美国法案》，今年4月21日由奥巴马总统签署生效。这项法案鼓励民众参与公共服务活动。爱德华·肯尼迪的侄女婿、加州州长施瓦辛格缅怀说：特迪（爱德华的昵称）告诉我们，为公众服务可以是一种生活方式。

肯尼迪家族的先祖们实现了由穷变富的美国梦，肯尼迪家族“黄金一代”的三兄弟则成功地演绎了通过为公众服务来攀登人生新高峰的新美国梦。

保持梦想和憧憬，这本身就是“美国梦”的重要内涵。爱德华·肯尼迪在纪念哥哥罗伯特·肯尼迪时，提到罗伯特曾经多次说过的一句话：有些人只关注已发生的事情并且问“为什么”，我却是憧憬那些从未发生过的事情并且问“为什么不能这样”。

［2009年9月3日］